MINERVA
人文・社会科学叢書
122

市民社会と法
―変容する日本と韓国の社会―

棚瀬 孝雄 編著

ミネルヴァ書房

　　　　　　は　し　が　き

　本書は，日本と韓国の現代社会の特徴を，「市民社会と法」という切り口から考察した，日韓両国の研究者の論文を集めたものである。
　韓国では，87年の民主化以来政治や社会の全面的な変革がなされ，司法部の改革も行われてきた。それは現在も進行途上であるが，日本でも特にバブル崩壊以降改革が急速に進み，司法改革はこの10年で大きく進展した。この背後にはさまざまな要因が重なり合い，それがそれぞれの国の改革に固有の屈折を与えているのであるが，大きな流れとして，経済のグローバル化と，第二次大戦以降各国で，また国際的に着実に進んだ人権保障の進展が社会の仕組みを根底から揺さぶってきたということがある。その意味では，韓国の民主化も日本の改革も同時進行的な世界史的変動の一部であり，実際，司法改革や性差別の克服では，日本と韓国の間にお互いの先進事例を学び合うことが行われてきた（第10章・11章・12章）。
　この延長上に現在の韓国と日本の市民社会があり，法も個人の自由を保障し政治や社会への参加を可能にすることで，この生成を促してきた。本書はこの過程を具体的に検証しようとするものであるが，しかし自由な個人の自発的な参加で作られるこの市民社会も，個別に問題をみていくと，さまざまな矛盾を内に含んでいる。それは，18世紀のヨーロッパやアメリカで最初に市民革命が行われ，近代国家が誕生したその時にすでにはらまれていた矛盾が，現代的な条件の下で顕在化したものであるが，これからの社会のあり方を考えていくとき，その問題を少し大きな枠組みで捉えておくことは，実践の手掛りを得る上で有用であろう。
　本書では，この市民社会内部の構造的矛盾として，特に次の四つのものを取り上げ検討している。それらは，いずれも社会秩序の編成，統治体制にかかわる基本原理として人々に意識され，その定義をめぐって政治的な闘争も現実に

生起しているものである。

　その一つが，家族原理である（第5章・6章）。婚姻が両性の合意のみに基づいて成立する近代的な家族は，そうした自由な婚姻が許されなかった時代から，日本では1世紀あまりの時間をかけて徐々に確立してきたものである。しかし20世紀も後半になり，その性差別的な抑圧構造が問題にされると，この近代家族は正統性を揺さぶられることになる。この間，性別分業に根をもつ低賃金や単純労働など雇用差別の問題は徐々に緩和され，女性の就業も増加するが，現在，家庭内のケアワークと労働市場の規律との二重の負担から，非婚や少子化などを選択する女性も多く，家族への梃子入れが大きな政策課題として浮上してきている。

　ここにあるのは，婚姻の自由による近代家族の確立や自由な労働市場における女性の雇用など，市民社会の基礎的条件となる自由な個人の析出が，現実の家族が抱える，子の養育を核とした家事労働の適切な分配に失敗するという事態である。家庭内分業は雇用労働が存在して以来古くからある問題であるが，現代の日本や韓国では，市場経済や人権意識などの条件が加わって，この自由な個人と家族形成との矛盾がより強く表面化してきている。その解決として，本来私的な夫と妻の家事労働の分配に国家が政策的に介入し，また私的な家事労働を公的な負担に移し替えていく政策が提唱されているが，育児における母親役割を強調する議論や近代の公私の区分が根底にあって，この家族の位置づけに関してまだ社会的な合意はできていない。

　二つめが，国民原理である（第1章・2章）。市民社会は歴史的に近代国家の誕生とともに成立するが，それは国家のみが個人に自由を保障し，国民主権の政治機構を用意することができたからである。しかし，この国家の枠の中での市民社会は，市民が同時に国民であり国家にそのアイデンティティを包絡させることから，普遍主義的な理念とのジレンマを引き起こすことになる。「国のために死ねる」国民をもつことは，近代の主権国家が並立する国際秩序の不可欠な前提であるが，帝国主義の枠組みが破綻した後も引き続き，国家に同一化する国民は国家の貴重な権力基盤をなしている。

　この国民国家の枠組みは，しかし現代のグローバル化の中で揺らいできてい

る。グローバルな市場で競争する企業にとって，ヒト，カネ，モノの国境を越えた移動は効率的な生産に欠くことのできないものであり，国家への忠誠はそこには存在しない。また，発展途上国から先進国への労働力の移動も大規模に発生し，移民・定住を経て，国家の内部に出身国・民族を異にした多様な個人が共存するようになってきている。ただ，韓国も日本もこれまでは民族的同質性の意識が強く，こうした外国労働者の流入を抑制する政策をとってきた。また同じ移民を受け入れるにも，海外同胞という形で自民族を優先させ，国家への同一化をこの機会に強化しようともしている。しかし国民自体が，海外移住者をいったん祖国を捨てた者としてその忠誠を疑ったり，日系ブラジル人を日本人でなく外国人と見たりするように，国民国家との葛藤は複雑に屈折して現れている。

　本書で扱う市民社会内部の矛盾の三つ目が，地域原理である（第3章・8章）。それは個人と社会との両義的なかかわりからくる。市民社会は自由な個人からなる社会であるが，個人の自由を制約するものには，国家の権力作用に由来するものと，社会の身分的束縛からくるものがある。前者は，民主化を達成し，権力の行使が規制されることによって，また後者は，既成の秩序に埋め込まれた階層的支配が法によって否定されることによって，それぞれ克服されて個人は自由になり，自由な市民が誕生する。

　ただ，この自由主義のシナリオには困難もある。個人は国家に対しても，社会に対しても庇護を受ける従属的な立場に立ちやすく，自由を与えられても実際に市民として主体的に振る舞うには限界があるからである。韓国では，激しい権力闘争を経て民主化を達成してからまだ日も浅く，革新政権が国民を動員しつつ既成の権力機構をラディカルに解体することも行われるが（第4章），日本では，90年代以降の改革は，中核的な権力の交替を伴わない政権主導の改革として行われてきた。そこでは日本の「国の形を変え」，グローバルな国際市場で優れたプレーヤーになることが意図され，市民からの司法や行政への批判も，権力を警戒する自由主義的な面よりも直接パフォーマンスの低さに向けられたものとして，改革に具体化されていったのである。

　むしろ国家と個人との権力の再分配が行われるとすれば，それは，自立支援

法やNPO・防犯活動などに見るように，地域の支え合いの中に個人を置いて国家への依存を少なくするという形が取られてきた。これが地域原理である。それは，近代以降の社会の中でも一貫して生き続けてきた，個人を包む生活世界の現代における再生であるが，国家にとっても，個人の要求を丸抱えすることが重い負担となってきたことが背景にある。しかし，この地域の活性化が権力機構を温存したままの機能の分配に終わるのか，それとも，権力そのものもそこで再分配されるのか，その市民社会としての内実がこれから問われてくる。

最後に，四つめに検討されるのが，司法原理である（第9章・10章）。市民社会に必要な，国家が個人に自由を保障し国民主権の政治機構を用意するためには，憲法を頂点とする実定法と，その法を維持し個人に必要な救済を与える司法制度が不可欠である。周知の法の支配であるが，それは司法の超越性と専門性を必要とする。司法自体が社会の中の利害対立や政治的葛藤に巻き込まれてしまったら，法の普遍性は維持できない。また，法は現実にも専門的知識がなければ理解し運用することはできないが，専門性は同時に法の担い手を世俗的な利害から超越させるものでもある。この司法設計の理念を言い表したものが司法原理である。

しかし，この原理をいま韓国や日本で司法改革が行われ，市民社会の生成が言われている現代の状況に当てはめてみると，この原理にも明快な割り切りができない大きなゆらぎが含まれていることが分かる。その一つが政治とのかかわりである。韓国では，憲法裁判所が1987年に創設されて以来違憲判決が多数出され，司法は政治的な対立にも大胆に踏み込んでいる。また裁判所は，日常的に多元的な利害集団間のアイデンティティ・ポリティックスが闘われる場となっている。これは司法が政治的葛藤の仲裁者として，政治にルールをもたらす司法本来の機能を果たしているともみられるが，他面では，司法が政治的対立の中で当事者的立場を取ってしまうケースともいえる。司法の判断に超越性を保障する，普遍的な承認が可能な一義性が存在しないかぎり，この政治へのかかわりに伴うジレンマを避けることはできない。そこから先，韓国で実際にその方向が取られている，裁判官の選任をむしろ政治化し，司法民主化の道をとって正統性を司法の外から補完するか，それを避けて，日本のこれまでの

ように違憲判断を慎重に行っていくか，司法哲学があらためて問われている。

また司法原理を構成するもう一つの専門性も，日本で裁判員制度ができ，韓国でも司法参加の制度が議論されている中で，その意味が問い直されている。市民の司法参加を前提に，裁判に必要な市民の側の動機づけを高めるだけでなく，市民に理解可能な形に裁判を変えていく努力も行われている（第13章・14章）。そこには，現在の司法を前提として参加を考えるか，参加を前提として司法を考えるかのゆらぎがみられるが，その先にはさらに国民のマクロな法主体性の問題，司法のあり方を決めるのは国民なのか，法律家なのかという問いかけが存在している。

このように，市民社会を構成する諸原理はいずれもゆらぎを含んでいて，それをどう定義するかがそれぞれの社会で争われているのであるが，それは，現実の社会が自由な個人の自発的な結合という，近代の自由の論理に回収しきれないことをあらためて確認するものでもある。個人は法の前ではどこまでも自由な個人であるが，現実には社会の無数の力や観念が交錯する中での社会化された個人でしかない（序章）。家族や国民・地域の諸原理も，そうした個人を規定する社会の作用の中で特に問題化しやすいものを取り上げたものに過ぎないし，司法原理も，司法の判断に利害集団が関心をもち政治的な資源として利用するがゆえにゆらぎが生じてきているのであって，司法が社会の中で働くことの必然的な帰結でもある。法律家が法的代理や助言を行う場合も同じであって，現実の社会の中に依頼者も，また事件も置かれているという事実が考慮に入れられなければならないのである（第7章）。

以上が，本書を構成する各論文の位置づけであるが，90年代に始まった大きな構造変革は，これから日本と韓国の社会をどのように変えていくのか。市民社会といわれる，その社会の内実はどのようなものなのか。本書の議論が，この考察の手掛りとなれば，編者としては望外の喜びである。

本書の元になったのは，2004年秋に行われた，京都大学法学研究科21世紀COEのシンポジウムである。まとめるのに時間がかかってしまったが，研究班のメンバーを始め，COEの研究活動から大きな支援を得て刊行にこぎ着けることができた。

また，韓国語論文の翻訳や編集では早稲田大学大学院法務研究科助手の久保山力也君に，および神戸山手大学人文学部助教授の高村竜平君にお手伝いを頂いた。最後に，ミネルヴァ書房の梶谷修さんには編集でお世話いただいた。あわせてお礼を述べたい。
　2007年1月

棚瀬孝雄

市民社会と法
―― 変容する日本と韓国の社会 ――

はしがき

序　章　市民社会と法化社会…………………………………棚瀬孝雄… 1
　　Ⅰ　市民社会の実践……………………………………………… 1
　　Ⅱ　構想（1）：自由主義……………………………………… 4
　　Ⅲ　構想（2）：共和主義……………………………………… 6
　　Ⅳ　構想（3）：保守主義……………………………………… 9
　　Ⅴ　構想（4）：構造主義……………………………………… 13
　　Ⅵ　法の役割…………………………………………………… 17

第Ⅰ部　市民社会の諸相

第1章　国民国家の超国家化と市民権／出入国談論………李　喆雨… 31
　　　　――韓国の在外同胞政策を中心に――
　　Ⅰ　国民国家の超国家化……………………………………… 31
　　Ⅱ　在外同胞政策の展開……………………………………… 34
　　Ⅲ　超国家的国民国家における在外同胞の取り扱い：韓国の観念と
　　　　方式………………………………………………………… 40
　　Ⅳ　超国家化戦略としての在外同胞政策…………………… 47

第2章　国際化の中の日本社会………………………………広渡清吾… 53
　　　　――人の国際移動と外国人問題――
　　Ⅰ　課題と視角の設定………………………………………… 53
　　Ⅱ　国民と外国人の二分法――国民国家の法的基礎……… 56
　　Ⅲ　迫られる日本帝国の植民地支配の決算………………… 59
　　Ⅳ　日本の外国人労働者政策ないし移民政策をどのように展望するか… 64
　　Ⅴ　方法としてのナショナリズムから方法としてのコスモポリタニズムへ… 68

第3章　NPOと市民社会……………………………阿部昌樹…73
　　　　　──特定非営利活動促進法の社会的インパクト──
　　Ⅰ　特定非営利活動促進法がもたらしたもの……………………73
　　Ⅱ　社会貢献活動の活性化…………………………………………76
　　Ⅲ　市民社会の実現…………………………………………………85
　　Ⅳ　今後の展望………………………………………………………95

第4章　現代韓国立法に対する法社会学的分析…………李　相泳…99
　　　　　──現代の韓国における立法の諸特徴──
　　Ⅰ　立法に対する法社会学的分析の意義…………………………99
　　Ⅱ　韓国立法史分析の意義と方法…………………………………103
　　Ⅲ　韓国の立法史における全般的な特徴…………………………114
　　Ⅳ　現代韓国における立法の特徴…………………………………118

第5章　アジア市民社会における家族とジェンダー‥落合恵美子…126
　　　　　──「第2の近代」の岐路──
　　Ⅰ　「家族」と「ジェンダー」という岐路…………………………126
　　Ⅱ　「第1の近代」と公私の分離……………………………………127
　　Ⅲ　「第2の近代」と市民社会の全域化……………………………130
　　Ⅳ　日本とアジアの近代……………………………………………133
　　Ⅴ　家族主義という選択……………………………………………137
　　Ⅵ　アジア市民社会のゆくえ………………………………………140

第6章　既婚就業女性の隠された「二重役割」…………梁　鉉娥…145
　　　　　──母性政策関連法を中心として──
　　Ⅰ　女性関連法と「二重役割」への視角……………………………145
　　Ⅱ　男女の公／私領域分割と法の態度……………………………148
　　Ⅲ　母性政策関連法…………………………………………………150
　　Ⅳ　二重役割と母親の思考…………………………………………156
　　Ⅴ　二重役割の意味，再考…………………………………………160

第7章　関係的資源としての弁護士………………………和田仁孝… 166
　　　　──司法制度改革後の弁護士像──
　　Ⅰ　日本におけるリーガル・サービス供給体制と弁護士………… 166
　　Ⅱ　社会関係の変容と司法改革の意義……………………………… 171
　　Ⅲ　関係的資源としての弁護士……………………………………… 174
　　Ⅳ　関係的市民社会と弁護士………………………………………… 178

第8章　刑罰をめぐる権利の言説……………………………河合幹雄… 180
　　　　──市民たりえない個人──
　　Ⅰ　市民社会化………………………………………………………… 180
　　Ⅱ　日本の犯罪処罰と犯罪観の変遷………………………………… 181
　　Ⅲ　安全神話の崩壊…………………………………………………… 183
　　Ⅳ　境界と差別………………………………………………………… 184
　　Ⅴ　厳罰化要求の正体………………………………………………… 185
　　Ⅵ　共同体の崩壊と個人主義………………………………………… 186
　　Ⅶ　過剰な匿名化の阻止……………………………………………… 187

　　　　　　　　第Ⅱ部　政治と司法改革

第9章　法治と分権……………………………………………李　国運… 191
　　　　──司法集権的構造の限界と三つの提案──
　　Ⅰ　法治主義とアイデンティティ（identity）…………………… 191
　　Ⅱ　司法集権的構造はどのように形成されたのか………………… 193
　　Ⅲ　多元的民主主義のディレンマ…………………………………… 196
　　Ⅳ　多元から分権へ…………………………………………………… 200
　　Ⅴ　三つの提案………………………………………………………… 204

第10章 比較社会・文化的文脈からみた司法積極主義と司法消極主義——一つの探索——……………崔　大権…211
- I 比較社会・文化的文脈，その意味と意義 …………………… 211
- II 韓国の司法積極主義と日本の司法消極主義 ………………… 212
- III 関連する政治的ならびに社会・文化的諸要因 ……………… 214
- IV 制度的諸要因 …………………………………………………… 222
- V 社会的動態現象／社会的調和，それぞれの選択 …………… 224

第11章 市民社会の展開の中の日韓司法改革…………馬場健一…231
——「司法の民主化」と「開かれた司法」の間——
- I 日韓司法改革の同時進行 ……………………………………… 231
- II 司法改革の経緯（1）——韓国 ……………………………… 232
- III 司法改革の経緯（2）——日本 ……………………………… 234
- IV 裁判所・裁判官制度改革 ……………………………………… 236
- V 法科大学院 ……………………………………………………… 239
- VI 司法への市民参加 ……………………………………………… 242
- VII 建設的競合と相互参照の時代へ ……………………………… 246

第12章 韓国における「ロースクール」論議…………金　昌禄…249
- I 揺れる「ロースクール」論議 ………………………………… 249
- II 韓国法律家養成制度における問題状況 ……………………… 250
- III 司法改革委員会以前の論議 …………………………………… 251
- IV 司法改革委員会以後の論議 …………………………………… 254
- V 「韓国版ロースクール」，その評価と展望 …………………… 260

第13章 陪審員の意思決定過程に関する実証研究……金　尚遵…265
——韓国初の模擬陪審裁判の事例分析——
- I 模擬陪審裁判に向けて ………………………………………… 265
- II 模擬陪審裁判における評議過程に対する分析 ……………… 267
- III 陪審員へのアンケート調査結果の分析 ……………………… 275

Ⅳ　おわりに ……………………………………………… 278

第14章　裁判員制度の機能化 ……………………… 大河原眞美… 282
　　　　　――市民参加のための言語分析――
　　Ⅰ　裁判員制度 …………………………………………… 282
　　Ⅱ　裁判言語モデル ……………………………………… 283
　　Ⅲ　表層と深層の異質性 ………………………………… 284
　　Ⅳ　「わかりやすさ」の技法 …………………………… 290
　　Ⅴ　「わかりやすさ」に向けての取組み ……………… 293

索　引……297

序　章

市民社会と法化社会

棚瀬孝雄

I　市民社会の実践

　今日，市民社会という言葉が，現代の社会を捉えるキーワードのように語られている。それは，研究者が用いる分析的な概念としてだけでなく，メディアでも，また政治の場でも，現代の形を表しつつある社会を肯定的に語るものとして用いられている。そこには，社会のあり方として普遍的に好ましいとされる，どのような特徴があるのであろうか。また，法はその社会の中でどのような位置を占めるのであろうか。

（1）法化社会
　日本では，市民社会が語られるのと並行して，社会も，また国の政策も，法を積極的に使っていく法化社会に向けて舵を切ったように見受けられる。司法改革の過程では市民という言葉が多用されたし，市民が法を武器としてエンパワーされ，行政や企業の責任を追及するケースは，新聞等で大きく報道されている。もはや市民に対して納得のいく説明ができない行政や，企業の行動は許されないという社会的な了解ができつつあるようにみえる。企業向けに書かれた啓蒙的な著作や，経営者自身の発言をみても，法令の遵守は当然として，社会とともに，社会に信頼される経営を行っていくことが，長期的に企業が成長していくために欠かせないという議論がくり返し行われている（大村，2003）。
　こうした変化には，近年の裁判所の積極的な判決もかかわっている。株主代表訴訟は経営者を規律する強力な道具であるが，中でも大和証券事件（大阪地判平12・9・20）では，前例のない超高額の賠償が経営者に課され，日本の企

業社会に大きな衝撃が走ったことがあった。その時は，産業界から非難の声が起こり，裁判所の非常識をいって立法的に賠償額を制限する動きも起きたけれども，学者からは冷静な対応を求める意見が多く，結局，企業経営者として社員の違法行為を防止し，被害を最小限に止めるなどのリスク管理の態勢を普段から作っておくことがその責任となるという新たな規範が確認されていった（岩原，2000，16頁）。また行政の責任についても，下級審の判断だけでなく，これまでむしろ行政寄りの姿勢が強いといわれてきた最高裁で行政の裁量権を否定するような判決が相次いで，関係者の注目を集めている（朝日新聞，2006）。

（2）市民の能動性

　市民の活動という面でも，こうした訴訟は，市民や弁護士が行政や企業を監視する組織を作って起こされることが多く，市民運動の実践としての側面をもっている。(1) 市民が一人一人の判断で組織に参加し，ネットワークを広げてその政治力を高めていく水平的連帯の実践であるが，そうした無数の運動の実践が市民社会としての厚みを作り，それが，また裁判所の積極的な姿勢，そして行政や企業の市民の批判を意識した行動を生み出してきているのである。同時に，もう一つ注目しなければならないのは，国の側でもこの間市民の組織化を促す政策を取ってきたことである。NPO法の制定がその象徴的な例であるが，株主代表訴訟の例でも手数料を下げて訴えを提起しやすくしたことが，その後の市民運動の利用を促している。

　このように，現代の日本の状況をみると，市民の能動性を高めるような制度改革と裁判所の姿勢の転換が行われ，またそれを利用しさらに促すような市民の活動も行われて，その結果，行政と市民，企業と市民との関係が，法の下で応答責任を負うような関係に作り変えられてきていると評価できるのである。これが日本の市民社会であり，法もそこでは不可欠なものとして組み込まれている。冒頭に掲げた，市民社会とは何であり，法にどのような役割が期待されるかということも，それゆえこの簡単な素描の中に答えが含まれているといえる。

（3）市民社会の多義性

　ここにも，しかしいくつかの問題が隠されている。市民社会には本来等質な市民からなる社会という意味合いが込められているが，近年論争になっている経済格差一つをとっても，そこには市民を分断する根深い対立が存在している。また市民の中には，模範的な市民として，自らの自由の主張と積極的な政治参加ができる者もあれば，そうでない者もある。その多様な個人を束ねて，また内部の構造的対立も抱え込みながら現代の市民社会が作られなければならないが，その際どこに社会として取り組むべき重点的な課題をみるかによって，市民社会の具体的構想にもかなりの違いが出てくるのである。

　市民社会の基本は，自由な個人が，同時に能動的な市民として社会の自己統治にも関与していくことであるが，社会には本質的に個人の自由を束縛する面があり，歴史的には，この社会を否定して個人が自由になることが市民社会の生成として意識されてきた。現在でも，この社会の抑圧を取り除いて自由を確保する努力は引き続き行われている。と同時に，個人の自由な活動が社会の中に対立や緊張を引き起こしたり，あるいは自由の背後で個人が孤立したり，中心的価値から排除されたりするという問題も社会には存在している。また，こうした社会の中での自由の抑圧，あるいは逆の自由が作り出す対立や孤立・排除の問題を解決するために，強大な権力と資源をもった国家が作られるが，今度はそれが個人を従属化させ，市民の自由，そして自己統治を困難にすることになる。このように個人と社会そして国家の，この三者の間の緊張を含んだ関係の中に現実の市民社会は存在しているのであり[2]，そこでは，この緊張関係を一刀両断に解決する方法がない以上，市民社会の構想にも，どこに重点を置くかによってゆらぎが存在せざるを得ないのである。

　本章では，以下この市民社会の構想にみられるゆらぎを，私が前に四つの共同体論として整理したもの（棚瀬，2002a）を下敷きにして分析し，その上で，市民社会がいかなる意味で法化社会なのか，法の現代的な役割を考えてみたい。

II　構想（1）：自由主義

（1）自由の社会

　市民社会は，自由な個人が自由でありつついかに社会を構成しうるかという問題に対する実践的な回答であるが，その最初の定式は，近代の政治思想の中に与えられている。

　自由な人間が，無制限の自由が帰結する「万人の万人に対する闘争」の自然状態を抜け出して，その自由の享受を確実なものにするために国家を樹立するというホッブズの社会契約説がその一つの典型である。カントの，「自己の最大の自由が他者の同様の自由と両立するように行為せよ」という命題も，人格の相互尊重を内面的な倫理として引き受ける個人が普遍的な法の下で結合する社会の理念化である。こうした社会の構想においては，国家に個人の自由を保障する必須の役割が与えられる反面，社会には個人がその自由の行使として任意に結合する場として以上の積極的な意味は与えられない。むしろ社会が個人を超えた実体をもつことは，個人の自由を不当に束縛するものとして警戒されることになる。自由な人間は，自由の必要条件としての普遍的な法が命ずるものか，自らの自由の行使として明示的に引き受ける義務以外には拘束されないのであり，社会は本質的に懐疑の目でみられるのである。

　この社会を個人と国家に還元することは，実際封建的な身分関係の中から，それを清算して近代社会が生み出された歴史的な経緯を考えればその意義は理解できるし，日本でも，川島が「日本人の法意識」を問題にし，その近代化の必要を説いたときに念頭に置かれていたのは，家父長的な支配を社会の至る所に残したまま括弧付きの「近代化」を果たした日本の現実である。この社会が内から解体されて自由な個人が誕生することが近代化であり，近代的な権利意識はその帰結として自ずから生じるものである。実践的に，自ら「何びとにも隷属しない独立の存在者」（川島，1982, 116頁）としての主体性の意識をもって積極的な権利主張を行うことが，それゆえこの家父長的な土着の権力関係を解体して，権利意識を社会に定着させるものとなるのである。

（2）社会の独自の意義

ただ，この自由な個人の析出という図式の中でも，社会に独自の意義が認められないわけではない。封建的な身分制に連なる中間団体を徹底して嫌ったフランス革命でも，市民は他の市民と連帯して王や貴族の権力と闘ったのであり，それは近年の東欧での社会主義政権の打倒，あるいはアジアでの民主革命でも同様である。それもたんに独立の市民が一人一人連帯したというより，さまざまな団体や組織が抵抗運動を組織し市民を動員していったのであり（Kim, 2002），社会という基盤がなければ民主化ももちろん可能ではなかった。戦後の日本では，この意味での市民革命的な反権力闘争はなく，むしろ近代化は，社会の中に広くあらゆる社会関係に瀰漫していた家父長的な支配を一つずつ覆していくという，文化闘争的な意味合いを強くもっていた。この闘争を通して社会を作り変えていくことは，また国家との関係でも，国家が家父長制を媒介として社会に下ろしていた支配を断ち切り，社会を自律させるという展望を含むものである。実際，川島は，人々のミクロな権利主張という社会的実践を通して実現される，この個人の自由が尊重される社会を市民社会と呼び，そこでは日本に強い「お上意識」や，「おおやけ」のような国家の実体視とは異なる近代的な「公」の観念が，「私」が確立した社会での，「私と等質な主体者の総体」にすぎないものとして成立すると指摘している（川島, 1982, 138頁）。

この市民社会が自由主義の市民社会であるが，それは近代がまだ未完の，達成されるべき課題と考えられた時代には強く実践的な意義をもっていた。しかし日本でも，戦後の啓蒙期を経て，自由の確保よりも経済的自由という形で現れる産業化の弊害に対し住民が生活防衛の抵抗運動を組織するようになると，この市民社会論の限界が感じられるようになる。例えば，共同体も川島の議論では常に否定的に語られるのであるが，同じ法社会学者でも末弘では，村落やその慣習を取り込んで機能する調停などに，国家や資本の論理に対抗する小農民の生活の論理が貫徹されているとして積極的な評価が行われている（楜澤, 1996）。この村落はまだ自由な個人からなる社会ではなく，市民社会とはいえないが，伝統的な社会組織を解体し，裸の個人を国家や市場の前に差し出すことの危険がこうした事例の中に示されている。市民社会を構想する場合にも，

自由主義の私と公の明確な領域区分だけでなく，個人を支え，個人をつないで公に媒介する，「共」とも呼ぶべき第三の領域が想定されなければならないのである（楜澤，2004；山口，2003）。

Ⅲ　構想（2）：共和主義

　この社会の保護機能のうち，特に国家との関係で個人の能力を増強するのが，共和主義の市民社会である。そこでは，国家は近代の自由主義におけるように，普遍的な自由の枠組みを作って個人に自由の追求を可能にするだけではもはや済まず，自由な活動から派生する様々な社会問題の解決に自ら当たらなければならない。そのことはもちろん近代の誕生以来明らかなことであり，議会も早くから作られてきたが，現代はこの集合的決定の範囲と深さが飛躍的に大きくなり，国家が政治部門を通して国民の意思を集約するその過程に国民もより強い関心をもつようになってきたのである。

（1）日本の市民運動

　それはいつ頃からというはっきりした時期的区分はなく，曲がりなりにも民主主義が存在する社会では，常に国民の間でさまざまな政治談義が行われ，政治活動や時に過激な政治闘争も行われてきた。それが市民社会という枠組みで理解されるのは，市民に固有の政治参加の形式がそこに認められるからであり，日本では60年代以降の，それまでの体制選択を賭けた全国的な組織が前面に出た政治闘争から，住民が抱える問題や特定の争点をめぐって組織された運動が脚光を浴びるようになってからである。そこでも，実際にはまださまざまな既成組織や人間関係・既存の運動とのかかわりが存在していたが，相対的にはやはり一人一人の市民がその自由な意思で限定的なかかわりをするという面が強く，市民運動という形で認知されたのである。

　この市民運動が新しい時代の市民が主体となる社会の表れとして理解されたのは，もう一つ，国家の権力エリート対地方の住民・非政治的市民という対決の構造がそこにあるからである。日本の権力中枢から地方に政策として下りて

くるものに異議を申し立て、その一元的な支配に綻びを作り出すことがこうした運動の中で行われ、時に革新自治体の誕生にもつながっていったが、そのことは、社会に生活基盤をもつ市民がそのまま社会のあり方にも、自ら納得できなければ発言して変えていくという、そうした潜在的な自己統治の可能性を示すものと受け止められたのである（米原、1995）。それは、その後も、行政参加やいっそう多様な問題に組織を作って発言していく市民活動へと展開していき、現代の市民社会の基盤を形作っていくことになる。

このように、国家の社会に対する政策的関与・執行の比重が高まり、対抗的に社会の側からの異議申立が活性化する結果、国家対社会、専門官僚対非政治的市民の二項対立が意識されるようになると、これまで国家が独占してきた権限が一部社会に委譲されて社会の再編成がもたらされる。これが、現代の市民社会を特徴づける、自由主義とは違ったもう一つの側面となるのであるが、その命名をする前に、もう少しこの市民の政治参加の意味を検討する必要がある。

（2）地域エゴからの脱却

考える手がかりとなるのは、こうした異議申立とその政策決定への反映との関係である。開発に抵抗して起こされる住民運動に対しては、当時からそれを住民の生活要求を無視した、また環境や安全などの利益を考慮しない開発優先の経済論理、政治の論理に対する抵抗運動として積極的に評価する声があった反面、道路建設やゴミ処理場の建設反対など、自分の地域にさえ来なければそれでよいという地域エゴだという批判もあった。また、その反対運動を政策に媒介する過程では、地方議員の口利きや自治体の行政指導など、むしろ伝統的な日本の権力構造が動員され不明朗な部分も多く残されていた。実際、その後開発業者の側からの法を盾にとった抵抗も行われて、[3]こうした権力的な介入の実効性は失われていき、力の対決だけではない、何らかの理性的な根拠に基づいて開発の可否が決定されるような仕組みが求められるようになってきたのである。

住民の抵抗も当初は生活防衛的な運動として行われても、その要求が政策に接続されていく過程で、地域エゴを超えた普遍性の次元に到達する必要がある。

そのためには，社会の中でさまざまな意見が表明され自由に討議される中で，皆が妥当と考える結論が自ずから浮かび上がってくる過程が政策決定に先立って存在しなければならない。でなければ，政策は決定権限をもつ権力中枢かそれに連なる者に委ねられ，市民はもてる資源を用いてこの権力へのアクセスを図るか，あるいは文字通りの抵抗として政策を力で阻止するかしかなく，政策過程への統合はいずれにしろ不完全なままに終わらざるを得ない。このことを，今井＝阿部は，ヘーゲルを引用しながら，「社会に本来存在している普遍性が対立のまま顕在化しないで終わる場合には，国家が，社会を超越して普遍的意思を執行する」というように表現している（今井・阿部，2001，13頁）。

（3）市民的公共性

　この国家でなく，社会が自ら普遍的意思を語れるようになることが，市民が自ら自己統治を行う市民社会の必須の要件である。その際，手段としては，国家の場合と違ってどこまでも非権力的に，説得し同意を得るという方法を取らざるを得ないのであり，「市民的公共性」と呼ばれる，市民が公共的問題を議論するそうした場が必要となる。[4]

　この観点から捉えられた市民社会は，規範的政治理論の用語を用いて，「共和主義」的市民社会と呼ぶことができる。ただ，公共的問題を議論するその市民の作法に厳しい理想主義的な要件を課す場合には，現実の社会のほとんどは及第点を付けられず，市民社会でないとされることになる。

　共和主義の規範理論では，討議を成立させるために，市民は自らの特殊利害を忘れて純粋に公共的判断を志向しなければならないこと，また自らの主張を説得する際一切の背景的強制を用いてはならないこと，そして価値を含む政策判断についても真理があり，発見可能であるとの信念に基づいて理性的な合意を目指さなければならないことなどの規範的要請を課している。それらはおよそ討議というものが成立するための本質的な要素であり，その構成的ルールであるとされるのであるが，そこに仮定されている，自らの利害を離れた客観性の地平に人が立ちうること，また人の行う発話が言説空間のひずみを受けず，純粋に形式的意味で語られ聞かれるという前提，そして規範命題にも真理があ

り，十分な討議さえ行われればその普遍的同意が獲得可能であるという強い理性への信頼に対しては，現実社会の理性が，社会的な制約を受けた括弧付きの「理性」にしかすぎないという主張を対峙していかなければならない。

同じ理性でも，もっと等身大の人間が社会的文脈の中で，道徳的直観や人間的感性に依拠しながら行う討議を市民的公共性のモデルにもってくることもできるし，その方が現実の社会にとっても到達可能な目標として実践的な議論に接合されやすいであろう。⁽⁵⁾ それだけでなく，本質的に理性はどこまでも現実の社会の中での社会的に規定された理性でしかないという面をもち，そのことを意識しないと，理性の名で社会的なひずみを受けた政策を押しつけ執行していく結果にもなりかねない。討議に理性が必要ないのではなく，討議に前提とされる理性が脱社会的に理解されることに問題があるのである。

この共和主義に欠けている社会性の契機を強調した市民社会のモデルが，以下にみる二つのモデルである。

Ⅳ　構想（3）：保守主義

その一つが，保守主義の市民社会である。保守主義というのは，個人の選択を超えて，社会にストックとして蓄えられている文化や規範を手掛りに社会を構築しようと考えるからである。⁽⁶⁾

（1）社会規範の援用

そうした社会の見方は，すでに近代の政治思想においても存在している。ヒュームやアダム・スミスでは，人間が他者とともに社会を形成しうるのは，個人が理性の力で意欲するからというよりも，社会の中に適切な感覚・慣習が存在しているからに他ならないという立場が取られていた（仲正，2004）。もちろん，そうして形成された社会が市民社会と呼ばれるのは，この慣習が，お互いの自由に干渉せず，自由を前提にした上での相互的な関わりを促すものであったからである。⁽⁷⁾ その意味では自由主義と変わらないともいえるが，慣習のような社会規範が媒介になることは，この慣習の維持，その中での個人の適切

な社会化など,現代の共同体主義にもつながる考え方があり,実際の社会設計に違いをもたらすことになるのである。それは社会学の興隆とも関係している。

例えば,デュルケームは,当時の社会学の一般的関心に倣って,近代の自由な個人からなる社会の特質を解明しようとするが,そこでは,一方で,社会の中で分業が進むとともに新たに有機的な連帯が生まれるとか,あるいは人間の尊厳を基本的な理念にした世俗的な市民宗教が誕生するといった楽観的なトーンで,この近代社会を描くとともに,他方で,産業化が生み出す社会の階級対立や豊かさの中の貧困を分析していく中で,欲望を異常に昂進させられた個人が,しかし有意味な目標や規律を見失ってさまざまな反社会的な病理を示すようになることを問題にしている(宮島,1977)。デュルケームは,もともと「契約の非契約的要素」のように,個人が自由に選択し,合意によって物事を取り決めていくその背後に社会が存在し,方向付けを与えていることを重視するのであるが,こうした社会の有意味な規律が欠けることが,個人の社会への統合を根底から脅かす事態として捉えられているのである。

アメリカでは,パットナムが,かってあった良き市民社会の伝統が,近年の人々の生活様式の変化の中で失われてきているという文脈で,この社会性の喪失を語り,大きな議論を引き起こしている。もともと政治理論の領域では,アメリカ的民主主義のルーツを探り,その健全に機能する姿をモデルとして同定するという関心が一貫してあり,その中で,建国の頃の統治体制をめぐる議論や,19世紀前半のトックビルのアメリカ的民主主義の観察にくり返し立ち返っては現在の意味を引き出すことが行われてきた。[8] パットナムはこの伝統に,社会がその成員の共同行為を組織することによって信頼の公共財を生み出し,それが政治の領域でも社会生活の局面でも人々の生活をより豊かなものにするという新たな社会学的見方を付け加えて,市民社会のパラダイムを作ったのである。

(2) 自発的組織への参加

この健全に機能する市民社会で産出される公共財を,彼は「社会資本」と呼ぶのであるが,具体的に彼が注目するのは,市民が自発的に組織を作り活動に

参加することである。そうした組織参加の密度が高い地域や社会では人々の相互の信頼も政府への信頼も高く維持されるということを，経験的な命題として主張しつつ，この参加が，現在家族が郊外に住み，夫婦ともに働き余暇も家族単位あるいは個人単位で消費されるようになって弱まってきているというのである（Putnam, 2000）。そこから，組織を通じて人のネットワークが幾重にも重なった，そうしたコミュニティを再建しようという実践的な提言が，規範的な市民社会論としてなされるが，それは，アメリカだけでなく，日本でも子どもの教育や老人福祉あるいは地域の防犯など，現実にもいま人々の関心が高まってきている問題である。

ただ組織に参加するのは，人がその参加に個人的な満足や利益をもつからであり，その最適と自ら感じる以上の参加を何らかの形で外から促すことは，自発的参加という言葉を裏切るものになり，自由な個人の仮定とも矛盾する。実際日本でも町内会活動を負担に感じる住民も増えてきているし，子どもの登下校の付き添いなど一時的に組織されても長く続けられないことが多い。ここからパットナムのような市民社会の衰退，それゆえに意識的な再建という議論も出てくるのであるが，しかし都市化は，別の面で広域に同じ関心をもつ者どうしが結びつく可能性も作り出している。現代の通信手段の発達はその組織化をいっそう容易にしているし，また生活の必要から解放され，職業や高等教育から得た専門性を生かして社会奉仕活動をしたいと考える人たちも確実に増えてきている。町内会や住民組織にも，役員として中心的に活動する者にはこの自発性，そして専門性という特徴がみられるといわれるが（尾崎，2001，64頁），それは，同じコミュニティの再建といっても，より現代的な生活世界の合理化と評されるものをもたらすといえる。このすぐれて現代的な参加が市民社会の特徴であり，98年のNPO法もそうした参加意欲が高い市民の組織化を側面から支援するものである。まだアメリカのNGOと比べると，組織の数，参加人員や予算規模などで大きな差があるといわれているが（Pharr, 2003），市民が能動的に社会の問題に発言し，自ら解決していこうとする新しい社会のあり方がここにはあるといってよい。

(3) 構想のゆらぎ

　もっとも，この市民社会と国家の関係には課題も残されている。NPO法人の設立認可や税制の優遇をめぐって，日本の伝統的な行政主導の社会管理がまだ強く残っているという批判が行われているし，民生委員や保護司など国によって任命され行政機構の一端を担う者が，引き続き地域住民の福祉や防犯活動の核となっている。実際，住民の自発的な組織には担い手の質や活動量など地域によってばらつきが大きく，すべての住民に一定の質のサービスを確実に提供するためには国の管理と運営が不可欠である。むしろ問題は，予算的な面でこうした委員の質量の確保や専門性の維持ができていないことにあり，その面ではいっそうの国の関与が求められている。ただ，資金的に国の支援が行われても，企画や実施の責任を今以上に市民の側に委ねていくことは可能であり（高村, 2001），市民社会という視角から，まだこれからも多くの議論や交渉が行われていく必要がある。

　この市民の組織参加には，もう一つ自発性と共同性の揺れも存在している。市民が自発的に自らの関心と専門性を生かした組織を作り参加することは，そしてそうした組織が多数作られ独創的なサービスを競い合うことは，同じボランティアの人的資源や国家の財政的支援を使って公共財を作り出すにしても，より効率的にその生産を行うことを可能にする。しかし個人がその余暇をボランティア活動に差し出したり，納税者として国のそうした活動への財政支援を後押ししたりするその動機づけは，やはりどこかから調達してこざるを得ない。生き甲斐を社会活動に見出す人がいる反面，税負担を伴うような福祉政策には国民は必ずしも積極的ではないともいわれている。福祉は本質的に所得再分配的な面をもち，自由の論理だけからは正当化が困難である。セーフティネットや，その学問的な表現であるロールズの格差原理のような議論もあり，国民の啓発された自己利益に訴えかけていくことも不可能ではないが，やはり人のもつ共感能力を高めていくことが必要である。デュルケームにしろ，パットナムにしろ，保守主義の市民社会論が注目するのは，こうした市民としての連帯意識を生むような規範意識の生成であり，相互信頼の普遍化である。

　このように同じ市民の共助活動であっても，国家の管理と社会の自助，また

社会内部の自発性と共同性という対抗軸の,どちらをどれだけ強調するかによって,違った形になるのであるが,それは,単純に,何が社会のあり方として好ましいかという第三者的,客観的な判断の問題に還元してしまうことはできない。国家と社会の権限配分には,規制緩和と抵抗勢力といった表現にみられるような政治的葛藤が付随するし,自発性と共同性も,どこまでの自由か,自己責任かといった問題への価値の対立が社会には存在する。とすれば,この保守主義の市民社会にも,その目標としての市民的連帯,あるいはその手段としての共有された規範という統合的な側面の強調にもかかわらず,現実の社会の中での政治的葛藤と無縁ではあり得ないのである。

また,より根源的に,市民の組織への自発的参加といっても,そこに,国家の管理や支援,共同性の意識的培養など個人を超えた集合的な力が働くとすれば,自由な個人をアプリオリに仮定して市民社会を考える行き方にも反省が必要になる。社会の中の個人は,どこまでも社会に規定された形でしか存在しないということをむしろ正面から認めて市民社会を構想する必要があるのである。これが次の構造主義である。

V 構想（4）：構造主義

市民社会は一般に,自由な個人が同時に能動的に社会形成を行い,国家と個人との間に自律的な社会領域を作り出すような,そうした社会のあり方を指している。構造主義では,この「自由な個人」とされるものが,実は,すでに社会的に構築されていて,社会形成の起点として扱うことはできないということから出発する。

（1）差別の現代的理解

この個人の自由に先立つ社会の規定性は,極端な例でなくても,現在の差別をめぐる議論の中に実際取り込まれている。例えば,障害者の雇用差別を克服する立法として,もっとも先進的な試みと評価されているアメリカのADA法では,差別は,能力ある障害者が就労するために「必要な合理的是正措置」を

取らないことと定義されている。労働環境や就業規則を障害者でも働けるように変えることによって，多くの障害者は何ら特別の優遇措置を受けることなく有能な労働力となりうるのであって，企業がそうした働きやすい環境を作ることをコストや管理上の不便から避ける場合に，そのことが差別となるのである（フット，1991）。もちろん，どこまでの是正措置が合理的な負担なのかをめぐって線引きは絶えず争われるけれども，そもそも社会として障害者が自ら働けるような環境を作っていくという大きなコミットメントがあってこの法律ができ，合理的とされる措置の範囲にも実際障害者の雇用が促されるような解釈が実現されてきている。逆に，社会の側がそうしたコミットメントをもたず費用の負担を嫌う場合には，その社会では，障害者は雇用の場から排除されるという意味で差別されているのである。

　この差別が一見して露骨な差別でなく，社会が負担を嫌うがゆえの一般の人が享受できている社会的便益からの排除であるということは現代に特徴的な事態である。近代の誕生とともにすべての個人は自由な主体として認められたのであるが，実際には納税や教養の閾値が設けられ貧困者が市民から排除されたり，家族の中で家父長的な権力に服していた女性や子どもの権利が制約されていた。その後の法の発展は，こうした制約を外して自由を文字通りすべての個人に押し広げていくのであるが，その中で，法で自由を認められても実際には自由を享受できない者の問題が意識されていくことになる。女性の雇用でいえば，家事や育児の負担を負ったまま女性が就業の自由を与えられても，労働市場での評価は男性労働者に比べて低いものにしかならない。そのことが女性労働の周辺化，低賃金や単純事務労働への排除を生むことになり，どこの社会も，特に20世紀後半になるとこの問題に取り組まざるを得なくなってくるのである。その解決は，結局，女性に働きやすい環境を雇用だけでなく家族政策も含めて作っていくことであり，その包括的な理念として，日本でも言葉として定着した「男女共同参画社会」が掲げられることになる。それは，これからの社会が，どの個人も排除されることなく皆その能力を生かして自律的な生が送れる，そうした包含型社会となることの宣言である。[11]

（2）構造的把握

　ただ，この法の展開が抵抗に遭うことなく，常に円滑に行われてきたわけではない。ふり返って社会はそのように変化してきたとはいえても，同時代的に社会のあり方を考える場合，与えられた与件の中ではその変化を先取ることが現実に困難であったり，副次的な困難を引き起こすことも多く，制度改革の方向が一義的に決まるわけではない。また改革を訴えかけても，人がもつ制度的構想力の壁にぶつかって政治運動として力を持たないことも少なくない。この不透明な状況の中で日常的な政治的実践が行われてきたのであり，そのことはいまわれわれが生きている社会でも同じことである。実際，保育所の建設一つにしても，「予算がない」，つまり，限られた国家予算の重点配分上高い優先順位を与えることはできないという政治的な判断があって実現できない場合，そこには掘り下げていけば，女性の雇用労働にかかわる現状の認識やより根源的な性別役割分業の評価に，運動の側からすれば根深い無理解と思われるものが存在している。この大きな社会的根っこの部分を揺さぶらないことには目の前の改革も実現できないことから，問題を社会の中の女性の位置づけ，性別階層制に潜む構造的対立として把握する理論が改革運動の中で援用されてくるのである。

　そうした構造的把握は，特にその先鋭な主張においては，これまでの女性らしさや子の養育における母親の役割といった事理の当然と思われてきたものが，実はこの性別役割分業を支える大きなイデオロギー装置の一部であることを明るみに出すという形で展開され，社会の別様の可能性，つまり女性に家事労働をそれゆえまた雇用市場での周辺的な労働を割り振るような社会とは異なった社会の可能性を展望しようとするのである。

　もっとも，この構造的把握に人が説得されて性別分業に対する意識を変えるかどうかはさまざまな要因に依拠し，必ずしも明らかではない。むしろ社会や企業が負担を出し渋り，女性の雇用市場における排除が持続する背後に実際根深い性別階層制が存在するとすれば，それを克服することは容易ではないであろう。それまでの特権的地位を失う者の抵抗があるからであるが，グラムシのいうヘゲモニー，つまり支配的な地位にある者が，同時に社会の意味生産を支

配し，階層制を不変の自然的秩序と錯覚させることもそこには関係している。実際，市民社会を称揚する議論に一部のフェミニストから不安の声が出されているが，それはこの構築された意味世界から女性の組織参加が制約されたり，政治的主張の有効性が殺がれるところで括弧付きの「討議」が行われても，結局ひずんだものにしかならないからである（Phillips, 2002）。むしろ，社会の中でのこのひずみを受けたコンセンサスの形成よりも，直接に国家の法を援用して社会の階層的な権力に抵抗することを選択する者も少なくない。社会に抑圧をみて，国家と個人との関係に純化しようとする自由主義への回帰である。ただ法も一義的に明確なものではなく，その最前線では，積極的な法の解釈によってこれまでの社会のあり方を否定し作り変えていくことが行われている。その裁判での法創造を後押しする力は結局社会に求めざるを得ず，再び議論は循環することになる。

（3）認識の被制約性

このように現代の市民社会は，これまで排除されてきた者を包摂し，すべての市民を包含した社会を構築しようとする点で特色づけられるのであるが，そのためには一度社会の中に仕組まれた排除のメカニズムを洞察し，隠れた階層制を明るみに出すことが必要である。個人は一見自由に見えても，この社会の構造的亀裂の中でその再生産のメカニズムに巻き込まれているかぎり，完全に自由な思考をしているわけではない。個人の自由な思考にみえるものも，実は社会が個人の口を通して社会を語らせているにすぎないという面がある。この自由な個人が括弧付きの「自由な個人」でしかなく，社会の構造が自由な主体の意識の中にも貫徹しているとみる点で，この市民社会は構造主義と呼ばれるのである。

ただ，ここには危うさも存在する。障害者差別や性別階層制が直接的な抑圧だけでなく個人の自由な思考を制約するとすれば，この階層制を抱え込んだ社会は個人の批判から超越し固定的なものとなるはずであるが，実際には，現代の社会はその内にさまざまな観念が行き交い，批判を受け入れてより平等主義的な社会に向けてダイナミックに変化もしている。また個人の認識が制約され

ているということ自体少なくとも一部の者には認識され，その事実が他人に向かって語られてもいる。そこには，他の者もこの構造を理詰めで説明されれば納得し，説得されるということが前提とされている。これは，そもそも構造主義の社会には隠された構造が存在し，個人の無意識の領域で働いてその思考を制約するという仮定とは矛盾するようにみえる。

　こうした疑問が実際構造主義に投げかけられ，同じ社会の自由の抑圧を批判する場合でも，批判の立脚点である自由を普遍的な法や政治哲学の中に求める自由主義や，すべての市民を包摂するための社会の構想を合理的な討議に付していく共和主義に議論を引き戻そうとすることが行われるのである（Benhabib, 2002, ch.5）。特に市民という言葉には，本来その日常的な語感として公共的な問題にも主体的に判断できる個人が含意されていて，構造主義のような理性を括弧入れする議論とはそりが合わないところがある。それが，結局，市民社会という問題構成が暗黙のうちに含む偏向にもなるのであるが，同時に，現代という時代が，多様な個人を多様性のまま社会に包含しようとする時代だからこそ，個人の経験する世界を超えた超越的理性に社会を基礎づけようとする自由主義や共和主義への回帰が存在するともいえるのであり，このジレンマを積極的に引き受けていく必要もある。

　それは，そのまま現代の法の役割を考えていく際にも引き継がれていく問題である。この問題を節を改めてみてみよう。

VI　法の役割

　一般に，個人が自由であるためには法の支配が不可欠である。しかし日本では，明治時代に西洋から法が継受され近代的な法治体制が整えられても，まだ国民の人権保障という点では不十分なものであった。さらにその法も国民はさまざまな社会的制約の中で援用を控えることが多く，いっそう法の支配から遠い状態が続いてきた。その事情は戦後の民主化による法改革でも同じであり，法自体の不十分さに加え裁判所の消極的な姿勢，そして国民の法回避の傾向が相まって十分な法の支配は存在しなかった。この現状を変えようとしたのが司

法改革であり，社会もグローバル市場のインパクトに加え，それ自体の成熟からこうした改革を受け入れ，法を使う社会への転換が図られた。これが日本における法化社会誕生の基本的なストーリーである。

（1）法援用の多元性

　問題は，市民社会にとって，個人に自由を保障するだけでなく，その自由な個人が同時に社会を形成し，自己統治を行うためにも法が必要となるということである。また，社会も自由の法によって完全に透明な空間になるわけではなく，引き続き，価値や規範，意味といった文化的な形象をとおして個人の内面を規定している。また国家は，個人に自由を保障するだけでなく，時には，自由が作り出す外部的な不経済や経済的格差，あるいは社会的な緊張を解消するために，積極的な施策も行わなければならない。個人は，それゆえ，法を援用するときにも，たんにその与えられた自由を確保するだけでなく，同時に，自己統治の実践として社会の形成にかかわり，また社会の文化の産出や，国家が引き受ける課題解決にも参加している。このように法援用のもつ意味を広げていったとき，法の支配はもはや単一の概念で括れない，その内に異なったものを含む複合的な概念であることがみえてくる。

　まず，自由主義の市民社会で想定される法の支配を考えてみると，それは，普遍的な法があって，その下で国家の権力行使も，また社会的な行為も行われるという事態を指し，個人は，自由あるいは権利が侵害されたと感じる場合に，法を援用して救済を求めることになる。逆に，個人は，この他者の自由や権利を侵害しないかぎり自由に行為することができ，法は自由の境界を設定するものとして機能する。しかし，これとは異なる法の用いられ方もある。

（2）行政指導

　その一つが，日本の行政指導である。企業が遵守すべき法は，その実質的規定の多くが行政の裁量的解釈に委ねられ，執行においても，行政には多くの裁量権が残されていた。この裁量を使って，行政は執行の責任やコストを回避しつつ大きな規制権限を行使し得たのであるが，その積極的に評価できる面とし

ては，重大な違反が生じる前に事前に法遵守の状態を把握し必要な是正措置を指示したり，指導したりできるということがある。また規制の実効性という面でも，このインフォーマルな関係を通じて行政と企業との間に規制目的の共通の理解ができ，強制を待たずに自発的同調が行われるということもある。さらに，企業の横のつながりである業界団体や，より大きな取引社会が，インフォーマルな統制を会員企業の上に及ぼして規制を補完することも，そこには行政指導と不可分のものとして存在していた。これは，市民社会のモデルでいえば，保守主義の市民社会に対応した法の使い方であり，法は企業の組織参加や行政との日常的接触を通じて生まれた信頼を基盤に，企業に内面化された一般的な社会規範に形を変えて，その統制機能を果たしていくのである。[12]

　ただ，この法が指導や信頼を媒介して間接的に働く行き方には，他面で大きなコストも伴っている。法が関係の濃淡に応じて内容を手加減されたり，見逃しが行われたりするというのがその端的な例であるが，被規制企業からみても，こうした指導や統制が業界秩序への同調を強いることから，思い切った革新的行動が取りにくいという問題がある。結局これが日本の場合90年代の構造不況の時にとくに問題として意識されて，企業の側からの司法改革への期待となったものである。現在，金融市場などとくに自由な経済活動が行われる領域で，それに見合う法の整備と強い法の執行が求められるのもこの流れである。そこではしばしばアメリカが引き合いに出され，個人の自由を最大限保障しつつ法の規制を目一杯行う自由主義的な法の支配が日本においてもモデルとされるべきことが説かれている。

　この自由主義と保守主義の，法の使われ方の違いを視覚的に捉えるために描いたのが，図序-1である。

（3）合法と非法

　この図では，まず市民社会の四つのモデルが，個人-社会，自律-自治の二つの軸で整理されている。この軸は，法の働きに即してみれば，外面-内面，事後-事前の軸となるが，具体的に，自由主義に対応する法の支配では，法は個人の外部に，個人がその自由になしうる行動が何かを知ることができるよう

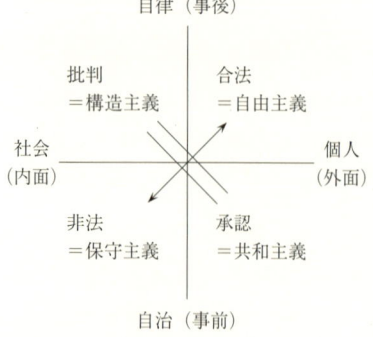

図序-1　法の支配の四モデル

に明確な規範として存在している。そして行為の後で、もし法に抵触することがあればその責任を法の制裁として科されるのである。当事者は法の援用において、自らの行為が「合法」であることのみを（相手の行為が権利を侵害する場合にはその不法を）主張すれば足り、それ以上の理由付けを必要としない。ホームズが「悪人」の比喩で語った、法を国家の強制連関に還元して、自らの内面にはその立ち入りを禁ずるような自由主義的な意識が（Holmes, 1952）、この法と、法をみる個人の見方をもっとも巧みに語っている。

これに対し保守主義に対応するのは「非法」である。それは、そもそも法を援用せずに法の規制目的を説得や社会的制裁を使って実現するというようにも理解されるが、法が援用されても、その法は拡散的に道義的な意味や社会規範を取り込んだものとして扱われ、法を超えた社会的な規範の確立が意図されることになる。また、その目的のためには、制裁よりも遵法を助ける学習や指導がしばしばより効果的であると考えられ、法は、自由主義のように不法が行われて事後的に発動されるだけでなく、事前に不法が行われないために援用されるのである。

それでは、この図序-1にある、残りの共和主義、構造主義の市民社会に対応する法の支配はどのような形のものになるのであろうか。

20

(4) 構造的問題の解決

　それは,「法を使って構造的問題を解決する」というように表現することができる。新聞に取り上げられるような薬害訴訟や消費者訴訟では,被害者が勝訴し賠償を獲得するために企業や行政の過失を認定する必要があるが,それはたまたま不注意から事故が引き起こされたという捉え方ではなく,普段から利益追求による人命軽視や産業保護のための事故隠しといった構造的な体質が企業や行政にあって,結果として深刻な被害が起こされたとして語られる。この民事的な賠償責任の追及が構造的な問題にまで押し広げられることにより,裁判は当事者の権利実現を超えて企業や行政のあり方を一般的に変えていく力をもつことになるのである。

　この法援用の拡張的な機能は,ある程度は一般の訴訟でも,またどこの国でもみられることであるが,背景にどのような市民社会が想定されるかによって構造的問題の解決にも違いが出てくる。例えばアメリカでは人種差別の事件でも性差別の事件でも背後に構造的な問題があることは明らかであり,20世紀後半の批判法学では理論的にも法の議論をそうした社会の階層的支配と結びつける研究が盛んに行われた。しかし実際の法実務では,差別はどこまでも具体的個人または企業の個別の差別的行為として問題にされ,むしろ構造的問題の解決があるとすれば,それは,そうした無数の個別訴訟の積み重ねの中で訴訟リスクが増大し,対応を変えていく企業が増えていくことによって行われるのである。そこには,アメリカの場合,訴訟の数の圧倒的な多さや,勝つケースも負けるケースもあって一つの構造的問題を代表する訴訟というのが観念しにくいことも関係している。[13]その意味では,もはや古典的な市民社会のような等質の成員からなる市民がいて,法も自然法的な確かな基礎づけをもち一義的に明確な法として存在しているといったイメージは当てはまらず,社会も法も対立と葛藤の中に置かれ揺らいでいるのであるが,それでもここには,法があってその法に照らして行為の合法性が個別に争われるという自由主義のモデルに近いものがあるのである。

　これに対し日本では,訴訟が近年増えてきたとはいえやはりまだ数は少なく,一個の訴訟に対する意味づけも広げて理解される傾向がある。特に被害者の数

が多い大規模訴訟では統一原告団が作られたり，弁護士の全国連絡会議で訴訟戦術が練られたりして大きくまとまる傾向がある。そして裁判所も，日本の場合集権的に組織されているために，地裁ごとに判断が分かれることがあってもやがて流れができて，一つの裁判所の判断というものが出てくることが多い。その間にメディアでも多くが被害者を後押しするような形の記事が書かれてこの流れに合流するか，あるいは敗訴の場合，「裁判所の壁は厚い」ということで決着が付けられるかして，その時点での一つの法への集約が図られていくのである。

(5) 法の批判

このように訴訟の希少性という条件から，構造的な問題が前面に出るような形で法援用が意味づけられることが，日本では相対的に多くなるのであるが，それでは，それは構造主義のモデルかといえば，まだ批判が法に及んでいないという点でそうはいえない。市民社会論の一つとして構造主義が問題になるのは，法の差別禁止の網をかいくぐるような形で社会の差別が持続するからであり，誰も排除されることのない，すべての市民を包含した社会を構想しようとするとき，どうしてもこの法の限界という問題と向き合わなければならないからである。たんに不法が個人や個別企業の偶発的な行為を超えて何らかの根深い構造的原因があって起きているとみるだけでは，まだ構造主義的な見方としては分析が不徹底であって，この構造のゆえに人が問題を認知し，対応する能力が制約されるという側面が考慮されなければならないのである。法が現在あるような形のものであり，それゆえこの構造的原因を取り除き，不法を不法として認識し排除することが今の法にはできないその背後に，法そのものがこの構造から規定されるということがあると考えるのである。

この最後の点は，批判法学の基本的な認識である。例えば現代の契約では，自律的な主体による自由な合意という前提を緩めて当事者間の情報や交渉能力の非対称性を考慮した契約法理を発展させてきているが，ゴードンは，こうした契約法の発展を肯定する多くのリベラルな学者の議論に対し，この弱者保護の契約法理にも貫徹する原則／例外図式の，原則はあくまでも自由な契約にあ

るとする自由主義イデオロギーに注意を向けさせようとする（ゴードン，2001）。またアンガーは，法的な推論には，たんに法からの形式的推論で結論が導かれたとする正当化とともに，推論の前提となる法そのものが，「擁護可能な秩序」を代表しているとする自然法思想の残滓がみられることを指摘し，それが法を援用する者の「制度的構想力」を貧困化すると批判している（Unger, 1996）。こうした法のイデオロギー性は，法が，基本的に，現存秩序を擁護するという機能を担わされるところからくるとこれらの批判理論では考えるのである。

　こうした批判理論に全面的に賛同しなくても，問題となっている，すべての市民を包含する社会を構築するという課題から法への批判を行う場合，たんに構造的な問題を見るだけでなく，この人の認識が制約され，法のイデオロギーを通して大胆に社会を構想し直す力が人から奪い取られているという社会の隠れた働きを視野に入れることは可能であるし，また必要でもある。それは実際，実践運動に携わっている者が，訴えてもなかなか政治や社会が聞いてくれない，動いてくれないといういらだちや無力感をしばしばもつことの理論的な説明ともなるし，むしろ当の抑圧を受けている者がそのことを自覚できず，あるいは自覚してもすぐにあきらめてしまう，そのフーコー的にいえば，抑圧の身体化がこの理論の射程に捉えられているのである（仲正，2005，第5章）。やはり社会にはいくつかの不動の前提があって，それが大きな壁のようになって法の働きを制約しているという認識をもつことは，その意味でより大きな批判的力をわれわれがもつ上で必要なのである。

（6）法の上の支配

　ただ，この批判も最後には聞く人を説得し，構造的問題を気づかせて，その改革に賛同を得ていかなければ政治的な力をもち得ないのであり，人が公的な問題を討議し合意していく共和主義の市民社会との接合が必要である。もっとも，すでに議論したように，人が自らの立っている地平を抜け出して，純粋に公的な立場から公共的問題を理性的に議論するという仮定を討議の規制理念としてもち出すことには慎重でなければならない。むしろ構造主義が問題にする認識の限界を打ち破るのは，さまざまな理屈がもち出されうる，それゆえにイ

デオロギー的な構築に取り込まれやすい理性的な議論よりも，直接にこの構造的抑圧を受けている者の抗議の声に心を動かされる感性の働きであったりする。その意味では，構造主義から共和主義への移行は「早すぎず」，まず十分に構造的問題をその根っこの部分も含めて表に出していくことが必要である。と同時に，「遅すぎず」，批判的な考察を建設的な議論に接合して，具体的な問題解決を図っていくことも必要である。[14]

　法の援用に戻していえば，企業や行政の責任を追及して訴訟が起こされる場合にも，法廷の中で，また法廷の外でこうした構造主義から共和主義にまたがる形で議論が広がることにより，現代の多様な個人がそれぞれ市民として包含される社会を構築していくというのが，前の図序-1の，対角線方向の「批判」と「承認」と書いたものである。承認というのは，そうして形成される新しい法を，その究極的な受益者である市民が社会の普遍的意思として受容していくことを表している。法の支配といえば，一般には権力の発動を法によって統制したり，法を社会の中で実現するものとして理解されるが，この批判と承認は，併せて，法を社会の中での解決すべき問題に照らして批判的に吟味し，より抑圧のない平等主義的な社会を作っていくための法を創設していく，人の「法の上の支配」を実現するものであって，市民の自己統治に対応するものである。

　以上，市民社会には一口に括れない多様な構想が存在することから出発して，市民社会が帰結すると考えられる法化社会にも，一般的な法の支配とは異なった法援用の多様な形があることをみてきた。日本では，近年の司法改革の過程で，法の支配実現のための大きな社会的コンセンサスが作られたようにみえるが，実際にはそのモデルに収まりきらない訴訟の動員や権利の意味づけが社会には存在している。それらを整理して，あらためて日本の司法制度に現代の市民社会の司法として欠けているものがないか吟味する作業がこれから必要になると思われる。

序　章　市民社会と法化社会

注

(1) 「株主オンブズマン」の活動など，近年の社会運動の変化と，その中での弁護士の興味深い運動のかかわり方について，大塚（2004）参照。
(2) Seligman（2002）は，市民社会論が，自由な個人と社会（そして国家）との関係を考えるものとして展開されてきたという。
(3) 　武蔵野市が宅地開発指導要綱に基づいて開発業者に強く負担金の納付を求めた事件での最高裁判決（最判平5・2・18民集47巻2号57頁）が，その代表例である。その行政指導の限界を指摘した法理は，同年に制定された行政手続法の中にも取り込まれ，今日の行政と国民との関係を規律する規範となった。
(4) 　この市民的公共性が決定権限をもたない非権力的なものであることは，十分な討議を可能にする条件ともなる。この観点から，アメリカの国民投票制度の問題点を検討したものとして，毛利（2002，第四章）参照。また，後に取り上げるデュルケームにおいても，当時のフランスの社会状況を見て，世論の直接の政策への反映よりも，それから距離を取った「社会的思惟の機関」としての国家の役割，具体的には，政府や議会での審議の必要性を説いている（宮島，1977，172頁）。
(5) 向山（2001：第1，2章）はこの理性を「解釈的理性」と呼び，普遍化可能性を厳格に考えた対話的理性やカント的な超越的理性と対比している。
(6) 　ここでいう保守主義は，政治的な意味での保守主義とは必ずしも一致しない。たしかに，文化や規範が現存秩序と相即的に生成するものであり，秩序擁護的なイデオロギー性を帯びたり，批判的な意識や革新的な運動を抑制したりすることは事実であるが，同時に，社会が国家や市場から自律し，その批判的な力をもつ過程で，社会のこれらの文化資産が重要な役割を果たすこともある。ヘゲモニー闘争におけるこの対抗的な組織化を示すものとして，文化の本質主義化を伴った戦略的使用がある。この興味深い議論として，コリアー（1996）参照。
(7) 菅（2006）は，「他者志向的な自由主義」として，こうした人々が自発的に他者と積極的にかかわっていこうとする志向を法においても尊重し，支援する必要を説いている。
(8) 　共和主義も含めて，市民社会論には，ヨーロッパやアメリカ社会の自己認識という側面があり，そこから非西洋，特にアジアにおけるその不在が意識されやすく（Cumings, 2002），市民社会も，アメリカでは，現代におけるその喪失がいわれるのに対し，日本などでは，現代におけるその誕生がいわれることになる。
(9) 長谷川（2005）は，地権者が結ぶ建築協定の実施において，専門家の参加が，住民相互の紛争を規範に則して解決する上でしばしば大きな役割を果たすことを実証研究を通して明らかにしている。
(10) Fried（2002）は，トックビルの議論と比較して，パットナムの市民社会論には，市民意識を涵養する上での政治制度の役割や平等の問題が顕著に抜け落ちており，脱文脈化された個人のライフスタイルの問題に参加が矮小化されていると批判している。
(11) パットナムの社会資本論との連続性で，この90年代になってヨーロッパの特に社会民主主義の綱領となった「包含的社会」を位置づけるものとして，宮川（2004）参照。
(12) この行政の法執行が，法の規制目的実現のために，被規制企業との交渉や説得を通じて法を具体化し，法遵守の動機づけを獲得していく過程を伴うことを指摘するものとして，棚瀬

(2002b, 第4章) 参照。
⒀ 棚瀬 (2000) では, たばこ訴訟に関して, こうした訴訟の圧倒的多数性や訴訟がもつ力から, 日本でいわれた, 代替的な政策過程としての訴訟という「政策形成訴訟」のモデルとは違ったものがアメリカにはあるという分析が行われている。
⒁ この早すぎず, 遅すぎずという, そのタイミングを具体的にどこに見定めるかによって, 批判理論と, 自由主義のコミットメントの違いが出てくる。Nussbaum (1999, ch. 2), 井上 (2003, 第6章) は, いずれもフェミニズムの構造主義的な批判を評価しつつも, 自由主義の立場から批判理論とは一線を画そうとするが, 問題は, その認識論から批判が徹底されなくなることはないかという点にある。

参考文献

Benhabib, Seyla (2002), *The Claims of Culture*, Princeton University Press.
Cumings, Bruce (2002) "Civil Society in West and East," Charles K. Armstrong (ed.), *Korean Society : Civil Society, Democracy and the State*, Routledge, pp. 11-35.
Fried, Amy (2002) "The Strange Disappearance of Alexis de Tocquevill in Putnam's Analysis of Social Capital," in Scott L McLean, David A. Schultz, and Manfred B. Steger (eds.), (2002) *Social Capital : Critical Perspectives on Community and "Bowling Alone"*, New York University Press, pp. 21-49.
Holmes, Oliver Wendell (1952) "The Path of Law," in his *Collected Legal Papers*, Peter Smith, pp. 167-202.
Kim, Sunhyuk (2002) "Civil Society and Democratization," Armstrong (ed.), pp. 92-108.
Nussbaum, Martha C. (1999) *Sex and Social Justice*, Oxford University Press.
Pharr, Susan (2003) "Conclusion : Targeting by an Activist State : Japan as a Civil Society Model," Frank J. Schwartz and Susan Pharr, *The State of Civil Society in Japan*, Cambridge University Press, pp. 316-336.
Phillips, Anne (2002) "Does Feminism Need a Conception of Civil Society ?" in Simone Chambers and William Kymlicka, *Alternative Conceptions of Civil Society*, Princeton University Press, pp. 71-89.
Putnam, Robert D. (2000) *Bowling Alone : The Collapse and Revival of American Community*, Simon & Schuster.
Seligman, Adam B. (2002) "Civil society as Idea and Ideal," Chambers and Kymlicka (eds.), pp. 13-33.
Unger, Roberto (1996) "Legal Analysis as Institutional Imagination," *Modern Law Review* 59, pp. 1-23.
朝日新聞 (2006)「最高裁変化の兆し」2006年5月31日。
井上達夫 (2003)『普遍の再生』岩波書店。
今井弘道・阿部信行 (2001)「"Zivilgesellschaft" の社会哲学・法哲学」今井弘道編『新市民社会論』風行社, 第1章。
岩原伸作 (2000)「大和銀行代表訴訟事件一審判決と代表訴訟制度改正問題〔下〕」『商事法務』1577号, 4-16頁。

大塚浩（2004）「弁護士と社会変革運動」『法社会学』61号，77-91頁．
大村多聞（2003）「コンプライアンスと法務機能」『JCAジャーナル』50巻5号，22-27頁．
尾崎一郎（2001）「生き甲斐としてのコミュニティ」『法社会学』55号，56-67頁．
川島武宜（1982）「順法精神」『川島武宜著作集第四巻』岩波書店，112-172頁．
楜澤能生（1996）「村落理解の変遷」農政調査会『平成6年度　農用地有効利用方策等に関する調査研究　事業報告書』223-249頁．
―――（2004）「地域中間団体による自然資源の維持管理」牛山積ほか編『環境と法』（成文堂）139-175頁．
黒沢惟昭（1998）「ヘゲモニーと教育——市民社会と主体形成」八木一郎ほか編『復権する市民社会』日本評論社，97-122頁．
ゴードン，R. W.（2001）「法的現実の解凍——契約法理のイデオロギー性」（手嶋昭子訳）棚瀬孝雄編『法の言説分析』ミネルヴァ書房，101-132頁．
コリアー，ジェイン（1996）「紛争パラダイム以後の北米法人類学」棚瀬孝雄編『紛争処理と合意』ミネルヴァ書房，107-121頁．
向山恭一（2001）『対話の倫理』ナカニシヤ出版．
菅富美枝（2006）『法と支援型社会』武蔵野大学出版会．
高村学人（2001）「都市におけるコミュニティ型福祉政策と社会形成」原田純孝編『日本の都市法Ⅱ』東京大学出版会，453-473頁．
棚瀬孝雄（2000）「米国たばこ訴訟の展開とたばこ政策」同編『たばこ訴訟の法社会学』世界思想社，2-22頁．
―――（2002a）「共同体論と憲法解釈（上）」『ジュリスト』1222号，11-20頁．
―――（2002b）『権利の言説』勁草書房．
仲正昌樹（2004）「法に取り憑く他者」同編『法の他者』お茶の水書房，3-20頁．
―――（2005）『自己再想像の〈法〉』お茶の水書房．
長谷川貴陽史（2005）『都市コミュニティと法』東京大学出版会．
フット，ダニエル・H.（1991）「能力障害をもつアメリカ人に関する法律（ADA）とアメリカ法における差別の概念」『日本労働研究雑誌』32巻12号，3-15頁．
宮川公男（2004）「ソーシャル・キャピタル論」宮川公男・大守隆編『ソーシャル・キャピタル』東洋経済新報社，3-53頁．
宮島喬（1977）『デュルケーム社会理論の研究』東京大学出版会．
毛利透（2002）『民主制の規範理論』勁草書房．
山口定（2003）「新しい公共性を求めて」山口定ほか編『新しい公共性』有斐閣，1-28頁．
米原謙（1995）『日本的「近代」への問い』新評論，第5章．

第Ⅰ部

市民社会の諸相

第1章

国民国家の超国家化と市民権／出入国談論
――韓国の在外同胞政策を中心に――

李　喆雨

　移住者は，居住国の国境を越えて出身国とのつながりを維持し，出身国は国境を越えて存在する自国出身の移住者とのつながりを再生産し，また強化する国民国家の「超国家化（transnationalization）」現象は，グローバリゼーション（globalization）の過程において毅然として現れる民族主義の一つの姿である。1990年代韓国の在外同胞政策は，そうした様相を示す好事例である。本章では，韓国の在外同胞政策ならびにそれを取り巻く論議の推移をみて，「在外同胞」に対する観念と政策的思考が，市民権ならびに出入国に対する議論の中でどのように具現されるのか分析する。特に，国民国家の超国家化戦略としてとられうる二重国籍の許容という方策と，外国籍である同胞に特別な出入国上の地位を付与するという方策のうち後者を選択した韓国人が，自国の超国家化戦略をどのように合理化するのかをみるものである。またこうした諸点の論議にあたり，韓国と類似の戦略を展開した他国の諸事例を適宜簡単に紹介していくことにする。

I　国民国家の超国家化

（1）超国家性概念と「脱領域化」

　「超国家的（transnational）」という用語を使用する人々がそれに付与する意味は一つではない。多くの場合，それは「グローバル」と大差なく用いられるが，近年，社会科学において論議される超国家性（transnationalism）の概念が強調するものは，国民国家を垂直的に貫くモデルではなく，それを水平的に横切る，多くの国民国家にわたる動きである。超国家性概念が市民権論議に反映

される場合，それは国民国家単位で編成される世界秩序を前提としながら複数の国民国家とつながりをもち，所属ならびにアイデンティティを形成する現象をとらえる概念となる。また，既存の移民研究が主に移住者と居住者がつむぐ関係に焦点をあててきたのに対し，超国家性研究が対象とする「多重的（multi-stranded）関係」はそこに移民と出身国との関係をも含むものである。

移住者と出身国との関係に新しい注意を喚起する超国家性研究は，移住者が居住国に文化的に吸収されず，特有のアイデンティティと出身国とのつながりを維持し，出身国は彼らを自国成員として確保することで国境を越えて人的境界を拡大するという，いわば遠距離民族主義（long-distance nationalism）の登場に注目する。バシュ，シラーそしてブランは，そうした国家を「脱領土化（deterritorialized）された」国家として描写した。すなわち，「民族（nation）の成員が，世界どの地に住んでいようと依然国家の外にあるものではない」という意味において，「地理的境界を越え」「脱領土化」されているということである（Basch, Schiller and Blanc, 1994, p. 269）。後にシラーは，この「脱領土化された」国民国家を，「超国家的（transnational）」国民国家と命名することになる。

ところで，バシュ，シラー，ブランが例示したカリブ海の聖ビンセント（St. Vincent），グレナダ（Grenada），ハイチ（Haiti），そしてフィリピンは，アメリカに居住する自国出身の移住者の自国内縁故を尊重し強化する代償として，彼らから政治的，経済的支援を得てきた。似たような現象は1990年の南米諸国においてもみられる。コロンビア，エクアドル，ドミニカなどは，アメリカに居住する移民の送金と政治献金に依存し，彼らがアメリカにおいて展開するロビー活動に多くを負っていたのである。これら諸国家は，こうした関係を持続的に維持するために，そして90年代アメリカにおいて強まった反移民感情と政策に対処するために，移住者が積極的にアメリカ市民権を取得することができるよう，二重国籍を許容したのである（Martin, 2002; Jones-Correa 2001, 2002 [2]参照）。

(2) グローバル化と国民国家の理想

　グローバル時代の超国家的移住を特徴づける上のような様相は，はたして新しい動きであるといえるであろうか。また19世紀と20世紀前半期に展開された国家的移住とはどのような差異があるのであろうか。実のところ移住者を取りまく超国家性は，特段新しい現象ではない。超国家化された国民国家概念の開発者の一人であるシラー（Schiller, 1999, pp. 205-210）も，戦前にアメリカに居住していた韓国，日本，中国出身の移民と彼らの出身国が結んでいた関係を，超国家的移住の分析枠組みにより説明することに躊躇しない。また，過去の移住の背景と時期，パターンにおいて大きく位相を異にするディアスポラ集団も，少なくとも現在においては超国家的ネットワークと実践を強化しているとみることができる。イスラエルやイタリアの海外移民諸団体が大規模な再統合あるいは活性化を模索しているということがこのことをよく示している。類似の現象は，上シレジア（Upper Silesia）のドイツ人やトランシルバニアのハンガリー人のように，移住によってではなく，歴史的な紆余曲折の中で領土が変更されることにより，祖先の国家から分離された人々に対する出身国の戦略においても求めることができる（Kamusella, 2003；Theisz, 2004参照）。ロシアの場合，ソビエト連邦の解体にともなって突如として莫大な数の海外ロシア人が発生することとなり，本国と彼らとのつながりに対する関心は避けられない課題となったのである。

　民族（nation）と国家（state），民族（Volksnation）と国民（Staatsnation）の一致を前提とした国民国家の理想は，はじめから成就し得なかったわけであるが，さらに冷戦の終息に伴う政治的変化とグローバル化の趨勢のなかで，この理想はまた新たな挑戦を受けている。そしてこれに対応して国民国家の脱領土化，超国家化は，いたる所で繰り広げられているのである。

　在外同胞に対する韓国の関心も，脱冷戦とグローバル化という新たな条件の中で現れた現象である。韓国の在外同胞は1945年以前に移住した集団とそれ以後に移住した集団とに区分され，その移住背景と性格は大きく異なる。次節では韓国の超国家化戦略が，彼らに対しどのように展開されたのか，みることにしよう。

II　在外同胞政策の展開

(1) 金泳三政権と「新僑胞政策」

　外交通商部は2003年8月の一時点における在外同胞数を607万6783名と集計した。このうち220万名程度はアメリカ，64万名が日本，215万名が中国，56万名が旧ソ連地域に居住している。[3]在外同胞に対する韓国の政策的関心は，1960年代にアメリカ地域への移民が本格化し呼び起こされた。1970年代からは大統領候補者が移民庁の設置を公約するなど，在外同胞問題は政治圏においても取り上げられるようになる。とはいえそれは，全体の公論の場において大きな比重を占めるものではなく，在外同胞を対象とする体系的な政策プログラムは整えられなかった。ここに変化が現れるのは1990年代に入ってからである。これには次のような背景がある。第一に，1980年代後半から中国とソ連に居住していた韓人との交流が再開されたことがある。90年代に入り彼らのうち一部は産業研修生としてあるいは未登録労働者として韓国労働市場に進出していた。第二に，アメリカ地域に移住した移民は経済的状況が好転した母国に期待感を抱くようになっていたわけであるが，1992年ロサンゼルス人種暴動を契機として彼らの期待が大局の世論を刺激したということが挙げられる。1993年に政権を執った金泳三政府のいわゆる「新僑胞政策」はこのことを背景として登場した。

　金泳三政府は，「僑胞移住者の世界市民化」と「本国と居住国間の交流増進のための僑胞の架け橋となる役割支援」を目標に在外同胞政策を講じたが，この時期在外韓人は二重国籍の許容を要求することになる。金泳三政府の「世界化」政策を企画していた世界化推進委員会は，この問題を真摯に受け止めた。しかし在米韓人の要求は，国を捨てて外国へ永久移住し，その国籍を取得した人々が，道具的必要によって韓国国籍を得ようとするものであるとみなされることになる。国民としての義務は履行せず，権利だけを行使しようとすることに対する拒否感，特に兵役の義務を回避するために海外に移住する人に対する反感は，二重国籍の許容を肯定的に検討することを難しくした。政府内におい

ても，二重国籍を通路とした不純分子の浸透と出入国管理の難点，そして相手国との外交的摩擦の可能性を論じる反対論が強くなり，結局二重国籍を許容する要求は棄却されることになる（キム・ビョンチョン，1999, 326-327頁）。

　金泳三政府の政策プログラムは，1995年12月，世界化推進委員会が採択した「在外同胞社会活性化支援方案」として具体化される。同方案においては同胞，僑民，僑胞など多くの用語で表現されてきた集団が，大韓民国国籍をもつ「在外国民」と，国籍を問わず外国に居住する韓民族成員を総称する「在外同胞」という二つのカテゴリーに区分された。「在外同胞社会活性化支援方案」は，在外同胞政策を調律するため，国務総理主催の会議体である在外同胞政策委員会の設置と，在外同胞との文化的つながりを強化するための在外同胞財団の設立を提示し，この実現を目指した。これとともに在外同胞の国内滞留と居住制限緩和，そして国内財産権行使制限の緩和を求める，「国内法ならびに制度の改善推進」が示されることになった[4]。

　金泳三政府時節，在外同胞関連立法案としては，国会を通過した「在外同胞財団法」と第15代国会の議会期満了により廃棄された二つの「在外同胞基本法案」がある。1997年3月に改定された在外同胞財団法は，「在外同胞財団を設立し，在外同胞が，民族的紐帯感を維持しつつ居住国内においてその社会の模範的構成員として生活できるよう，これに貢献することを目的とする」と，その趣旨を明らかにするものであった（在外同胞財団法第1条）。ここでいう在外同胞とは，「大韓民国国民として外国に長期滞留するか，永住権を取得した者」と，「国籍を問わず韓民族の血統をもつ者として外国に居住・生活する者」である（第2条）。また法は在外同胞財団の事業として，在外同胞交流事業，在外同胞関連調査・研究事業，在外同胞を対象とする教育，文化，広報事業などを予定していた（第7条第1項）。

　在外同胞財団法が文化的支援に重きを置いた内容であったのに比べ，1997年10月と11月にそれぞれ提出された二つの在外同胞基本法は，在外同胞の文化的支援のみならず，出入国と経済活動上の地位を向上させるという趣旨を含んでいた[5]。このうちの一つは，4分の1以上韓民族の血統をもつ者に韓人証を発給し，韓人証所持者に各種恵沢を与えるという内容を盛り込んだものであっ

た。これについて外務部は，そうした方案は居住国政府との外交的摩擦を引き起こし，母国政府に対する過度な期待心理を誘発しもするものであって，対象者の概念規定が曖昧であるばかりでなく，世界的にみても類例がない法であるとして反対を表明した（李宗勳, 1998, 165-170頁参照）。

(2) 金大中政権と「在外同胞法」に対する批判

1998年に政権をとった金大中大統領は，アメリカに数年間滞留し在米同胞の援助を受けたということから，個人的にも在外同胞問題に関心をもっていた。同年法務部は，在外同胞基本法案が国会に提出される中，「在外同胞の出入国と法的地位に関する特例法」案をまとめるが，ここでは在外同胞を「大韓民国国民として外国の永住権を取得するか，あるいは永住の目的で外国に居住している者」（在外国民）と，「韓民族の血統を受け継いだ者として外国国籍を取得した者のうち大統領令に定める者」（外国国籍同胞）と定義した。また，国内外において在外同胞登録を行った者に，出入国と滞留，不動産および金融取引，医療保険，年金ならびに有功者報奨金受領などで国内居住国民と同等の処遇を約束し，30日以上国内に滞留する在外国民に対し選挙権を認める一方，外国国籍を取得した同胞にも一定の分野を除き公職への就任を許容するといった内容を含むものであった。同法案は，国内に入国し居所申告証の発給を受けた者にのみ恩恵を与え，外国国籍同胞の公職への就任は認定しないものとして修正後，立法予告された（鄭印燮, 2002, 13-14頁参照）。

すでに1990年代中盤から中国内の朝鮮族に対し，韓国が関心を寄せることに警戒心を表してきた中国政府は，立法予告前から，上の立法は中国の公民である朝鮮族を刺激し動揺させるものであり，憂慮されると抗議していた。これを考慮した政府は，立法予告案の第2条第2項，外国国籍同胞の定義に盛り込まれた血統主義的文言を修正し，法案の名称を「在外同胞の出入国と法的地位に関する法律」と変えて1998年12月国会に提出した。ここでは在外同胞は，(1)「大韓民国の国民として外国の永住権を取得した者または永住する目的で外国に居住している者（在外国民）」と，(2)「大韓民国の国籍を保有していた者またはその直系卑属として外国国籍を取得した者のうち大統領令に定める者

(外国国籍同胞)」と定義された（第2条）。結局1999年8月，国会は在外国民の選挙権行使を許容する条項を削除して同法案を通過させることになる。

「在外同胞の出入国と法的地位に関する法律」（略称在外同胞法）は，在外同胞の権利と地位を次のように規定した。外国国籍同胞は上限を2年とされ，延長が可能である在外同胞滞留資格を得ることができる（第3条，第10条第1・2項）。「在外同胞滞留資格を得た外国国籍同胞の就業その他の経済活動は社会秩序または経済の安定を害しない範囲において自由に許容される」（第10条第5項）。国内居住申告をした外国国籍同胞は，軍事施設保護区域を除いた国内の土地の取得・保有・利用・処分において，国民と同等の権利を有し（第11条第1項），非実名不動産の実名転換と売却処分に関し，法施行後1年以内は履行強制金と過料の免除を受け（第11条第2項），外国為替取引法第18条の資本取引制限措置を除けば，預金，積立，利率，出入金など国内の金融機関の利用において大韓民国国民と同等の権利をもつ（第12条）。また在外同胞法は，居住申告を済ませた在外同胞が90日以上国内に滞留する場合，医療保険の適用を受けることができ（第14条），また外国国籍同胞は年金と国家・独立有功者ならびにその遺族の報奨金も受けることができるものとした（第15・16条）。

こうした在外同胞法は，公布前から激烈な批判に直面した。最大の問題は，外国国籍を取得した海外移住者のうち最も多くの数を占める中国内朝鮮族，そして彼らと同様に政府樹立以前に国外に移住した旧ソ連地域居住韓人，すなわち「高麗人」を外国国籍同胞の範疇から除外したことにあった。すでにみたように，在外同胞法第2条第2号は外国国籍同胞を，「大韓民国の国籍を保有していた者またはその直系卑属として外国国籍を取得した者のうち大統領令に定める者」と定義していた。これは，在外同胞財団法と廃棄された在外同胞基本法案，そして立法予告された在外同胞法案において一貫していたところの，「韓民族の血統」を基準とみなすものとは異なるものである。多くの人々は，大韓民国の国籍を保有したことを要求するこの過去国籍主義的規定により，大韓民国政府が樹立される前に国外へ移住した人々が排除されたとみた。ところが1948年制定当時の大韓民国国籍法は当初大韓民国国民の定義規定を置かず，先天的国籍取得者の要件として「出生当時父が大韓民国国民であること」を要

求するものであった。これは1948年の憲法制定ないし政府樹立以前の大韓民国、そして大韓民国国民の存在を否定しないという立法意図を反映したものである。1948年以前に大韓民国国民であったということは、韓民族共同体に所属していたということ、すなわち韓民族の血統を有していたということと事実上同一のことであった。(6) 仮に、大韓民国国籍の始点を1948年にみるとしても、在中韓人がそれ以降に中国国籍を取得したのであれば、彼らは一旦大韓民国の国籍を保有してから中国国籍を取得したものと解釈されうる。ともかく、朝鮮族と高麗人は在外同胞法第2条第2号によって即座に排除されるものではなかった。彼らはその条項を具体化する在外同胞法施行令第3条第2項が、大韓民国政府樹立以前に国外へ移住した場合において外国国籍同胞となるためには、「外国国籍取得以前に大韓民国の国籍を明示的に確認される者とその直系卑属」でなければならないことを要求することをもって除外されるのである。彼らを排除したのはもちろん中国との摩擦を避けるためであったが、朝鮮族の労働力が大挙流入することで惹起される労働市場の攪乱に対する憂慮からでもあった。(7)

在外同胞法は、国家が日本帝国主義の支配下、国外に移住後帰還できずに居住国国籍をもつに至った人々を排除して、自発的に先進国に帰化した人々のみを優待する奇形的な法、「除外同胞法」であると揶揄されることになる。批判の声が高まる中、一部朝鮮族滞留者が断食闘争に突入し、60余個の市民団体がこれを支援して大統領の拒否権行使を要求した。(8) この渦中、中国からやって来たとある3名が、在外同胞法は自分たちの憲法上の権利を侵害するものであるとして、憲法訴願審判を請求する。この事件に対する決定は、審判請求後2年3カ月を経た2001年11月に下された。

結局憲法裁判所は、在外同胞法第2条第2号のみでは排除の効果がないものの、施行令第3条第2号との結合により排除の効果があらわれたとみ、これは政府樹立以前に国外に移住した人々と以後に移住した人々とを差別するもので、平等権を保障する憲法第11条に合致しないとした。ここで2003年12月31日を時限として、是正のための立法措置が求められるようになる。(9)

（3）在外同胞の法的立場をめぐって

　憲法裁判所の決定が下ると，在外同胞の法的取り扱いをめぐる論争はその勢いを増し，国会では三つの改定案が提出された。このうちもっとも注目された三つめの案は，在外同胞基本法案，在外同胞委員会法案，在外同胞財団法改正案などを一括する改正案として，在外同胞の定義を在外同胞基本法案によったが，これによれば在外同胞は，(1)在外国民，(2)「大韓民国の国籍を保有していた者またはその直系卑属として外国国籍を取得した者のうち大統領令に定める者」，(3)「大韓帝国以後大韓民国政府樹立以前に国外に移住した者で外国国籍を取得した者」，(4)「大韓帝国以後大韓民国政府樹立以前に国外に移住した者で外国国籍を取得しないまま国外に居住している者ならびにその直系卑属」の四つのカテゴリーで構成される[10]。同法案は，(3)により朝鮮族と高麗人を含むと同時に(4)によって在日朝鮮籍韓人をもカバーするものであったが，これは在外同胞法に対する批判のうち，朝鮮籍を維持する在日韓人も除外されているという指摘を受け入れたものである。しかし同時にこれは，大韓民国政府樹立以前に国外に移住したとしても，外国国籍を取得していなければ大韓民国の国籍を保有するものであると認定するものでもあり，法論理的には齟齬をきたすことになる。

　在外同胞法は，こうした改定案をめぐる論議を経て2004年2月に改定された。同法は第2条第2号において外国国籍同胞の定義を「大韓民国の国籍を保有していた者（大韓民国政府樹立以前に国外に移住した同胞を含む）またはその直系卑属で外国国籍を取得した者のうち大統領令に定める者」と修正し，改定第3条はこの「大統領令が定める者」を，(1)「大韓民国の国籍を保有していた者として外国国籍を取得した者」ならびに，(2)「父母の一方あるいは祖父母の一方が大韓民国の国籍を保有していた者として外国国籍を取得した者」と定義した。

　これに伴い政府樹立以前に国外に移住した家族は，外国国籍を取得した者から一，二代直系卑属にいたるまですべて在外同胞法上の外国国籍同胞の範疇に含まれることになった。しかしこれをもって中国と旧ソ連地域の韓国系移住者が実際に在外同胞滞留資格（F-4）を付与され，韓国に入国できるようになる

というわけではない。出入国管理法令は在外同胞滞留資格を付与された者の単純労務行為を当初より禁じていたが，在外同胞法改定後には出入国管理法施行規則が改定され，「不法滞留多発国家」の外国国籍同胞に対し単純労務行為に従事しない旨を厳格に要求することになり，事前にビザの発給が遮断されることになった。このため，在中韓人は事実上，在外同胞滞留資格を得ることができなかった。[11]

ところで，こうした在外同胞法のスタンスを韓国人はどのように評価しているであろうか。次節では，出身国と海外移民あるいはディアスポラ間の超国家的交渉を活性化する法的地位の形態に関する韓国内の議論を分析する。

III 超国家的国民国家における在外同胞の取り扱い：韓国の観念と方式

（１）二重国籍と在外同胞の優待問題

多くの移民送出国は海外移民との超国家的紐帯を確保するため複数のメンバーシップを許容する。こうした諸国家は，「二重国籍を付与することで，超国家的移住者をして『輸入国社会』に道具的に適応させつつも，彼らの文化的同化を抑制し，そうして自分たちの民族文化の保存を鼓吹する」(Guarnizo and Smith, 1998, p. 10)。このように移民の出身国が二重国籍を通して海外に居住する民族（Volksnation）成員を国民（Staatsnation）のうちに保存するか，ないしは編入させることで国民国家の外延を広げる脱領土化の戦略を推進するならば，居住国は自国領土に居住する移民を自国民として編入させ，領土上の人口に対する支配を確固なものとする「【再】領土化（【re】 territorialization）」戦略を追求することになるが，このときにも二重国籍は重要な手段となる。[12]韓国は脱領土化と【再】領土化の，いずれの見地からも二重国籍を認定するものではないが，在米韓人と攻勢的な在外同胞政策を要請する国内の一部からの提案と要求に従い，二重国籍の許容を考慮したことについてはすでに確認したところである。[13]すなわち，二重国籍許容論は，脱領土化の利点より，忠誠の単一性を重視する国民感情の前に膝を屈することになったのである。

在外同胞法は，二重国籍に対する否定的な世論が蔓延するなか，それへの対

案的手段として登場したものである。結果的に同法は，政府樹立以前に中国とロシアに移住した韓人を排除したという理由から批判に晒されたわけであるが，別の局面においては韓民族の血統を受け継いだ人のみを優待するという，すなわち外国人を人種によって差別するという批判にも直面した。韓国の種族的民族主義（ethnic nationalism）を批判的にみる人々は，在外同胞が単に韓国国民と民族的背景を同じくするという理由だけでは優待を受けるに値しないとし，納税などの義務を履行しない彼らより国内の外国人労働者の寄与の方がはるかに大きいと唱えた（林志弦，1999）。反面，在外同胞の優待が必要であると主張する人々は三つの論拠を立てる。第一のそれは，韓国人はイスラエル人やイタリア人と同じく大規模なディアスポラを経験した民族であり，そうした特殊な経験と背景をもつ民族が，在外同胞に対し特別な関心を抱くことは当然である，というものである。第二に，在外同胞が母国の繁栄に大きく寄与するという点がある。彼らは「祖国の外交官であり広報官」，「祖国の経済発展の支援者でかつ外販員」，「領土拡張の貢献者」，「統一のための仲裁者」，「開拓者で案内者」，「祖国商品の購買者であり外貨稼ぎの役軍」，「民族の資産」，「頼もしい永遠の同志」などと描かれる（車鍾煥・曺雄奎・姜得徹，2002，22-35頁）。その第三は，在外同胞の相当数が「日本帝国主義支配下，半強制的に」移住した，というものである。すなわち，「同胞に対し同胞と認定し，彼らの出入と労働を自由にしようとする」ことは，「父母の手をとり，日帝により踏みにじられた国と同胞を救うために，命を懸けて鴨緑江と豆満江を越えた人々」の「抗日運動の伝統を，この国が継承する」という精神を尊重するという主張である（イム・グァンピン，2002，26頁）。

　このように在外同胞政策の正当化根拠は，母国への寄与という功利的な考慮と，歴史的な傷痕の治癒といったより根本的な責任意識において求められる。この二つの根拠は，解放後に移住した在アメリカ韓人と，解放前に移住した中国ならびに旧ソ連居住の韓人からそれぞれ導き出されたものである。すでに述べたように，超国家性はグローバル化の過程のなかで自発的に移住した移民の経験から導出された概念であるが，複雑な歴史的背景のもと離散したディアスポラの経験にもその適用が不可能でなく，過去においては超国家的様相をみせ

なかった諸ディアスポラも，グローバル化の過程において新たに超国家的様相を呈するようになる。韓国の在外同胞には，こうした二種類の集団がともに含まれている。在外同胞政策は，移住の背景を異にする集団すべてを対象としたもので，彼ら各々の経験から正当化根拠を導出してこれを綜合し，趣旨とするものである。問題は，互いに異なる在外同胞集団が共通の超国家的様相を示すとしても，彼らが直面している環境と関心事が相当な程度異なるという点である。例えば，在日同胞としてカテゴリー化される韓人たちは，大韓民国の国籍をもつ在外国民として，選挙権行使など国民の権利を享受することに関心をもつのみで，特別な滞留資格の付与を必要とすることとは無縁である。彼らは非常な困難の中，国籍を固守した自分たちと帰化した人々とが同一に扱われることは不公平であると考えている（鄭印燮，1999，305頁；2002，14頁）[15]。各在外同胞集団が居住する国家と韓国との関係同様，そもそもが互いに異なるものであるから，彼らに対する単一的な接近は最初から制約を受けざるを得なかった。つまり，歴史的傷痕の治癒という，より原理的な正当化根拠を提供する中国ならびに旧ソ連地域に居住する韓人は排除され，道具的考慮の主体であり対象である在アメリカ韓人だけが優待されるという皮肉な結果が招来されるということで，結局このことが在外同胞政策の正当化における危機となりあらわれたのである。

　反面，在外同胞政策が在外同胞の福利にあたり，どの程度実質的に効果をもつものであるかについては次のような対立した見解がある。すなわち外交通商部は，母国が在外同胞を優待することで在外同胞が母国に過度な期待心理を抱くようになれば，居住国社会に根ざしつつ，社会のメインストリームを歩むことが困難になるのではないかという見解を有している。また同部は伝統的に，在外同胞が居住国社会の「尊敬される市民」となるべく政策を提唱しており，1980年代末中国との交流が開始されたときにもこの考えを明らかにしていた（外務部／外交安保研究院，1989，9頁）。これに対し積極的に在外同胞政策を主唱する人々は，在外同胞が母国とのつながりをもつとき，かえって現地社会によく定着することができるようになると反駁する。こうした観念は1998年，在外同胞法案の立法予告時に法務部が掲げたテーゼにおいてもみることができ

る。

　また別の争点として，二重国籍を認定するということではなく，外国国籍をもつ人々を対象に特殊な滞留資格を付与するということの妥当性の問題がある。法務部は，在外同胞特例法案において，外国国籍同胞の条件として「韓民族の血統」を論じていたが，すぐさま血統を国籍に先立たせるのかという赤裸々な種族的民族主義を警戒する声が上がり，外交通商部はそうした法の制定が，「国際社会において偏狭な民族主義と認識され，外交紛争勃発の可能性など問題点を孕んでいる」と反発した。国内の批判と中国の抗議を意識した政府は，「韓民族の血統をもつ者」という文言を，「大韓民国の国籍を保有していた者」へと修正したが，血統を重視する基本的な発想には変わりがないものと批判が繰り返された。こうした批判論によれば在外同胞法は，「平等で自由な市民共同体」としての民族概念を度外視し，「市民的公共性を排除したまま民衆の原初的感情に訴える」もので（林志弦, 1999），どのような文言をとるにしても実質的に血統上韓国系である外国人とそうでない外国人とを差別するものであって，国際規範に違反しているということになる。準拠となる国際規範としては，1979年に加入した「あらゆる形態の人種差別の撤廃に関する国際協約」（International Convention on the Elimination of All Forms of Racial Discrimination）」と，1990年加入の「市民的・政治的権利に関する国際規約（International Covenant on Civil and Political Rights）」が挙げられた。すなわち在外同胞法は，前者が禁じる「国家的または種族的出身（national or ethnic origin）」に基づく差別，そして後者が禁じる「国家的または社会的出身（national or social origin）」による差別に該当するというのである（鄭印燮，1999；2002）。

（2）在外同胞法をめぐる攻防

　在外同胞法を擁護しつつその拡大を主張する人々は戸惑った。彼らは，解放前の移住者を優待することは人種差別ではなく，「日帝時代に生じた人権侵害と人種差別に対する報償または現状復旧」であるとし（李宗勳，2002, 59-60頁），また誰を自国民として認定するかという基準は各国の主権に属するものとして自主的に決する問題であって，まして国籍にはるかに及ばない滞留資格

を付与することがなぜ干渉の対象となるのかと反問する（盧泳暾，1999，68頁）。この疑問は，規範的に閉鎖された（normatively closed）法の議論と法的概念が，連続性を有する社会的関係から遮断されていることを示す一例である。日常において「同」と「異」は，スペクトラムの連続線上にある。しかし法的議論は，国民と外国人を一刀両断に峻別する。在外同胞法をめぐる論争は，この二つの「知識（knowledge）」の間の乖離を示すものである。

　在外同胞法に反対する人々は，血統を共有するという理由でもって一部の外国人を優待することは世界的に類例がないと主張するが，対して在外同胞法の趣旨を擁護する人々は，卑近な日本と中国の例を挙げる。日本は南アメリカからの日系人を，血統を異にする外国人よりも優待し，労働市場を人種的に位階化しているという批判を受けている（Shipper, 2002）。中国は，中国国籍をもつ華僑と中国系外国人である華人を区別していると主張するものの，実際に中国に入国した華人は華僑と同等に優待されることがつとに知られている（李振翎, 2002, 88頁）。

（3）ヨーロッパにおける優待問題，その姿勢

　一方，2000年代に入り話題となった「近隣国居住ハンガリー人に関する法（Act LXII of 2001 on Hungarians Living in Neighbouring States)」をはじめとする一部ヨーロッパ国家の事例は，血統を中心として同胞を優待するという姿勢をあらわし興味深い。2001年に制定された同法は，近隣国に居住し，居住国の国籍をもつハンガリー系住民に限り，就業許可と福祉，教育の恩恵を与えるということをその内容とするものであった。同法が制定されるやすぐにルーマニアとスロバキアが異議を提起し，ヨーロッパ評議会（Council of Europe）のヴェニス委員会（Venice Commission）は，類似の事例とこうした接近の妥当性について検討を行った。ヴェニス委員会の調査は，条約によって民族問題を解決するという例を除き，一方的に在外同胞を支援ないし優待する立法あるいは行政措置の例が1979年から2001年までの間にオーストリア，スロバキア，ルーマニア，ロシア，ブルガリア，イタリア，ハンガリー，スロベニア，ギリシャの9カ国で存在したことを明らかにした。これらの大部分は，血統に立脚

しつつ同胞を定義し，その一部は出入国上の特恵を付与しており，またハンガリー，スロバキア，ブルガリア，ギリシャは就業上の特恵をも与えていた。ヴェニス委員会は，これら諸事例にみる外国国籍同胞を血縁少数者（kin-minorities），彼らの出身国を血縁圏（kin-state）と名づけ，血縁国が血縁少数者に特別な恵沢を与えることは領土主権を侵害せず，条約が存在するならばそれに対する遵守の義務を負い，友好親善を害するものではなく，国際人権法とヨーロッパ人権法が禁じる差別に該当しない限り許容されるが，優待領域は文化と教育に限定され，その他の領域では例外的な事情が存在し，目的が正当で手段が比例的な場合に限り優待が可能であると解釈した（European Commission for Democracy Through Law, 2001）。

　上の諸事例は，血統に立脚し在外同胞を優待することは世界的に類例がないとする外交通商部の主張に対抗するものである。在外同胞法に反対する人々はヴェニス委員会の結論に注目する。すなわち，国際人権法上の差別禁止原則に抵触してはならず，許容される優待の領域は原則的に文化と教育に限られるという点にである。また，問題の発端となったハンガリーの試みが結局意図通りには貫徹できなかったことを強調する（鄭印燮，2003）[19]。しかし，ヴェニス委員会報告書の結論は実に抽象的である。まず具体的にどのような事例が国際人権法に違背するのかが明確でない。またヨーロッパでは少数民族保護と関連し，すでに高い水準で協力を可能とする制度的枠組みが整えられており，出身国が積極的に居住国の少数民族に対し意見を表明する必要に乏しい[20]。その上，ハンガリーやスロバキアのようにヨーロッパ連合（European Union）のメンバー国となれば，まったく別の条件でもってこの問題に接近しなければならない。よって，ヨーロッパにおいてつくられた原則を，他の地域にそのまま適用することができるかということに対しては疑問が生じる。

（4）在外同胞法への反応──アメリカ，日本そして中国

　韓国の在外同胞法は，国際的にはどのように取り扱われているのであろうか。外交通商部は在外同胞法制定当時，アメリカが，韓国系アメリカ人と一般のアメリカ人とを区別することは，韓米友好通商航海条約（Korea-US Friendship,

Commerce and Navigation Treaty) と，韓米投資協定（Korea-US Bilateral Investment Treaty）に反すると指摘したと述べた（盧泳暾，2003，47頁）。しかし在外同胞法発効後，アメリカが抗議するということはなかった。[21]日本との間では，日本国籍をもたない在日韓人の法的地位が問題となるのみで，韓国系日本人の処遇は問題となるものではない。[22]よって在外同胞法を問題とみなす事実上唯一の国家は中国である。中国は，朝鮮族が，「中国56個の民族大家族の一員」であるところの中国公民であり，韓国が管轄権をもつものではないとする。また中国は二重国籍に反対するが，在外同胞法は事実上の二重国籍的措置であって，中国が華僑と華人とを区分し後者を外国人として扱っているように韓国もしなければならないと主張した（李振翎，2002，68-70頁）。ここで中国は，華僑と華人に差をつける中国の立場を打ち出したが，これは自国内の少数民族に対する影響力の行使を排除しようとするもので，国際人権法上の平等原則の貫徹を主たる目標としている訳ではない。在外同胞法が国際人権法に反するという主張は，その大部分が国内において提起されている。

　前述したように，在外同胞法を擁護する人々は，外国国籍同胞に二重国籍を許容することは国際法的にいかなる問題もなく，ましてや国籍に比べることができないほど微弱な地位を付与することがどうして問題となるのかと問う。しかし，同種族に属する外国人を優待することは，いわゆる外国人に国籍を付与することに比べ簡単ではない。国民と外国人に対する二分法的区別は近代国民国家の原理的属性として，基準の定義については各国の主権的決断に属するという点に規範的合意が成り立っている。国民国家の超国家化を追求するやり方として，二重国籍を許容する代わりに，外国人に区別を導入した韓国の在外同胞法と東ヨーロッパの類似法令は，確立された国際規範的議論体系に対する挑戦である。この戦略が規範論理的に不安定であるとしても，必ずしもそれは政治的により大きな不安定をもたらすものではなく，むしろ規範的には問題のない二重国籍の認定をこそより大きな脅威とみなし得る。1998年にメキシコがアメリカに居住するメキシコ人を念頭に二重国籍を許容すると，アメリカの反移民的世論形成集団の間では，これは150年前の「グアダルーペ・ヒダルゴ（Guadalupe Hidalgo）」条約の結果をないがしろにするメキシコ政府の大々的

な運動であるという非難が巻き起こった（Verhovek, 1998 参照）。このことは，1993 年にメキシコが国籍法（Ley de Nacionalidad）を改正し，先天的にメキシコの国籍を取得したが外国への帰化によって国籍を喪失したメキシコ系外国人に，土地所有における特別な地位を認定したことに対して，別段の問題提起がなされなかったことと対照的である。[23] 中国が，韓国の在外同胞法は「事実上」二重国籍を認定するものであると抗議したことに照らしてみるとき，韓国が公式的に二重国籍を許容する措置をとっていたならば，より大きな政治的葛藤が惹起されたであろうことは想像に難くない。

IV　超国家化戦略としての在外同胞政策

韓国の在外同胞政策は，20 世紀後半期に米州地域へ移住した移民と，19 世紀末と 20 世紀前半期に中国と旧ソ連地域へ移住したディアスポラ集団を同時に射程におさめる，超国家化の議論と戦略である。それは，種族的（ethnic）アイデンティティを準拠とする民族主義，在外同胞が国家の繁栄に役立つという功利的ないしは道具的思考，そして日本帝国主義時代に故郷を離れ母国から切り離された人々に対する同情心と責任感を正当化の観念的資源として動員する。1990 年代前半期から論議された在外同胞政策は，在外同胞財団のプログラムを通じ文化的紐帯を強化する反面，在外同胞法を通して出入国と経済活動の便宜を提供するという二つの方向へと発展した。ところが皮肉にも在外同胞法は，在外同胞政策のもっとも重要な正当化根拠を提供する中国ならびに旧ソ連地域に居住する韓人をその恩恵から排除し，自発的に外国国籍を取得した韓国系アメリカ人を優待するという奇異な立法となりはてる。

在外同胞法が国民国家の超国家化戦略の一環としてもつ特徴の一つは，超国家化された国民国家と称される諸事例においてしばしばみうけられる二重国籍の認定を通じた紐帯の制度化ではなく，韓国系外国人に特殊な出入国上の地位を付与し，彼らを経済的に優待するという方式をとっているという点である。こうした接近は，国民と外国人とを一刀両断に峻別する近代法の体系にとっては試練であるともいえる。在外同胞に国籍と市民権を与えることは各国の主権

的決断に属することでありながら，それに比べはるかに軽い滞留資格を付与することがなぜ問題になるのかと反問する在外同胞法擁護論理は，近いながらも遠い事象に対する現実の観念と規範的に閉じており（normatively closed），自己準拠的な法体系の間隙を示すものである（Luhmann, 1985）。

　韓国の在外同胞法ならびに血縁外国人（kin-foreigners）を優待する東ヨーロッパ数カ国の立法のとる戦略が2000年代に入り大きく注目されるようになったのは，超国家性の増大をあらわす一つの兆候であるといえる。ハンガリーの官吏は「近隣国居住ハンガリー人に関する法」が，市民権をより豊かにする試みであると主張する（Theisz, 2004, p.191）。すなわちそれは，領土主権の絶対性に基づく思考から，多衆的共同体への所属を権利化する方向への移行を示すものである（Fowler, 2002, p.46）。これに注目する一部の学者は，ハンガリーの在外同胞の地位から，領土的主権国家の概念に基づく近代的市民権とは別の，ポストモダン時代のファジーな市民権像を発見する（Fowler, 2002）。しかしそうした諸現象が，国民国家の論理を脱しているか，あるいはそれを克服するものであるかのようにいうのは誤りである（Lee, 2004）。国民国家の超国家化は，依然国民国家の論理に貫かれており，その力は健在である。

注
(1) 「グローバルな過程が，主に特定国民国家の領土から脱中心化されてグローバル空間で展開される一方，超国家的過程は，一つもしくは複数の国民国家にいかりを下ろし，それを乗り越えるものである」（Kearney, 1995, p.548）。
(2) トルコはドイツに居住する自国民がドイツ国籍を取得してもトルコとのつながりを維持しうるようにするため，トルコ国籍を放棄しドイツ国籍を取得した後すぐにトルコ国籍を回復することができるよう便宜をはかった（Green, 2001, p.37）。ドイツに帰化するためには，例外事由に該当しなければ原国籍を放棄するものとされるが，逆にドイツ国民が外国に帰化する場合，外国に永住するものでなければ国籍の喪失を免れていた（Hailbronner 2002, p.126）。しかし，1999年に改正され，2000年に発効した現行国籍法（Staatsangehörigkeitsgesetz）は，ドイツ人が外国国籍を取得する場合，彼がドイツに居住したとしてもドイツ国籍は喪失されるものとしている（Kreuzer, 2003, pp.357-358）。
(3) 韓民族ネットワーク，〈http://www.hanminjok.net/research/stat/statistics.asp〉。アメリカに居住する在外同胞の総数として発表されたものは，大韓民国の国籍を保有する在外国民とアメリカ国籍を有する韓国系アメリカ人をすべて含んだ数値であるが，これに対し日本に居住する在外同胞として集計された人々は，明示的に大韓民国の国籍を維持している人々と

第1章　国民国家の超国家化と市民権／出入国談論

15万名にのぼる朝鮮籍韓人であり，日本の国籍を有する韓国系日本人は含まれていない。朝鮮籍韓人は大韓民国国籍の取得を明示的に希望しない人々であるが，大韓民国憲法ならびに国籍法上，これらはすべて大韓民国国民として認定される。

(4) 在外同胞社会活性化支援方案については，李亨奎（1999）参照。
(5) 在外同胞基本法案，議案番号715，1997年10月15日発議。在外同胞基本法案，議案番号821，1997年11月15日発議。
(6) 大韓民国国籍法の解釈上，政府樹立以前の国外移住者の国籍問題をめぐる学説の比較に関しては，Lee（2003, pp. 107-111）参照。1948年の大韓民国政府樹立の数ヶ月前に制定された「国籍に関する臨時条例」は「朝鮮」国籍を規定しているが，ある判例は韓国人がこれによって朝鮮の国籍を取得した後大韓民国憲法発効と同時に大韓民国国籍へ転換されると解釈する（大法院 1996.11.12. 96 ヌ 1221）。
(7) 憲法裁判所提出，法務部長官の意見書（鄭印燮編，2002，232-233頁）。
(8) 「【緊急診断】『在外同胞法』，何が問題か」『朝鮮日報』1999.8.24：29。
(9) 憲法裁判所 2001.11.29. 99憲マ494。これに対する解説は，李喆雨（2002）参照。
(10) 在外同胞基本法案，議案番号2266，2003年5月6日発議。また二つの改定案は，在外同胞の出入国と法的地位に関する法律中改正法律案，議案番号1270，2001年12月5日発議；在外同胞の出入国と法的地位に関する法律中改正法律案，議案番号1310，2001年12月8日発議である。
(11) 2000年と2002年の出入国統計によれば，16名の中国人または韓国系中国人が同資格で入国したとされるが，出入国管理当局者はこれらにつき，朝鮮族ではなかったとしている。
(12) トルコ出身の移住労働者をはじめとする外国人のドイツ国籍取得が相対的に低調であることを懸念した社民党と緑の党は，出生地主義（ius soli）による先天的国籍取得の通路を開き，二重国籍を一般的に許容することを提案した（Green, 2000, pp. 39-44）。結果的にドイツは，新国籍法と改正された外国人法（Ausländergesetz）による一定の条件下，出生地主義による先天的国籍取得を認定し，二重国籍許容の範囲を広げた。
(13) 当時，二重国籍の許容を主張したある在米言論人は，次のように彼の考えを披瀝した。すなわち，「われわれはいま，帝国主義時代のように，武力で領土を広げることはできない。われわれの歴史でも，一時満州がわが民族の地であったといっても，いまはその地を取り戻すことができる時代ではなく，その上われわれはそうするだけの武力も追い求めない。しかしそれ以上に，領土を拡張する方法がある。外国の地であってもわれわれが生きることによってわれわれの地となるものである」（イ・ギヨン，1996，169頁）
(14) この立場を代表する林志弦は，『民族主義は反逆である』（1999）という挑発的なタイトルの著書を出刊し反響を巻き起こした。
(15) 在日人権弁護士である金敬得（2003，20頁）は，在外国民と外国国籍同胞を一つの法律にまとめる在外同胞法には無理があり，「在外国民の地位が外国国籍同胞に付随されるような印象を免れ得ない」と批判した。
(16) 在外同胞の出入国と法的地位に関する特例法立法予告，法務部公告第1998-25号（鄭印燮編，2002，181-184頁）。
(17) 「在外同胞特例法に外交紛争の可能性，外統部反対」『中央日報』1998.8.29：2。
(18) 在外同胞法が憲法不合致判定を受けた後に提出された改定案のうち一つが血統主義的外国

49

国籍同胞定義を復活させると，国家人権委員会はそれが外国人を血統により差別するもので国際人権規範に反するものであると警告した。反面，過去国籍主義的文言を固守する別の改定案に対してはそのような指摘はなされなかった。在外同胞法改正法律案に対する国家人権委員会の意見（2001.12）（鄭印燮編，2002，263-270頁）参照。

(19) ハンガリーは2003年に就業上の優待と居住国内においてもたらす恵沢を除去する法改正を断行した。これに関しては，Theisz（2004）参照。

(20) ヨーロッパ評議会は「少数民族保護のための枠組み協約（Framework Convention for the Protection of National Minorities）」を有し，ヨーロッパ安保協力機構（OSCE）は，少数民族高等弁務官（High Commissioner on National Minorities）を置いている。

(21) 「在外同胞特例法案，中国等から遺憾表明」『中央日報』1998.9.4：2。

(22) 2003年に日本からの外国国籍同胞として居所申告をした人は200名を超えない（法務部2003）。

(23) 上のようなメキシコの立法措置に対しては，Vargas（1998, pp. 835-836）参照。

参考文献

金敬得（2003）「在日朝鮮人がみた『在外同胞法』，ならびに今後の課題」『在外同胞法ならびに在日朝鮮人の法的地位』2003.4.26．韓日民族問題学会　第4回　シンポジウム．

キム・ビョンチョン（1999）「金泳三政府の在外同胞法に関する研究，二重国籍許容論議を中心に」『在外韓人研究』8：317-358頁。

盧泳暾（1999）「いわゆる『在外同胞法』に関する研究」『仁川法学論叢』2巻：57-71頁。

―――（2003）「在外同胞法制国際法違反与否の問題」『在外同胞連帯推進委員会主催在外同胞法制専門家Workshop』2003.7.19．

法務部（2003）『出入国管理統計年報』．

外務部／外交安保研究院（1989），『中国僑胞社会との交流ならびに支援方案』．

イ・ギヨン（1996）「二重国籍は許容されなければならないか――世界の潮流は許容へ」『WIN』1：169-171頁。

李宗勲（1998）「在外同胞政策の課題と在外同胞基本法の制定問題」『立法調査研究』249：146-172頁。

―――（2002）「在外同胞法改正論ならびに廃止論の合理性　検討」鄭印燮編，『在外同胞法』ソウル：人間考．

李振翎（2002）「在外同胞関連争点に対する対中国　積極的　外交方案」鄭印燮編，『在外同胞法』ソウル：人間考．

李喆雨（2002）「在外同胞の憲法的評価：憲法裁判所の決定を中心に」〈法と社会〉22：253-78．

李享奎（1999）「政策課題形成と転移に関する研究――『在外同胞社会活性化支援方案』を中心に，」成均館大学校大学院行政学科博士学位論文．

イム・グァンビン（2002）「在外同胞法改正のための対策協議会の立場」在外同胞法改正対策協議会編，『在外同胞法改正のための公聴会』2002．2．19．

林志弦（1999）「『脱民族』民族主義」『朝鮮日報』1999．5．11：6．

鄭印燮（1999）「『在外同胞の出入国とその法的地位に関する法律』の内容と問題点」『ソウル国際法研究』6（2）：301-21．

第1章　国民国家の超国家化と市民権／出入国談論

―――（2002）「在外同胞法の問題点と今後の対処方案」鄭印燮編『在外同胞法』，ソウル：人間考.
―――（2003）「ヨーロッパの海外同胞支援立法の検討」『国際法学会論叢』48（2）：189 - 217.
鄭印燮編（2002）『在外同胞法』ソウル：人間考.
車鍾煥・曺雄奎・姜得徽（2002）『在外同胞法改正のために』在外同胞法改正推進委員会／韓国人権問題研究所.
Basch, Linda, Nina Glick Schiller and Cristina Szanton Blanc (1994), *Nations Unbound : Transnational Projects, Postcolonial Predicaments and Deterretorialized Nation-States*, London : Routledge.
European Commission for Democracy Through Law (Venice Commission), Council of Europe (2001), Report on the Preferential Treatment of National Minorities by Their Kin-State.
Fowler, Brigid (2002) "Fuzzing Citizenship, Nationalising Political Space : A Framework for Interpreting the Hungarian 'Status Law' as a New Form of Kin-State Policy in Central and Eastern Europe," *Working Paper 40/02, ESRC 'One Europe or Several?' Programme*, Sussex European Institute. University of Sussex.
Green, Simon (2001) "Citizenship Policy in Germany : The Case of Ethnicity over Residence," in Randall Hansen and Patrick Weil, eds., *Towards a European Nationality : Citizenship, Immigration and Nationality Law in the EU*, Basingstoke : Palgrave.
Guarnizo, Luis Eduardo and Michael Peter Smith (1998) "The Locations of Transnationalism, " in Michael Peter Smith and Luis Eduardo Guarnizo, eds., *Transnationalism from Below*, New Brunswick : Transaction Publisher.
Hailbronner, Kay (2002) "Germany's Citizenship Law Under Immigration Pressure," in Randall Hansen and Patrick Weil, eds., *Dual Nationality, Social Rights and Federal Citizenship in the US and Europe : The Reinvention of Citizenship*, New York : Berghahn Books.
Jones-Correa, Michael (2001) "Under Two Flags : Dual Nationality in Latin America and Its Consequences for Naturalization in the United Sates," *International Migration Review* 35(4) : 997-1029.
―――(2002) "Seeking Shelter : Immigrants and the Divergence of Social Rights and Citizenship in the United States," in Randall Hansen and Patrick Weil, eds., *Dual Nationality, Social Rights and Federal Citizenship in the US and Europe : The Reinvention of Citizenship*, New York : Berghahn Books.
Kamusella, Tomasz (2003) "Dual Citizenship in Opole Silesia in the Context of European Integration," *Facta Universitatis* 2(10) : 699-716.
Kearney, Mike (1995) "The Local and the Global : The Anthropology of Globalization and Transnationalism," *Annual Review of Anthropology* 24 : 547-65.
Kreuzer, Christine (2003) "Double and Multiple Nationality in Germany After the Citizenship Reform Act of 1999," in David A. Martin and Kay.
Lee, Chulwoo (2003) " 'Us' and 'Them' in Korean Law : The Creation, Accommodation and Exclusion of Outsiders in South Korea," in Arthur Rosett, Lucie Cheng and Margaret Y. K.

Woo, eds., East Asian Law-Universal Norms and Local Cultures, London : RoutledgeCurzon.
────(2004) "The Transnationalization of Citizenship and the Logic of te Nation-State," *Paper presented at the 6th Conference of the Asia-Pacific Sociological Association on Asia-Pacific Societies in Globalization and Localization*, 17-19 September 2004, Seoul.

Luhmann, Niklas (1985) *A Sociological Theory of Law*, London : Routledge.

Martin, Susan (2002) "The Attack on Social Rights : US Citizenship Devalued," in Randall Hansen and Patrick Weil, eds., *Dual Nationality, Social Rights and Federal Citizenship in the US and Europe : The Reinvention of Citizenship*, New York : Berghahn Books.

Schiller, Nina Glick (1999) "Citizens in Transnational Nation-States," in Kris Olds et al. eds., *Globalisation and the Asia-Pacific : Contested Territories*, London : Routledge.

Shipper, Apichai W. (2002) "The Political Construction of Foreign Workers in Japan," *Critical Asian Studies* 34(1) : 41-68.

Theisz, Balint A. (2004) "The Hungarian Model," *Paper presented at the International Symposium on the Ethnic Diaspora Policies of China, Hungary, Israel, Korea and Russia*, organized by Korean International Network, Global Korean Network Business and Culture, and Korean Peace Network, 10 September, 2004, Seoul.

Vargas, Jorge A. (1998) "Dual Nationality for Mexicans," *San Diego Law Review* 35(2) : 823-53.

Verhovek, Sam Howe (1998) "Torn Between Nations, Mexican-Americans Can Have Both," *New York Times*, April 14, 1998 : A12.

＊著者または編者が特定できない文献は注にのみ記載。

第2章

国際化の中の日本社会
――人の国際移動と外国人問題――

広渡清吾

I 課題と視角の設定

　日本社会が国際化することとは，何であろうか。それは，社会のさまざまな領域に国際的な要素が入り込んでくることを意味するであろう。日本の人々が外国に出かけることは，数の上からみると，いまでは映画やプロ野球をみに行くことと大差がない。また，日本にくる外国人の数も飛躍的に増大した。彼らは観光のためだけでなく，働くことも含めてさまざまな目的をもってやってくる。日本の人々の生活は，もはや外国産の製品や食料なしには立ちゆかない。商店も，会社も，銀行も，外国資本のものがどんどん増えている。情報はさまざまなメディアを介して人々のもとに届き，遠い地域での出来事ですら目の前にみるようにテレビやパソコンの映像で知ることができる。インターネットによる情報流通と交信は，人々の属性を問わずにすぐに人々を結びつける。
　こうした状況に規定された日本社会の側面を切り出して分析し，問題点をさぐるのがこの章の課題であるが，その際の視角についてはじめに論じておこう。

（1）国際化とグローバル化

　第一に，国際化（internationalization）とグローバル化（globalization）という二つの概念の区別についてである。国際化という概念は，国民国家としての主権国家の存在そのものを前提にして国家がその外の世界（他の諸国家および諸国家が構成する国際社会）とより密接に結びつくこと，したがってその関係性の変化を問題にするものである。これに対してグローバル化は，領域（territory）と構成員（member）に対する排他的支配を特徴とする国民国家の存在と

機能そのもの，および諸国家の構成する国際社会の構造そのものの本質的変化を問題にするものである。

現代の世界は200に近い国民国家によって構成されているが，多国籍企業の活動が国境を超え，世界を障壁のない一つの場のように展開することを決定的な条件にして経済のグローバル化が生じ，それに相伴ってさまざまなレベルでのグローバル化が進行し，国民国家の排他的支配が揺らいでいる。こうした方向の行く手に国民国家による障壁のない世界の一体化が創り出されるとみるのか，あるいは従来の世界の構造が基本的に維持されていくとみるのか。このことがいま争われているが，グローバル化の方向での世界の変容は，共通に事実として認識されている（ヘルド・マッグルー，2003）。グローバル化が従来の国家と国民の関係，したがって「国民」のあり方に本質的な変化を引き起こすのかどうか，それがどのような問題なのか，そうした角度から「国際化の中の日本社会」の問題を考えてみる必要がある。

（2）人の国際移動と外国人問題

第二に，国際化であるにせよ，グローバル化にせよ，国境を超える現象を問題にする場合，よく使われる表現でいえば「ヒト，モノ，カネ，そして情報」の移動が対象となる。本章では，その全部を取り上げることができないので，「人」の移動にフォーカスをあてる。

日本社会からみた「人」の移動の数量的指標をここでみておくと，2004年末で外国人登録法に基づき公式に登録して在留（3カ月以上の場合）している外国人数は約197万4000人，これは1985年の85万人の2.3倍増になり，総人口比でいえば，0.7％から1.5％への増大である。また，2004年の出入国者数は，出国者数が約1683万1000人，入国者数が約675万7000人で，1964年（日本がIMF8条国に移行しOECDに加盟した年）の12万8000人，35万3000人と比較すれば，その変化の大きさが明瞭である。

外国人は，出入国管理及び難民認定法（以下，入管法）に基づいて「本邦」に在留する資格（活動の範囲と在留期間を定める）を与えられるが，もっとも大きな区分をすれば，在留期間が無期限，活動の範囲が無制限の「永住」資格を

有している者とそうでない者に分けられる。永住者数は,約 77 万 9000 人であり,全数の 39.4％である。さらに永住者は,特別永住者と一般永住者に分けられ,前者が約 46 万 6000 人,後者が約 31 万 3000 人である。特別永住者とは,サンフランシスコ平和条約の発効に伴って行われた日本政府の措置によって日本国籍を喪失した者およびその子孫に与えられる在留資格(1991 年「日本国との平和条約に基づき日本の国籍を離脱した者等の出入国管理に関する特例法」による)をもつ者であり,在日韓朝鮮人および台湾出身者である[1]。一般永住者は,一定の要件を充たすことによって入管法の規定する永住の在留資格を与えられた者である。(2004 年までの)最近 5 年間の推移を見ると,特別永住者がそれ以前から一貫して減少し,この間の減少率が約 9％であるのに対して,一般永住者数は約 18％の増である。

現在の日本には,新旧二つの外国人問題がある。旧というのは,これら特別永住者の問題である。この問題にかぶさって,新たに,1980 年代後半以降,主としてアジア地域から,また,かつて日本が移民を送り出した南米諸国から職をもとめて日本に到来する外国人働者(「ニューカマー」と呼ばれる)の問題が生じる。新旧二つの外国人問題は,歴史的由来を異にするが,日本社会が定住する外国人をどのように受け入れるかという次元において共通の問題を提起している。この問題は,戦後の西欧諸国が共有するものでもあり,この視角から「国際化のなかの日本社会」の問題を考えてみたい。これが本章の主たる分析対象をなす。

(3) 市民社会・市民概念の再活性化

第三に,本書のキーワードである「市民社会」が本章の主題に対してどのように位置づけられるのか,という点である。「市民社会(civil society)」のテーマは,現在の社会科学において欧米にとどまらず,ほぼ全世界的に盛んに論じられている対象である。

市民社会概念は,それとして思想史的な論争問題であるが(エーレンベルク,2001,参照),現在の市民社会概念の活性化は,二つの変化から理由づけることができる。一つは,現代において「福祉国家」の見直しや規制緩和(deregulation) に示されるように国家の役割が後退し，それに代わって市場の役割，広く民間の役割が重用視され，社会のガバナンス（秩序形成）に注目が集まっていることである。この動きは新自由主義の台頭と表裏をなしている。もう一つは，グローバル化の下で国民国家の機能の後退，縮減が問題となり，国際社会においても諸国民国家の制御能力の減退を補完するものとしてNGO等の役割が注目されることである。ここでは，国民国家のみを構成員とする従来の国際社会に代わって，国際組織やNGO等のアクターを含んだ，グローバルなレベルでの新しいガバナンスの登場が語られる (global civil society)。このように市民社会論の活性化は，国家と市民社会という二元論（どのような二元論かはともかくとして）において，国家の比重が相対的に小さくなるということと相関関係にある。それと同時に，市民社会の能動的役割，もっと具体的にいえば，市民の能動的役割への着目と期待が，モチーフにあると考えられる (Glasius, Lewis and Seckinelgin, 2004；山口，2004)。

　本章では新しい市民的ガバナンスの意義を具体的に論じる余裕がないが，以下に述べるように国民国家における国民と外国人の二分法の隘路を拓くためには，「市民社会と市民」のコンセプトが重要な役割を果たしうることを指摘しておく。

II　国民と外国人の二分法——国民国家の法的基礎

(1) 近代国民国家における「人」の二分法

　「人の国際移動」の問題を考える場合の最大のポイントは，近代世界においてこの「人」が「国民と外国人」に厳格に二分されるシステムの下にあるということである。近代世界は，国民国家としての主権国家が併存して交際するシステムのもとにあり，その必要条件が各国民国家の有する，その領域およびメンバーへの排他的支配の相互承認である。メンバーへの排他的支配を公証する法制度が国籍制度であり，近代的国際法のもとでは，国籍唯一の原則が支配し，無国籍の防止が各国の義務とされ，各国の国籍法はその趣旨を挺して作成されてきた。国籍法の歴史をみると，イギリスでは近代以前の国王と臣民の忠誠と

保護の関係を基礎に国籍制度が展開したが（柳井，2004），フランスでは市民革命によって市民の国民化を内容にして国籍が作り出される。フランスの国籍制度は，フランス民法典と同様にそれ以降，制定法主義の近代国家にとってモデルの役割を果たすものとなる。このように，民法典と国籍制度は，近代国家に不可欠の法的な基礎を与えるものとして，世界に普及したのである。

（2）国籍制度の比較

日本の国籍法は明治の近代国家の建設の中で，民法典と前後して単行法律として 1899（明治 32）年に制定された。明治の国籍法は，血統主義と家制度を二つの柱にした。すなわち，国籍は父親から血統によって継承するものとされ，かつ，妻の国籍は夫に，子の国籍は父親にそれぞれ従属するものとされた。国籍法は，第二次大戦後新憲法の下で新たに制定されるが（1950 年），家制度にかかわる部分が改革されたに留まり，国籍を父親からのみ継承する原則は変わらず，夫と妻（父親と母親）の平等を無視したこの原則が改正されるのは，1984 年，女性差別撤廃条約の批准のために行われた国籍法の改正によってである。これによって子の国籍は，父および母から継承することとされた（木棚，2003，20-47 頁）。

国籍の出生による取得には，周知のように血統主義（sui sanguinis）と並んで出生地主義（sui soli）がある。自分がその国民として生まれた国を離れて移動する人々の増大，いわゆる「国際人流」（international human stream）の拡大は，外国籍の定住者の子孫がなお外国籍のままでとどまる血統主義よりも，出生地でその国の国籍を取得できる出生地主義のほうが，機能的に移住者に開放的であり，社会のあり方としても開放的であるように論じられている。移民を受け入れる国家の国籍制度は出生地主義を原則としている（アメリカ合衆国，カナダ，オーストラリアなど）。

ヨーロッパの大陸諸国の多くは血統主義を原則とするが，その代表国ドイツも定住した外国人労働者とその家族の統合（Integration）を促進する目的で一定の要件の下に出生地主義の採用を行った（1999 年のドイツ国籍法改正）。これによると，ドイツで出生した子は，両親が共に外国人である場合でも両親の一

方がドイツに適法に定住しているならば（8年の滞在等），ドイツ国籍を出生によって取得できるとされる。また同時に，8年以上適法に滞在する外国人は，一定の要件の下に帰化請求権を与えられるものとされた。これらは，一定期間の「定住」を要件にして国籍の取得を認めるものである。この意味で，人の国際移動の広まりは，伝統的な「血統」，「出生地」とならんで，新たに「定住」を国籍取得の法律上の原因として押し出しているとみることが可能である。

　血統主義はしばしば民族主義的な色彩をもってみられるが，血統主義の原理自体は1803年のフランス民法典で開発されたものであり，ドイツのプロイセンの1842年法（Untertanengesetz）に採用され，ドイツ全体の血統主義の採用につながっていったものである（Gosewinkel, 2001, pp. 67-101）。フランスの制度は，その後の人口政策的観点によって出生地主義的要素が強められた。血統主義は，それゆえ特に民族主義に結びつくものではなく，近代国民国家にとって通有の原理として生まれたものだと理解すべきである。[2]

（3）国民と外国人の二分法の意義

　国民国家は，以上のような国籍制度に依拠する国民と外国人の「あれか，これか」の原理的二分法の上にはじめて成立する。国民であることの意義は，外国人の地位と比較してはじめて明確に意識できる。国民は，国民であることによって当然にその国に定住でき，許可なしに働くことができ，また政治に参加できるが，外国人はこれらを権利としてもつことができない。外国人は，当該の国に入国することそれ自体が，その国の裁量の下にあり，入国を要求する権利をもたない。その国の憲法が保障する各種の基本権は，第一次的に国民に向けられており，外国人の権利保障は憲法の基本的任務ではないと考えられている。国民国家における民主主義は，国民の，国籍者の民主主義であって，外国人は民主主義の「民」には含まれない。これが国民国家の論理である（広渡，2002b）。

　このような国民と外国人の二分法は，実態において国際法上の条約や協定等および国内法による措置を通じて緩和されうるし，実際に緩和されているが，二分法の原理性は，国民国家の論理を維持する限り貫徹される。こうして，あ

る国に住む人々にとって「国民であるか，そうでないか」，「国籍を保持しているか，そうでないか」は，決定的なものになる。人々は，生まれた国に住む限りで国籍の価値を知ることがない。国際的な移動や移住は，はじめて人々にこのことを教えるのである。

　国民であることがこのようにメリットの大きなものであるのならば，長期に居住し，あるいは定住する外国人は，居住国の国籍を取得することが便宜であろう。後天的に国籍を取得する「帰化」の制度は，どの国でも用意されており，それを利用すればよい。しかし，帰化をめぐる事情は，そのように単純ではない。なぜなら，国民国家の二分法は，近代国家が「人」に国民というアイデンティティを付与することを目指して作り出したものであり，国民国家の歴史はそれが成功したことを示している。すなわち，「人」は，近代においてナショナリティをその重要なアイデンティとするようになったのである。それゆえ，メリットがあるという便宜論だけで，「人」はアイデンティティの転換を容易くクリアすることができるわけではない。また，帰化を受け入れる国家の側でも，国民的アイデンティティへの同化なしに，便宜だけで帰化を認めることには反発がある。国家の側は，当該国家へのアイデンティティを確保するためのさまざまな要件を求め，慎重にそれを確認するという手続きを用意するのが通例である。こうして，帰化をしようとする外国人の側にとっても，帰化を承認する国家の側にとっても，国民的アイデンティティ（national identity）は，一つの壁を作るのである。

III　迫られる日本帝国の植民地支配の決算

（1）外国人定住者問題としての旧外国人問題

　日本における外国人問題は，最初の課題設定のところで触れたように，新旧二つの問題を含んでいる。筆者は，この二つの問題を〈日本国家による旧外国人問題への自省と適切な対処なしには新外国人問題への適切な方策は立てられない〉という関連で捉える。

　旧外国人問題の経緯については周知のところなのでここで述べない。一点だ

け確認をすれば，1952年4月の日本政府の国籍処分は，その後日本国内の裁判所で争われたが，1961年4月および1962年12月の二つの最高裁判所大法廷判決によってこの処分の法的正当性が確定した。日本の法学説には，これを批判して日本政府の国籍処分が国籍の専断的剥脱を禁止する確立した国際法上の原則に反するものとして，または日本国憲法第10条の国籍法律主義に反して無効と主張するものもある（木棚，2003，79-105頁）。第二次世界大戦後の国際的な例をあげれば，1939年にオーストリアを併合したドイツは，戦後のオーストリアとの国籍関係の処理において，ドイツに在住するオーストリア人（戦後のオーストリアの解放・独立によってすでにオーストリア国籍を回復している）にドイツ国籍の選択権を与えた（1956年）（広渡，1990，56-57頁）。この例は，日本政府が在日韓朝鮮人に日本国籍取得のオプションを与えるというアイディアがありえたことを示している。

　旧外国人問題を外国人定住者の問題としてとらえるならば，第二次世界大戦後の経済成長のために外国人労働者を積極的に導入した西欧諸国が1970年代以降，外国人労働者とその家族の定住化，移民化にどのように対応してきたか（Lahav, 2004, 参照），その経験が参照できる。

　ヨーロッパの例が示すのは，帰化の促進と外国人への地方選挙権の付与が政策の重要な柱であることである。外国人が帰化をすれば居住国の国民となるわけで，その限りで「外国人問題」はなくなる（社会的統合の問題はさらに継続するが）。帰化の促進のためには，帰化要件を緩和したり，あるいはもっと進んで一定の要件の下に帰化請求権を与えるという政策がとられる。さらに，帰化する者にとってのアイデンティティ問題を考慮して，また，出身国とのつながりを維持するという実際的考慮によって，帰化に際してその者の従前国籍の保有を認めたまま新国籍を付与すること（二重国籍を承認すること）が重要な論点となる（広渡，1996，33-49頁）。少なくないヨーロッパ諸国がこの方向に進んでいる。ドイツでは，1999年の国籍法改正で政府原案が二重国籍の原則的許容を打ち出したが，なお反対が強くこれは実現しなかった（広渡，2000，23-27頁）。

　帰化を促進するといっても，仮に外国人に請求権を与えた場合であれ，帰化

そのもの，つまり国民になることを強制することはできない。この場合には，外国人のままでいかに国民の地位に近づけるかが問題となるが，最大の論点は参政権である。参政権は，伝統的に国民固有の権利であるとみなされてきた。しかし，ヨーロッパでは1970年代以降，地方自治体レベルの参政権を外国人定住者（居住期間5年程度が目安である）に与える国が少なからずでてきた（スウェーデン，デンマーク，オランダ，ベルギー等）。民主主義の観点からみれば，外国人定住者の政治参加を排除することには理由がたちにくいからである。1992年のマーストリヒト条約はヨーロッパ共同体（EC）をヨーロッパ連合（EU）に発展させ，EU市民権を創設した（その意義について Ferrer and Iglesias, 2003, 参照）。その内容の一つとして，EU加盟国国民は，EU諸国のいずれにあっても，その居住する地域の地方議会の選挙権を行使できることになった。これは，ＥＵ加盟国以外の第三国出身の外国人にはかかわらないので，外国人定住者に地方参政権を認めるという趣旨そのものにでるものではないが，国レベルと地方レベルを分けて参政権を扱う考え方に立つことでは同じである。

（2）国籍取得の権利（帰化請求権）および地方参政権

　日本の特別永住外国人は，1952年の国籍処分で日本国籍を失った人々とその子孫であり，もともとこの国籍処分の正当性に疑問のあること（少なくとも国籍選択を認めるべきだった）また，例えばドイツが自国の経済成長を支えた外国人労働者とその子たちに帰化請求権を与えていることと比較して考えれば，日本国籍の再取得・取得の権利（帰化請求権）を認めることが，政策的にも，法的な比較考量からしても適切であり，政治的な倫理性にてらせばむしろ必要なことであろう。希望する者に二重国籍を承認するかどうかは，出身国側の事情にもよるのであり，出身国の国籍法が外国国籍の取得を自国の国籍喪失の原因と定める場合には困難が生じる。日本の法学者には，日韓両国が条約によってこの問題を処理するように提案する者もある（奥田，1997）。

　在日韓国人二世の鄭大均氏（都立大学教授）は，在日韓朝鮮人にこのような国籍取得の権利が認められ，これを行使する意義を次のように位置づけている。すなわち，韓朝鮮人は民族的アイデンティティと国籍を同一物として考えるべ

きではなく，日本国籍を取得した朝鮮民族の一員，つまり「コリア系日本人」というアイデンティティを維持すればよいのであり，こうすることによって日本人を多様化し，日本社会の多文化共生社会への可能性を高めることができる，としている（『朝日新聞』2004 年 8 月 19 日付国際衛星版）。これは，帰化が国籍という法的形式を取得することであっても，アイデンティ問題にすぐにかかわるものではないことを指摘しており，きわめて重要な論点提起である。

　一般永住者の近年の増加は，1980 年代後半以降に到来した外国人，いわゆるニューカマーの定住化，移民化の進行として理解されている。ここでも，帰化の促進や出生地主義の採用が今後の検討課題とされるべきであろう

　参政権問題について，日本でも在日韓国人を中心にして外国人の地方参政権の実現を目指す訴訟運動と立法運動が展開された（徐，2003a，137-268 頁）。この訴訟運動の成果として，最高裁判所は 1995 年 2 月に，日本国憲法が外国人に地方選挙権を与えることを禁じていない，付与するか否かは立法政策の問題であるとする判決を示すことになった。これらをうけて，政権連立与党は，実現のための法案を国会に上程したが（1998 年 10 月）審議未了，廃案となり，いまだに法制定の見通しは立っていない。韓国政府は，この実現を要望している。

　外国人の地方選挙権の付与と国籍取得の容易化・権利化は，政策として相互に排斥しあうものではない。定住し続けるが帰化を望まない外国人もありうるし，二重国籍が承認されない段階ではそれは例外的な事例ではない。この場合，それらの人々を政治参加の道から一切遠ざけてよいとするのは問題であろう。外国人の地方参政権の付与は，いわゆる特別永住者と一般永住者をとわず，一定の在留期間を経ている外国人について，民主主義の観点から定住外国人の政治参加の保障として検討されるべきものである。外国人の問題を考えるときに，民主主義がなぜ地方レベルに限定され，国政レベルで排除されるのかは，国民主権の問題である。国政は，「国民」の民主主義の問題として位置づけられるからである。ここでは，国民国家の論理が障害として現れるのである。

（3）拒否される外国人の公職への就任

　外国人定住者にとってのもう一つの重要な問題は，公務員の職に就くことができるかどうかである。法律が外国人を排除する明示の規定をおかない場合であっても（日本の国家公務員法および地方公務員法はこの場合である），政府の見解として公権力の行使や公的な意思の形成に関与する公職に外国人が就くことは許されないとされている[3]。それは，国レベルと地方レベルを問わない（新美，2003）。

　これに関する最新の事例は，東京都が国籍要件を理由に在日韓国人の職員に対して管理職選考試験（課長以上に昇任するための試験）の受験を拒否した事案について，最高裁判所が下した大法廷判決である（2005年1月26日）。この事件は，第1審の東京地裁が「憲法は外国人に公務員に就任する権利を保障していない」として東京都の措置を適法としたが（1996年），これに対し第2審東京高裁が「外国人の職員が管理職に昇任する道を一律に閉ざすことは違憲」として原判決を覆していたものである。最高裁は，「管理職を日本国民に限ることは合理的理由に基づく区別」であり，これは特別永住者である外国人についても同様であり，東京都の措置は違憲でないとして[4]，高裁判決を覆した。

　最高裁判決では，二人の裁判官が反対意見をのべ，国民にのみ限定される公職があることは認められるが，それは法律がこれを許容し，かつ，合理的な理由のある場合に限られ，東京都の措置はこの場合にあたらず，国籍による差別にあたり，違憲であるとしている。このうち一人の裁判官は原告が特別永住者の地位にあることを特に考慮した。

　例えば，国家にとっての枢要の機密を扱う外交官について国籍要件が必要であるということは，実質的に理解できる。しかし，同じように実質的にみれば，地方公共団体の一般の管理職員や公立学校教員に国籍要件を求めることの意味はほとんど理解しがたいものになるであろう。少数意見は，この常識論にたって違憲論を展開しているのである。こうした常識論が通らないのは，実質的な議論がベースにおかれずに，国民国家の二分論がドグマとして作用しているからであろう。

Ⅳ　日本の外国人労働者政策ないし移民政策をどのように展望するか

（１）新しい外国人労働者問題の成立

　第二次世界大戦後の日本は，西欧諸国と異なり，戦後の経済成長のための労働力をもっぱら国内でまかなってきた。この間，農村部から都市部への人口の大移動が生じたのである。1960 年代には繊維産業を中心に外国人労働者の導入が主張されたこともあったが，それは実現しなかった。したがって日本社会の外国人問題は，主として在日韓朝鮮人，台湾出身者の問題であった。

　この状況が変化するのは，1980 年代半ばからである。日本国内の景気要因と国際労働力移動を促進する条件の展開に伴ってアジア諸国からの外国人労働者の流入が一挙に増大した。法務省の入国管理局の統計において「不法就労」というカテゴリーがはじめて登場したのが 1985 年のことである（広渡，1992b）。日本の入管法は，きわめて限定した在留資格でしか労働移住を認めておらず，いわゆる単純労働を内容とする職種について就労を認める在留資格はそもそも用意されていなかった。新たに流入する外国人労働者は，多くの場合，当時「3K」（きつい，きたない，きけん）と呼ばれたような職について，「不法就労者」となったのである。

　この状況の変化に対応するために，入管法は 1989 年に改正された。その内容は，一方で，労働移住の可能性を拡大し，在留資格制度を整備することであり，これまでの 18 種の在留資格が 28 種に拡大された（その後の改正で 27）。ただし，拡大されたとはいえ就労できる在留資格は，基本的に専門的，技術的職務を内容とし，大学卒業資格や 10 年以上の実務経験を要求するものであって，単純労働に就くことを認める在留資格は従前通り認められなかった。他方でこれと同時に「不法就労」を厳しく取り締まり，処罰することとし，雇用主への罰則も強化された。また，「国際化時代」に対応して入管政策を見通しをもった計画的なものにするという趣旨の下で，法務大臣が「出入国管理基本計画」を定めて，外国人の入国および在留に関する基本施策を明らかにすることとされた。

（2）ニューカマーの定住化

1989年改正法の新たな法的枠組みは，しかしながら日本社会の直面する外国人労働者問題を解決するというにはほど遠いものであった（広渡，1992b，405-428頁；2002a，236-252頁）。数が増えて拡大された労働移住のための在留資格は，すでにふれたようになんらかの専門的技術や技能を有する労働者を対象とするものであり，いわゆる単純労働者の受け入れは排除された。政府は，これ以降も国の各種の基本計画（経済計画，雇用対策基本計画，出入国管理基本計画）においてこの基本方針を堅持している。しかし，実際の国内労働市場では非熟練の労働力を外国人労働者に求めるニーズが継続し，他方でこれに応じて外国人労働者が流入するという循環がなくならない。この条件の下で，つまり「表口」（frontdoor）からの外国人労働者の調達が困難である中で，「横口」（sidedoor）や「裏口」（backdoor）から外国人労働力の調達が行われることとなった

この中でもっとも注目されるのが，ブラジル，ペルーなど南米諸国の日系の人々が外国人労働者として「定住者」の在留資格をえて大量に入国したことである。「定住者」の在留資格は，入管法改正によって，これら日本人移民の子孫の里帰りの便宜を図ることを一つの目的として新設されたものである。これは，移民の第三世代（移民である日本国籍者の孫の世代）にまで与えられるものとされており，血統主義の考え方に立って国籍の存否を超えて日本人の血統の効果を拡大するものということができる。定住者の在留資格は，限定のない就労資格を含むので，単純労働を内容とする職にも就くことができる。こうして，定住者の在留資格をもった南米の日本人移民の子孫は，非熟練の外国人労働力調達の合法的なルートとして拡大し続けることになるのである。

2004年末現在で公式の外国人登録数では，ブラジル人（28万6557人，登録外国人総数に対する比率14.5％）が，韓朝鮮人（60万7419人，30.8％），中国人（48万7570人，24.7％）につづいて日本在住の外国人の中で第3番目に大きなグループを形成している。彼らは，従事する仕事の関係で特定の都市に集住しており（静岡県浜松市，愛知県豊田市，三重県四日市市，群馬県太田市など），例えば浜松市では，ブラジル人を対象にしたビジネスが展開し，ポルトガル語に

よる情報ネットワークが形成され，ブラジル人学校が開設・運営されるなど，すでに「ブラジル人のエスニック・コミュニティ」が発展していると報告されている（池上，2002）。浜松市はその一例であるが，このようにニューカマーについて，その定住化，進んで移民化の傾向が認められるのである。

（3）少子・高齢化社会と移民政策

　外国人労働者問題は，1997年ごろから，少子化問題とのかかわりで再び社会的な論争の対象に浮かび上がった。きっかけは国立社会保障・人口問題研究所が日本の人口発展予測として日本の特殊合計出生率（1人の女性が生涯に産む子の数）の落ち込みによって[5]「2007年から人口の減少がはじまり，2050年には労働人口が半減する」という見通しを示したことであった。また，2000年1月にプレスリリースされた国連経済社会局人口部の報告書『補充移民（Replacement Migration）——それは人口減少と高齢化に対する解決策か』は，世界の先進諸国の人口減少の予測とその対策としての移民の必要性について試算をしめした。これによると，日本は，生産年齢人口（15-64歳）が1995年の8700万人から2050年の5700万人に減少するとされ，この減少を埋めるために毎年60万人の移民の導入が必要であると予測された。

　日本国家の政策として，移民のテーマは正面から扱われていない。小渕恵三首相の時代，その私的諮問機関「21世紀日本の構想懇談会」が2000年1月に公表した報告書は，上で言及した人口予測を視野において，日本にとって「移民政策」が重要であることを指摘しているが，これは孤立している。むしろ，少子・高齢化社会への対策は，日本女性の出生力を高める政策として展開している。すなわち，2003年7月に，少子化社会対策基本法および次世代育成支援対策推進法が制定され，雇用環境と地域の社会環境の整備，育児サポートの充実などが進められるべきものとされる。後者の推進法は，そのために地方自治体と企業に施策の計画と行動計画の策定を義務づけている。

　日本女性の出生力を向上させようとするこの政策は，1999年に制定された男女共同参画社会基本法と矛盾するものではないかと考えられる。男女共同参画社会基本法は，男女の差別を徹底的に解消し，家事や育児においても男女の

共同参加を実現し、これまでの家庭の負担から女性を解放し、社会のあらゆる面で男女の共同参画を進めることを目的としている。そこでは女性の全人格的な発展が展望されている。これに対して、少子化社会対策基本法および次世代育成支援対策推進法の目的は、女性を子を産む役割をもつ「産む性」としてもう一度捉え直すことに帰着するからである。人口全体ないし生産人口の維持を絶対的な与件として、その手段に女性の出生力の向上を位置づける論法は、危険である。また、その手段として移民の導入を位置づける議論にも、次に述べるように、十分に注意しなければならない。

（4）21世紀の国際的な人的移動と日本社会の課題

　日本社会にとって仮に移民の導入が必要であるといっても、日本の利益のためにだけ、日本の思うように移民が調達できるものではない。日本社会の人の移動に関する国際化は、世界の国際的人的移動の一部を構成するものであって、世界の国際的人的移動において何が問題となっており、何が世界の諸国にとっての課題であるかを見極め、日本国家もそれを共有して、人の移動についての政策を立てることが必要である。

　21世紀の現在、国際人流にかかわる世界的な問題は、一層はっきりしてきている。第一は労働移住ないし労働移民である。第二に、さきに移住した者をその家族が追いかける形の移住である。そして第三に、難民の移動である。難民は政治的、宗教的、思想的、その他の理由で出身国において迫害を受け、他国に庇護を求める者であるがここにはしばしばいわゆる経済難民が含まれ、その場合には労働移住との区別が難しい。こうした国際人流の背景をなすのが、世界全体の工業生産力・農業生産力と人工分布のアンバランス、そして今後の人口動態、つまり、先進諸国における少子化による人口減と高齢化、他方で発展途上国における人口の激増という事態である（広渡、2004）。

　自国の経済成長を維持するために、生産人口の確保を目的として、外国人労働者を、場合によっては移民として積極的に受け入れることは、今後間違いなく日本にとっての「国益」となろう。経済界の利益を代表する日本経済団体連合会（日本経団連）は、2004年4月に「外国人受け入れ問題に関する提言」を

公表し，日本が外国人を積極的に受け入れて多文化共生の社会を構築するための方策と制度作りを提唱した。そこでは，外国人労働者の送り出し国，外国人労働者および受け入れ国日本のそれぞれにとって利益となる受け入れを進めること，社会と企業において外国人労働者の人権と平等の保障を確立することが強調されている。この限りで「提言」の内容は，適切な形で「国益」を追求するものである。

　提言はしかしながら，「外国人受け入れ」をテーマとするにもかかわらず，家族の後追い移住をどうするのか，日本の難民受け入れの国際的な低水準をどう改革するのかには一切言及しない。[6]「国益」の追求がやはり「国益」の追求だけにとどまり，世界の普遍的な課題を共有するという立場が取られない。また，日本社会の「課題」という視点から捉えなおせば，外国人労働者ないし移民の積極的な導入が課題であるのではなく（それは「国益」である），外国人労働者や移民が人権主体として日本の人々と多様に共生できる日本社会をどう構築するかこそが課題というべきである。この課題を正面から受け止めるならば，新旧二つの外国人問題に対して，国民国家の二分論のドグマへから解放されて解決の方向を探る必要がある。

V　方法としてのナショナリズムから方法としてのコスモポリタニズムへ

　最後に，これまで論じてきた問題を統一的な視点から考えてみるために，ドイツの社会学者 Ulrich Beck の議論を参照することにしよう。彼は，近代の社会科学が価値的にナショナリズムを擁護するかどうかにかかわらず，基礎的な枠組や概念を形成するところでナショナリズムに規定されていることを指摘し，これを方法的ナショナリズムと呼ぶ。しかし，実際に世界において進行しつつある状況は，方法としてのナショナリズムによって的確に認知できないものとなっており（Beck, 1997, 参照），そこで，その事態の進行に見合った，方法としてのコスモポリタニズムの構築が必要であるというのがベックの主張である（Beck, 2002, 2004）。彼が「方法的ナショナリズムの原理および過誤」（ここで過誤というのは，時代の変化に対応しないという意味にとるべきである）として第

一に指摘する「いわゆる出身地イデオロギーの現実喪失」の例は，ベックの言わんとすることを分かりやすく伝えている。

　ドイツ社会の中でしばしば交わされる次のような会話がある。イタリア系の氏をもつ友人に向かってある友人が尋ねる。「君の出身はどこ？」，「エッセン（ドイツ，ルール地方の中心都市）だよ」，「そうじゃなくて，もともとの出身を聞きたいの」，「ぼくはエッセンで生まれたんだよ」，「それで，君のご両親は？」，「母もエッセンの出身だよ」，「でも君のお父さんは？」，「ぼくの父はイタリア人」，「ああ，そうだよね。それで名前がイタリア系の名前なんだね」，「そうだよ」，「それで君はイタリアのどこの出身なの？」，「僕はイタリアの出身じゃないよ」，「だけどご両親は？」。

　ここで尋ねられている彼のアイデンティティは，イタリア人の父とエッセン出身の母からエッセンで生まれた，ということですでに表現されているにもかかわらず，尋ねる側は一元的なアイデンティティに最後までこだわっている。会話で表現すれば奇妙に聞こえるこの探索は，実は人々の多くをなお捉えているイデオロギー（「ナショナル・アイデンティティはあれかこれかの一義的アイデンティである」）に由来するのだとベックは解析する（Beck, 2004, p. 41）。

　ベックによれば，方法的ナショナリズムへのコスモポリタン的な批判の核心は，端的に「国民国家が独自の出発点とみなされる」ことに向けられる。しかし，コスモポリタン的視角は，国民国家を否定したり，それを無視したりするものではなく，国民国家が位置し，分析されるべき地平を根本的に変えるというものである。ナショナルな視角は国民国家を分析するけれども，その固有の諸前提の根本を問うことをしない。コスモポリタン的視角は，「内か外か」，「ナショナルか，インターナショナルか」という「あれか，これか」の二者択一のあり方（Entweder-Oder）を「内も，外も」という並列に取り替える。それは，領域的に，時間的に，そして事物的に「あれも，これも」（Sowohl-als-Auch）である多様な現実のために必要なものである。だが，方法的ナショナリズムはこれに目をつぶっている[7]。

　コスモポリタン的視角は，それによって理想の未来を探索したり，国民国家に何をなすべきかを指示するものではない。この視角は，グローバルな相互依

存関係への理解を,また,それが国民国家に及ぼす作用への知覚を研ぎ澄ますものにとどまり,実際に国民国家の危険と危機がどのような方向に向けて打開されるのかは今後に開かれた経験的な実証の問題である (Beck, 2004, pp. 52-54)。国民国家の機能低下は,それ自身が新しいリスクと問題を生み出す。国際的な不平等は,これまでそれぞれの国民国家の能力の問題として正当化されてきた。そこでは,不平等は不可視的であった。いまや,グローバル化する世界において,不平等性の問題がみえはじめる。また,国民国家がそれぞれ自国の国民を排他的に保護する体制の機能低下は,世界の中で「人」を人権の担い手として共通に承認するグローバルな人権体制を作り出そうとする動きをもたらすが (岡野,2003),逆にこれは人権の擁護の名の下に国家主権が無視され否定される危険性をすでに生み出している(新たな帝国の支配)。このようであれば,グローバルな世界は,永久平和か永続的戦争かのパラドックスをさえもたらすものである (Beck, 2004, pp. 61-75)。

　ベックの視野と概念を借りていえば,「国際化の中の日本社会」は,それとして新たなリスクと課題を生み出しうる。その現実の下で,日本社会の人々にとっての主体的な問題は,こうした世界において進行する事態に直面し感度と認知度を高めて,自分たちの問題を解決するために努力することにあると考える。

注
(1) 「韓朝鮮人」の表記は,徐龍達 (2000a) にしたがった。
(2) フランスの移民問題研究者パトリック・ヴェイユが強調する。「対談『移民国』に向けての今日的課題とは何か」『世界』2004年6月号,217-224頁。
(3) 国立大学の教授・助教授については,その必要上,外国人教員任用法を制定して (1983年) この例外を認めた。ただし2004年4月からの国立大学の国立大学法人への移行によって教職員が公務員でなくなったので,同法の適用はなくなった。国公立の小学校,中学校,高等学校などの教員について,例えば非常勤講師などは公的意思形成に関与しないという理由で外国人の任用が認められている。国立大学の助手も法人への移行の前は同様の理由で外国人の任用が認められていた。
(4) 判決は,管理職に就任させないことを差別ではなく,違憲でないというにとどまり,仮に管理職に外国人を就かせたとしてそれが憲法の要求するところに反するというわけではない。他の地方自治体が東京都に学ばずに外国人への門戸を開放することが期待される。判決およ

びその批評について『ジュリスト』2005年4月15日号参照。
(5) 日本の特殊合計出生率は，1940年代以前には4から5の間の水準にあったが，1950年3.65，1960年2.0，1980年1.75と2.0を割り，その後も逓減し，1990年1.54，2000年1.36，そして2003年には1.29まで低下し，2004年も同様であった。
(6) 難民認定制度を国際的水準に近づけるために2004年6月に入管法の改正が行われたところであるが，これまでの難民の受け入れ実績は寡々たるものである。
(7) 二分論から解放された「人」をどのようなカテゴリーで捉えるか，それはここでは「コスモポリタン」であるが，本章の視角の一つでいえば新しく捉えられる「市民」でもある。

参考文献

Beck, Urlich (1997) *Was ist Globalisierung?*, Suhrkamp.
────(2002) *Macht und Gegenmacht im globaren Zeitalter*, Suhrkamp.
────(2004) *Der kosmopolitische Blick oder : Krieg ist Frieden*, Suhrkamp.
エーレンベルク，ジョン (2001)『市民社会論──歴史的批判的考察』(吉田傑俊監訳) 青木書店.
Ferrer, Jordi and Iglesias, Marisa (2003) *Law, Politics, and Morality : European Perspective I ──Globalisation, Democracy, and Citizenship──Prospects for the European Union*, Dunker/Humblot/ Berlin.
Glasius, Marlies, Lewis, David and Seckinelgin, Hakan (2004) *Exploring Civil Society. Political and cultural contexts* (ed.).
Gosewinkel, Dieter (2001) *Einbürgern und Ausschließen. Die Nationalisierung der Staatsangehörigkeit vom Deutschen Bund bis zur Bundesrepublik Deutschland*, Vandenhöck/Ruprecht.
ヘルド，D.・マッグルー，A. (2003)『グローバル化と反グローバル化』(中谷義和他訳) 日本経済評論社.
広渡清吾 (1990)「西ドイツの外国人と外国人政策」『社会科学研究』第41巻第6号，1-70頁.
────(1992a)「ドイツの外国人問題と国籍」百瀬宏・小倉充夫編『現代国家と移民労働者』有信堂，39-57頁.
────(1992b)「外国人と外国人政策の論理」東京大学社会科学研究所編『現代日本社会』第6巻，東京大学出版会，377-428頁.
────(1996)『統一ドイツの法変動』有信堂.
────(2000)「『市民・市民社会』と『国民・国民国家』──法律家的覚書」飯島紀昭他編『市民法学の課題と展望』日本評論社.
────(2002a)「外国人・移民政策と国民国家の論理」梶田孝道他編『国際社会』第3巻，東京大学出版会，225-256頁.
────(2002b)「制度としての国民国家──そのメタモルフォーゼ」『ドイツ研究』第35号，8-20頁.
────(2003)「法律学的日本人論──『ネーション・ステート』について考える」『日本の科学者』第38巻第9号，22-27頁.
────(2004)「EUにおける移民・難民法の動向──『国際人流と法システム』の一考察」『聖学院大学総合研究所紀要』第30号，1-37頁.

第Ⅰ部　市民社会の諸相

池上重弘，（2002）「地域社会とエスニシティ――外国人集住都市・浜松の事例」梶田孝道・宮島喬編『国際社会1／国際化する日本社会』東京大学出版会，155-177頁．

木棚照一（2003）『逐条詳解国籍法』日本加除出版．

Lahav, Gallya (2004) *Immigration and Politics in the New Europe. Reinventing Borders*, Cambridge University Press.

新美隆（2003）「公務員就任問題からみた在日共生の展望」徐龍達（編）（2003a），112-124頁．

岡野八代（2003）『シティズンシップの政治学――国民・国家主義批判』白澤社／現代書館．

奥田安弘（1997）『市民のための国籍法・戸籍法入門』明石書店．

徐龍達編（2003a）『21世紀韓朝鮮人の共生ビジョン――中央アジア・ロシア・日本の韓朝鮮人問題』日本評論社．

―――（2003b）「国公立大学外国人教員任用の現状と展望」徐龍達編（2003a），283-307頁．

柳井健一（2004）『イギリス近代国籍法史研究－憲法学・国民国家・帝国』日本評論社．

山口定（2004）『市民社会論――歴史的遺産と新展開』有斐閣．

第3章

NPOと市民社会
――特定非営利活動促進法の社会的インパクト――

阿部昌樹

I 特定非営利活動促進法がもたらしたもの

(1) 特定非営利活動促進法の制定

　全国各地で，地域住民によって自発的に結成された多数の団体が，河川の浄化や資源のリサイクル等の環境保全活動や，高齢者の介護や障害者の自立支援等の福祉活動に取り組んでいる。地域の伝統行事を維持し，継承していくことを目的とする団体や，子どもの健全な発達のために，スポーツやその他のさまざまな課外活動の機会を提供することを目的とする団体も，数多く存在している。かつては，これらの団体が法人格を取得することは，きわめて困難であった。民法第34条に，公益の実現を目的とする団体が法人となるためには，その活動に対して規制権限を有する中央省庁の許可を得なければならない旨が規定されており，しかも，中央省庁がこの公益法人の許可制度を厳格に運用していたために，小規模な団体に法人格が与えられることはほとんどなかったためである。

　しかしながら，1995年1月17日に阪神淡路大震災が発生したその直後から，多くの人々が全国各地から自発的に被災地に駆けつけ，被災者救援のためのボランティア活動に従事したことがきっかけとなり，自主的な社会貢献活動の重要性が広く認知されるようになった。そして，ボランティア活動団体をはじめとする営利を目的としない諸団体が，その活動を継続的かつ安定的に行っていくためには，法人格を取得し，団体名義で契約の当事者となり，あるいは財産を取得し，所有することができるようにすることが必要であるという論調が高まり，その結果，それらの団体が，簡易な手続で容易に法人格を取得すること

を可能とするために，民法の特別法として新たな法律が制定された。1998年3月19日に制定された「特定非営利活動促進法」がそれである。

同法は，議員提出法案がいくつかの修正を経た後に可決され，成立したものであり，そのことのみをもってしても，可決される法案の多くが中央省庁の官僚によって作成された内閣提出法案である日本の立法の現況（坂本，1997，129-130頁；阿部，2003，130-133頁）からすれば，例外的な法律に属する[1]。しかも，複数の政党がそれぞれに法案を提出し，その優劣をめぐって国会内外で活発な議論が展開されるとともに，早期の法律制定を求めていくつかの非営利団体による積極的なロビイングが展開されるなど，日本の法律としては異例な立法過程の産物であった（谷，1999；初谷，2001；小島，2003）。

同法の施行日は1998年12月1日であり，この日より，「保健，医療又は福祉の増進を図る活動」，「環境の保全を図る活動」，「災害救援活動」等の，同法第2条別表に掲げられた活動[2]のいずれかを行う非営利団体は，活動する地域が特定の都道府県の範囲にとどまる場合には都道府県知事宛に，複数の都道府県にまたがる場合には内閣総理大臣宛に所定の申請書を提出すれば，簡単な審査手続きによって法人格を取得できるようになった[3]。

（2）特定非営利活動促進法の立法目的

それからすでに8年あまりが経過した。この間に，同法第1条に掲げられた「ボランティア活動をはじめとする市民が行う自由な社会貢献活動としての特定非営利活動の健全な発展を促進し，もって公益の増進に寄与する」という立法目的は，どの程度達成されたのであろうか。この問いに答えることが本章の課題である。しかしながら，それは，簡単なことではない。上記の立法目的のうち，「ボランティア活動をはじめとする市民が行う自由な社会貢献活動としての特定非営利活動の健全な発展を促進」するという部分については，それが実現されている程度を，同法が制定されたことにより，実際にどの程度そうした活動が活性化しているのかを吟味することにより，ある程度は客観的に測定することが可能である。しかしながら，「もって公益の増進に寄与する」という部分に関しては，「公益」という語がきわめて曖昧かつ多義的であるがゆえ

に，それが増進されている程度を見極めることは容易ではない。同法がどの程度「公益の増進に寄与」しているかという問いは，「公益」の内容を明確化しないことには答えようのないものなのである。

　そこで，本章では，「市民社会」という概念に着目したい。特定非営利活動促進法の立法過程においても，また同法が施行された後においても，「ボランティア活動をはじめとする市民が行う自由な社会貢献活動としての特定非営利活動の健全な発展」をとおして増進されるべき「公益」を，「市民社会」という概念と結びつけて理解しようとする考え方が，さまざまなかたちで主張されているからである。例えば，1998年3月3日の参議院労働・社会政策委員会で与党提出法案に賛成する発言を行った，その当時社会民主党の参議院議員であった大脇雅子は，その発言の中で，非営利団体は「民主主義の市民社会」を構成するものであり，それが法人格を取得することを容易化することは，「日本の民主主義を一歩深化」させることにつながる旨の主張を展開している。また，同じ参議院労働・社会政策委員会において，1998年1月22日には，当時公明党の参議院議員であった山本保により，公明党，民友連，および自由党の野党3党によって提出された「市民公益活動法人法案」の趣旨説明の中で，「自主的に様々な公益活動を行う団体に，簡易に法人格を与える法整備を行うこと」により，「多元的な価値観を有する自主的な市民社会を実現することが可能となる」という言明がなされている。国会の外部においても，同法や同法に基づいて法人格を取得した特定非営利活動法人の社会的な存在意義を説明する言説の中で，「市民が自己の責任と価値観に基づいて行動する社会（市民社会）の実現」（松下，1998，27頁），「市民社会をつくり出す」（世古，2001，15頁），「市民社会を支える主たる担い手」（新川，2002，119頁）といった言明が繰り返されている。これらの言明を踏まえるならば，同法の施行によって増進されるべき「公益」とは，「市民社会の実現」であると考えてよいように思われる。

　もっとも，「市民社会」という語も，「公益」という語と同様に，曖昧かつ多義的である。それゆえ，「公益の増進」を「市民社会の実現」と言い換えてみたところで，その「市民社会」の意味を明確化するという作業は避けられない。

そこで,「特定非営利活動促進法は,どの程度公益の増進に寄与しているのか」という問いを,次のように定式化し直すことにしたい。すなわち,「特定非営利活動促進法は,どのような意味の市民社会の実現に,どの程度寄与しているのか」。この問いに答えることが本章の最終的な課題であるが,まずは,同法が,「ボランティア活動をはじめとする市民が行う自由な社会貢献活動としての特定非営利活動の健全な発展を促進」することにどの程度貢献しているのかという,より答えを出すことの容易な問いに取り組むことにしたい。

なお,特定非営利活動促進法の立法過程において,アメリカ合衆国の税制度に起源を有する NPO (Non-Profit Organization) という語が,社会貢献活動を行うことを主たる目的とする非営利団体一般を指し示す語として広く用いられるようになり,特定非営利活動促進法は NPO 法と,同法に基づいて法人格を取得した団体は NPO 法人と,一般に呼び慣わされている。本章においても,以下では,この NPO 法,NPO 法人という通称を用いることにしたい。

II 社会貢献活動の活性化

(1) NPO 法人の現況

まずは,NPO 法が施行された後に,同法に基づいて法人格を取得した団体がどの程度存在しているのかを見ておきたい。この点に関しては,内閣府が,NPO 法が施行された 1998 年 12 月以降の毎月の NPO 法人の認証数,不認証数,解散数,および認証取り消し数を公表している。それをもとに NPO 法人数の推移をまとめたものが図 3-1 である。

この図から明らかなように,NPO 法の制定以来,NPO 法人はコンスタントに増加しており,その数は,2005 年度末で 2 万 5735 団体に達している。[6] 月平均の増加は,この間を通算すると 296 団体であるが,最近の 1 年間ではこの数が 403 団体となっており,近年になるほど NPO 法人の増加が加速しているという傾向をみることができる。この図からはさらに,NPO 法人の大半が,都道府県知事の認証を受けたものであることが分かる。2005 年度末の時点において法人格を有していた全 NPO 法人のうちで,内閣総理大臣の認証を受けた

第 3 章　NPO と市民社会

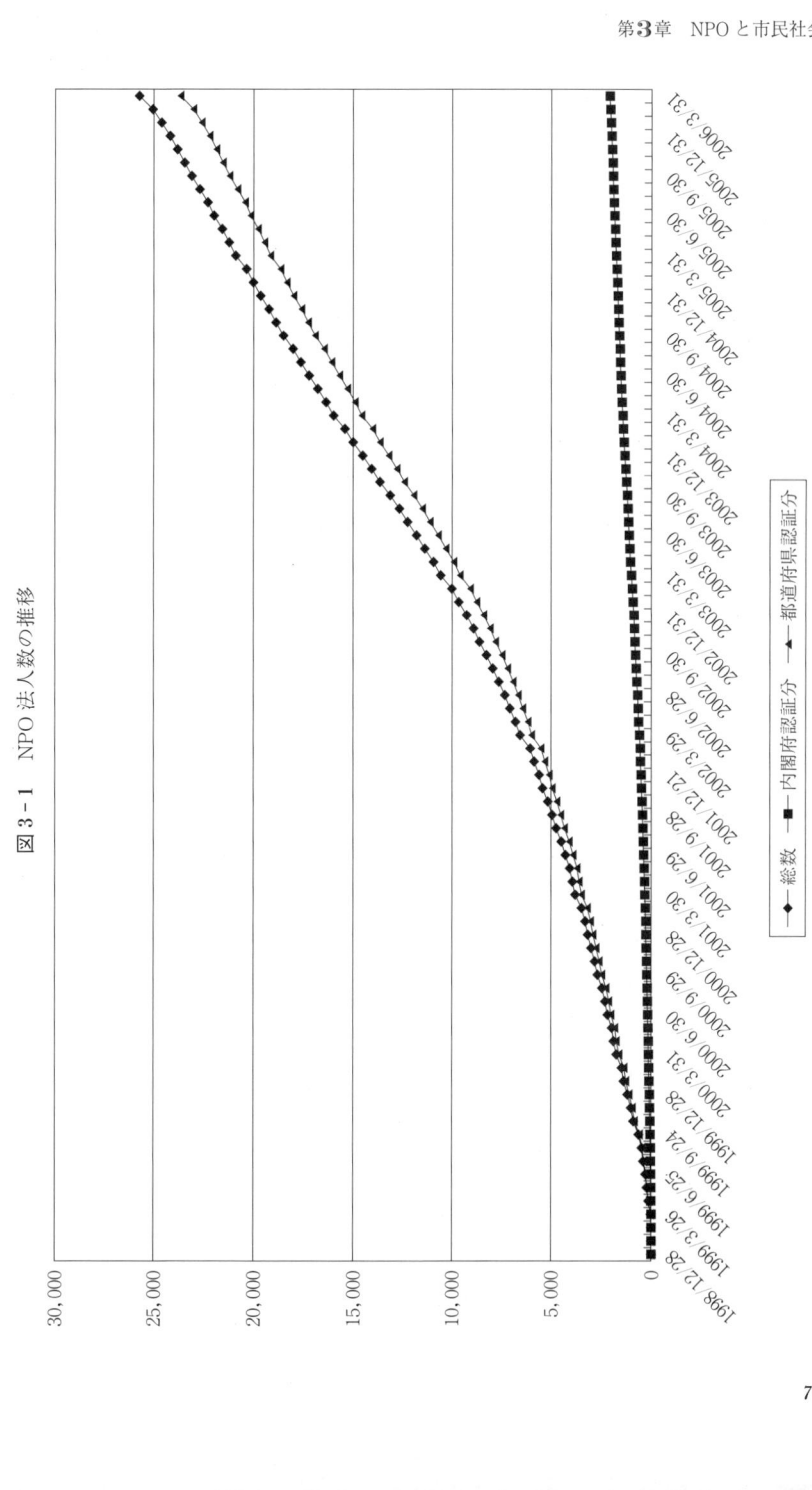

図 3-1　NPO法人数の推移

(出所)　内閣府ウェブサイト (http://www.cao.go.jp) 掲載のデータに基づいて作成。

表3-1 従たる事務所の有無

	団体数	%
あり	760	42.3
なし	1,037	57.7
無回答	113	—

（出所）経済産業研究所（2003）に基づいて作成。

表3-2 会員規模

	団体数	%
20人未満	391	21.5
20人以上50人未満	509	28.9
50人以上100人未満	351	19.3
100人以上200人未満	275	15.1
200人以上1,000人未満	250	13.7
1,000人以上	43	2.4
無回答	91	—

（出所）経済産業研究所（2003）に基づいて作成。

表3-3 事務局スタッフの有無

	団体数	%
あり	1,562	85.4
なし	268	14.6
無回答	80	—

（出所）経済産業研究所（2003）に基づいて作成。

ものが2079団体であるのに対して，都道府県知事の認証を受けたものは2万3656団体である。全体の91.9％が都道府県知事の認証を受けたNPO法人であり，このことは，NPO法第9条第2項に，二つ以上の都道府県の区域内に事務所を設置する団体が法人格を取得するためには，内閣総理大臣の認証を受けなければならない旨が規定されていることを踏まえるならば，大多数のNPO法人が，特定の都道府県の区域内においてのみ活動している，比較的規模の小さな団体であることを示している。

　NPO法人の規模の小ささは，2003年の2月から3月にかけて経済産業研究所が実施した調査（経済産業研究所，2003）からも確認できる。この調査では，全国の8767のNPO法人に調査票を送付し，2044のNPO法人から回答を得

表3-4　事務局スタッフの給与別・勤務形態別平均人数

	有給	無給	合計
常勤	1.3	0.5	1.8
非常勤	1.5	1.7	3.3
合計	2.8	2.3	5.1

（出所）経済産業研究所（2003）に基づいて作成。

ている。そのうち，有効回答数は1910であった。この調査によると，複数の事務所を有しているNPO法人は，42.3％にとどまっている（表3-1）。また，70％のNPO法人は会員数が100人未満であり，会員数が1000人を超えるNPO法人は2.4％にすぎない（表3-2）。そして，85％を超えるNPO法人が事務局スタッフを有しているものの（表3-3），それらの事務局スタッフを有するNPO法人に常勤で勤務する有給の事務局スタッフは，1NPO法人あたり平均1.3人にすぎない（表3-4）。しかも，常勤で勤務する有給の事務局スタッフの平均給与は年額118万4000円であり，これは，国税庁の調査によって明らかとなっている民間給与所得者の2003年の平均年収443万9000円（国税庁，2004，11頁）の26.7％にすぎない。これらの数値を総合するならば，それまで専業主婦であった者や高齢の年金受給者等を事務局スタッフとして雇い，単一の市町村，あるいはせいぜいのところ2，3の市町村の地域内で地域密着型の活動を展開しているのが，日本の大多数のNPO法人の実態であると推測される。

（2）社会貢献活動団体結成への誘因としてのNPO法

しかしながら，概して小規模とはいえ，NPO法人の数が着実に増加していることは確かである。しかも，これらのNPO法人のなかには，団体結成からほとんど間をおかずに法人格を取得したものもかなり含まれており，NPO法に基づいて法人格を取得する団体のうちで，団体結成からほとんど間をおかずに法人格を取得するものが占める割合は，近年になるほど高まっている。すなわち，経済産業研究所の調査（経済産業研究所，2003）に回答を寄せたNPO法人のうち，団体結成年と法人格取得年との双方を明記しているのは1772法人

表 3-5　年別団体結成時期と法人格取得時期との関係

	1999	2000	2001	2002
法人格取得団体数	212	355	423	782
設立の翌年以降に法人格を取得した団体数	165	255	280	459
設立年に法人格を取得した団体数	47	100	143	323
法人格取得団体に占める設立年に法人格を取得した団体の割合（％）	22.2％	28.2％	33.8％	41.3％

（出所）　経済産業研究所（2003）に基づいて作成。

であるが，これらの34.5％にあたる613法人が，団体を結成したその年に法人格を取得している。また，1999年に法人格を取得したNPO法人のうちでは，その同じ年に団体を結成したものの割合は22.2％にすぎないのに対して，2002年に法人格を取得したNPO法人のうちでは，その同じ年に団体を結成したものの割合が41.3％に増加している（表3-5）。これらの事実は，NPO法が，既存の社会貢献活動団体の法人化を促進しているのみならず，新たな社会貢献活動団体の結成への誘因ともなっている可能性があり，しかも，NPO法のそうした効果は，近年になるほど強まってきていることを示唆している。すなわち，社会貢献活動団体に簡便な手続きで法人格を付与するNPO法が制定され，その存在が広く認知されるようになるに伴って，人々が，社会貢献活動団体に法人格を付与する仕組みだけではなく，そうした仕組みを通して法人格を与えられる社会貢献活動団体や，さらには，そうした団体が行う社会貢献活動にも注目するようになり，その結果，新たな社会貢献活動団体が結成され，それらが，結成からほとんど間をおかずに法人格を取得するという事例が増加しているのではないかと考えられる。

このように，NPO法が新たな社会貢献活動団体を結成する誘因ともなっている可能性があることを裏付けるデータとして，「NPO」という言葉の認知度の上昇を挙げることができる。すなわち，2000年の5月から6月にかけて当時の経済企画庁が実施した調査（経済企画庁，2000）においては，「NPO」という言葉を「まったく知らない（この調査ではじめて聞いた）」と答えた者が47.3％を占め，「十分に知っている」と答えた者は1.7％にすぎなかったのに対して，経済企画庁の所掌事務を引き継いだ内閣府が2003年の11月から12月にかけて実施した調査（内閣府，2004a）では，「NPO」という言葉を「まったく

表3-6 NPOの認知度　　(単位:％)

	2000年調査	2003年調査
十分に知っている	1.7	5.9
ある程度は知っている	19.4	44.3
言葉は聞いたことがある	31.6	39.2
まったく知らない	47.3	10.5

(出所) 経済企画庁 (2000) および内閣府 (2004a) に基づいて作成。

知らない（この調査ではじめて聞いた）」と答えた者が10.5％に減少する一方で，「十分に知っている」と答えた者は5.9％に増加している（表3-6）。NPO法が制定され，それに基づいて法人格を取得したNPO法人の数が徐々に増加するとともに，その活動の可視性が高まっていくにつれて，「NPO」という言葉の認知度が高まってきていることが推測される。そこからさらに，かつては時折ボランティア活動に参加する程度にとどまっていた人々が，「NPO」という言葉を認知した結果，そのボランティア活動を継続的かつ組織的に行っていくことを決意し，そのために，団体を結成するとともに法人格をも取得するという行動パターンが出現するようになってきていると推測を続けたとしても，不合理とはいえないであろう。そして，そうした推測が妥当するとするならば，NPO法は，ただ単に既存の社会貢献活動団体の法人化を促進しているのみならず，新たな社会貢献活動団体の結成への誘因ともなっているということになる。

(3) NPO法の悪用事例

もちろん，NPO法に基づいて法人格を取得した団体のすべてが，実際に，非営利の社会貢献活動に専念しているわけではない。例えば，ある浄水器メーカーの全国各地の販売代理店が会員となり，NPO法の別表に掲げられた「環境の保全を図る活動」と「保健，医療又は福祉の増進を図る活動」を行うことを名目として団体を結成し，法人格を取得したうえで，水質汚染の悪化をテーマとした講習会を開催し，そこに集まった人々に浄水器の購入を勧めているという事例が報道されている（『朝日新聞』2003年4月1日付朝刊）。これは，NPO法人がまったくの営利目的に利用されている例であり，NPO法の目的か

ら逸脱した法人格の悪用とみなすべきであろう。また,「消費者問題研究会」という名称のNPO法人は,理事長等が,あるマンション建設業者が建設を予定しているマンションの建設現場の土壌が砒素によって汚染されている旨の街頭宣伝活動を行ったうえで,「建設現場周辺住民のマンション建設への理解を得るため」という名目で,そのマンション建設業者から3000万円を脅し取った疑いで逮捕されたことを理由に,法人認証を取り消されている(『朝日新聞』2004年1月28日付朝刊)。このような事例に鑑みるならば,NPO法人の増大はすなわち社会貢献活動の活性化であると言い切ることはできないであろう。

しかしながら,どのような法律にも,多かれ少なかれ,それが悪用される可能性は内在している。とりわけNPO法の場合,社会貢献活動団体が法人格を取得しやすくすることがそもそもの立法意図であり,その法人格の取得のしやすさが悪用されることは,ある程度までは避けられない。2万5000を超えるNPO法人の中に,いくつかは社会貢献活動団体とはみなし難い団体が含まれていたとしても,それは,社会貢献活動団体が容易に法人格を取得できるようにするための,不可避的なコストであると考えるべきであろう。

(4) NPO法人の増加はNPO法のみの効果なのか

NPO法が「ボランティア活動をはじめとする市民が行う自由な社会貢献活動としての特定非営利活動の健全な発展」にどの程度貢献しているのかという問いに答えるうえでより重要な問題は,別のところにある。すなわち,NPO法人の増大は,純粋に,NPO法が施行され,法人格の取得が容易になったことのみの効果であるとみなしてよいのかどうかという問題である。もちろん,NPO法がなければ,社会貢献活動団体が法人格を取得することはほとんど不可能である。したがって,NPO法が施行されたがゆえに法人格を取得する社会貢献活動団体が増大したことは,疑いようのない事実である。しかしながら,NPO法の施行とともに,何らかの別の要因が併せて作用したがゆえに,NPO法人が増大したということは考えられないであろうか。もしそうであるとしたならば,NPO法人の増大は,純粋にNPO法が施行されたことのみの効果であるとは言い難くなる。そうした「別の要因」としてとりわけ考慮すべきなの

表 3-7 「協働事業」の実施の有無 (単位:%)

	現在実施している	現在は実施していないが、過去に実施していた	実施していない	無回答
都道府県 (N=40)	100.0	0.0	0.0	0.0
市区町村 (N=431)	66.3	1.3	32.1	0.3
人口3万人未満の市区町村 (N=149)	36.2	2.7	61.1	0.0
人口3〜5万人未満の市区町村 (N=153)	60.1	1.3	37.9	0.7
人口5〜10万人未満の市区町村 (N=159)	71.7	0.6	27.7	0.0
人口10〜30万人未満の市区町村 (N=118)	89.0	0.8	9.3	0.8
人口30万人以上の市区町村 (N=59)	98.3	0.0	1.7	0.0

(出所) 内閣府 (2004b) に基づいて作成。

が,自治体が実施している,NPO法人をはじめとする社会貢献活動団体に対する支援策である。

今日,自治体とNPO法人やその他の法人格をもたないものをも含めた社会貢献活動団体との「協働 (partnership, collaboration)」の必要性が,さまざまな場面で強調されている (阿部, 2003, 33-37頁)。そして,多くの自治体が,自治体としての業務の一部のNPO法人等への委託や,NPO法人等が実施する事業への資金援助,あるいはNPO法人等への活動場所の提供等の施策を実施しており,これらは一般にNPO法人等との「協働事業」と呼ばれている。内閣府が2004年の2月から3月にかけて実施した調査 (内閣府, 2004b) によれば,この調査に回答を寄せた自治体のうち,都道府県はそのすべてが,また市区町村でもその66.3%が,NPO法人等と何らかの「協働事業」を実施している (表3-7)。これらの「協働事業」は,NPO法人に,ある程度安定した収入や活動場所を保障するものであり,そうした「協働事業」が制度化されていることが,社会貢献活動団体を結成し,法人格を取得する一つの誘因となっていることは十分に考えられる。すなわち,「協働事業」によって安定した収入や活動場所を得ることを見込んで,社会貢献活動団体を結成し,法人格を取得した者が,相当数存在するのではないかという推測が可能である。そして,そうであるとしたならば,NPO法人の増大は,純粋にNPO法が施行されたこ

表3-8　NPO法人等との「協働事業」の開始年　　(単位：%)

年	都道府県 (N=29)	市区町村 (N=360)
～1980	3.4	7.5
1981～1990	0.0	5.9
1991～1995	3.4	9.4
1996	0.0	4.7
1997	0.0	1.9
1998	3.4	3.3
1999	10.3	5.3
2000	20.7	17.0
2001	38.0	15.3
2002	13.8	16.4
2003～	7.0	13.3
～1998の小計	10.2	32.7
1999～の小計	89.8	67.3

(出所)　内閣府 (2004b) に基づいて作成。

とのみの効果であるとは言い難くなる。

　しかしながら，この点に関しては，自治体が実施しているNPO法人等との「協働事業」のうちのかなりのものが，NPO法が施行された後に制度化されたものであることに留意する必要がある。内閣府による上記の調査によれば，都道府県の実施している「協働事業」の89.8％が，そして市区町村が実施している「協働事業」の67.3％が，1999年以降に，すなわち，NPO法が施行された後に制度化されている (表3-8)。このことは，自治体が実施しているNPO法人等との「協働事業」の中には，NPO法の施行や，その結果として多数のNPO法人が誕生したことがきっかけとなって開始されたものがかなりあることを示唆している。そうであるとしたならば，自治体のNPO法人等との「協働事業」は，NPO法の施行とはまったく独立に，「ボランティア活動をはじめとする市民が行う自由な社会貢献活動としての特定非営利活動の健全な発展」に寄与している要因であるとはいえない。それは，少なくとも部分的には，それ自体がNPO法が施行されたことの結果であり，NPO法の施行と「ボランティア活動をはじめとする市民が行う自由な社会貢献活動としての特定非営利活動の健全な発展」とを媒介する要因として機能していると考えるべきであろう。

（5）まとめ

　以上をまとめるならば，NPO 法の施行は，法人格を簡便に取得することのできる同法の仕組みが悪用されたいくつかの事例を産み出してはいるものの，そうした事例は例外的であり，一般的には，同法が施行されたことそれ自体が直接的に，また，自治体の NPO 法人等との「協働事業」の制度化を媒介変数として間接的に，「ボランティア活動をはじめとする市民が行う自由な社会貢献活動としての特定非営利活動の健全な発展」に貢献していると考えることができる。すなわち，NPO 法の施行後 8 年あまりが経過した現時点での判断としては，同法第 1 条に掲げられた立法目的のうちの少なくとも半分は実現されているとみなしてよいように思われる。それゆえ，残された問題は，同条に掲げられた立法目的の残りの半分が，どのようなかたちでどの程度実現されているかである。NPO 法は，どのような意味の市民社会の実現に，どの程度寄与しているのであろうか。

III　市民社会の実現

（1）二つの市民社会イメージ

　NPO 法が市民社会の実現に寄与するという主張がなされるとき，そこで念頭に置かれている市民社会が，かつてヘーゲルが「欲望の体系」と表現した（ヘーゲル，2000），市場取引の場としての市民社会でないことは明らかであろう。NPO 法人が取り組む非営利の社会貢献活動は，私的な欲望によって突き動かされる経済活動とは，まったく異質なものである。1980 年代末のいわゆる東欧革命を経た後の，今日における「市民社会論のルネッサンス」（千葉，2001，1 頁；山口，2004，2 頁）を特徴づけているのは，国家と市場の双方から独立したものとして市民社会を捉える視角であるといわれているが（シュワルツ，2002，31 頁；岩崎，2004，23 頁；山口，2004，151-155 頁；杉田，2005，47 頁），NPO 法が市民社会の実現に寄与するという主張もまた，そうした今日的な市民社会論を踏まえたものであることは疑いのないところである。

　しかしながら，国家と市場の双方から独立した人々の活動領域において中心

的位置を占めるものは何か，あるいは，そこにおいて実現されるべき主たる価値は何かに関しては，今日の市民社会論は，必ずしも一枚岩ではない。それぞれの立論の微妙なニュアンスを捨象し，強調点のみをやや誇張して捉えるならば，今日の市民社会論のなかには，二つの立場が見出される（岡本，2004，231-232頁）。

一つは，ハーバーマスの公共圏論に代表される，公論の場を形成する役割を市民社会に期待する立場である。ハーバーマスは，『公共性の構造転換』の1990年新版の序文において，自らが定式化した「公共圏」の概念といわゆる東欧革命を経て再興しつつあった市民社会論とを結びつけ，「《市民社会》の制度的な核心をなすのは，自由な意思に基づく非国家的・非経済的な結合関係である」と述べたうえで，自発的に結成される多様な非国家的・非経済的結社が，公共的コミュニケーションに直接参加したり，あるいは，自らの活動実践を通して，現にある労働の組織化の形態や財やサービスの供給の仕組みに対する代案を提示したりすることをとおして，公共的な討議の活性化に寄与することに注意を促している（ハーバーマス，1994，xxxviii-xxxix頁）。この「政治的公共圏」を「市民社会」の中に位置づける視角は，『事実性と妥当性』においても維持されている（ハーバーマス，2003）。すなわち，1990年以降のハーバーマスの立論においては，市民社会は，社会成員相互間の自由で理性的な討議を通して，国家もしくは行政システムの作動の現状が批判的に吟味され，そのあるべき姿が提示され，それが，国家もしくは行政システムの作動に変化をもたらしていくという「討議民主主義（deliberative democracy）」が実践される空間としての，「政治的公共圏」がその内部に形成される場として位置づけられているのである。[7]

もう一つは，ソーシャル・キャピタルについてのパットナムの議論（パットナム，2001；2006）に代表される，市民社会に期待される主たる役割を，それが，連帯，信頼，寛容，共生感情等の市民的徳（civic virtues）が涵養されていく場として機能することに見出す立場である。パットナムによれば，ソーシャル・キャピタルとは，「調整された諸活動を活発にすることによって社会の効率性を改善できる，信頼，規範，ネットワークといった社会組織の特徴」を意

味する（パットナム，2001，206-207頁）。すなわち，社会成員相互間の信頼の程度が高く，他者から受けた恩義にはいずれは報いるべきであるという互酬の規範が広く受け入れられており，また，多くの社会成員がスポーツ・クラブや文化団体等の水平的で開かれたネットワークに活発に参加している社会が，ソーシャル・キャピタルの豊富な社会である。そして，パットナムによれば，民主主義的な政治制度がうまく機能するのは，こうした意味でのソーシャル・キャピタルの豊富な社会においてである。このことを彼は，「民主的な政府は，政府が活力ある市民社会と面と向き合うとき，弱まるのではなく強くなるのである」と表現している（パットナム，2001，208頁）。すなわち，彼は，社会成員相互間に信頼，互酬意識，連帯感情といった諸特性が共有された社会を「活力ある市民社会」と捉え，そうした市民社会を基盤としてこそ，民主主義的な政治制度は高いパフォーマンスを発揮することができると主張しているのである。パットナムのこうした立論は，社会成員の市民的徳を涵養することを，市民社会が果たすべきもっとも重要な役割として措定するものであるといってよいであろう。[8]

もちろん，市民社会に公論の場を形成する役割を期待するハーバーマスのような立場と，それに市民的徳を涵養する役割を期待するパットナムのような立場とは，けっして両立不可能なわけではない。社会成員相互間に信頼や連帯意識が共有されていてこそ，忌憚のない討議が可能となるし，討議への参加者すべてが，個々人の私的な利益のためではなく，全社会成員の共通の利益のために，望ましい公共政策のあり方をめぐる理性的な討議を継続していくためにも，相互の信頼や連帯意識は不可欠であると考えるならば，市民的徳の涵養は，公論の場が形成されるための前提条件であるということができよう。しかしながら，市民社会に公論の場を形成する役割を期待する立場からは，市民社会の内部で政治や公共政策にかかわる諸問題が活発に，かつ批判的に議論されることが，市民社会のそもそもの存在意義であるとみなされるのに対して，市民社会が果たすべき主たる役割は市民的徳を涵養することであると考える立場からは，たとえ政治や公共政策のあり方をめぐる活発で批判的な討議が恒常的に行われていなくとも，社会成員相互間に信頼や連帯意識等が十分に共有されていれば，

それだけで，十全な市民社会が実現されているとみなされることになるであろう。それゆえ，二つの立場は，完全に重なり合うわけではない。

（２）NPO法が目指した市民社会

市民社会に何を期待するかをめぐっては，大きく分けてこうした二つの立場が存在することを前提としたとき，NPO法が市民社会の実現に寄与するという主張が含意する市民社会のイメージは，二つの立場のいずれに分類されるであろうか。

この問いに答えるに際してまず重視すべきなのは，NPO法の第1条において，同法に基づいて法人格を付与されるべき団体の活動が「特定非営利活動」と総称されたうえで，それに，「ボランティア活動をはじめとする市民が行う自由な社会貢献活動としての」という修飾句が付されていることである。この修飾句を字義通りに受け取るならば，「ボランティア活動」が「特定非営利活動」の代表例であるということになる。そこで「ボランティア活動」として具体的にイメージされているのは，阪神淡路大震災に際しての被災者救援活動のような，政治との関係が希薄であり，しかも，それが社会にとって有益なものであることについて，ほとんど異論の余地のないような活動であろう。さらに注意すべきは，NPO法の第2条第2項において，政治上の主義を推進し，支持し，またはこれに反対することを主たる目的とする団体や，選挙によって選ばれる公職の候補者，その公職にある者，あるいは政党を推薦し，支持し，またはこれらに反対することを目的とする団体には，同法に基づく法人格は与えられないことが明記されていることである。このことは，特定の政治的イデオロギーや政党と深くかかわる団体は，たとえその団体の自己理解としては，特定の政治的イデオロギーを掲げる政党が政権につくことが，福祉の増進につながると考えるがゆえに，その政党を強く支持していたとしても，NPO法人とはなり得ないことを意味している。また，例えば，現職の市長が推進する地域開発政策が深刻な環境破壊をもたらすものであることを憂慮し，その市長を選挙で落選させることに焦点を合わせて活動している団体も，自らは「環境の保全を図る活動」を行っていると主張したとしても，NPO法人とはなり得ない

であろう。NPO法によってその健全な発展が促進されるべき特定非営利活動とは、非政治的な社会貢献活動なのである。

　NPO法が、もっぱら非政治的な社会貢献活動を推進することを意図したものであることは、「特定非営利活動促進法」という名称の由来からも確認できる。

　現行のNPO法の原型にあたる法案が、1996年12月16日に、自由民主党、社会民主党、新党さきがけの、当時の与党三党の共同提案として国会に提出された際には、その名称は「市民活動促進法案」であった。また、法案の条文中では、NPO法人を指すものとして「市民活動法人」という名称が用いられていた。この法案は衆議院において先議され、若干の修正を経た後に、1997年6月6日の衆議院本会議において可決され、参議院に回付された。しかしながら、自由民主党の参議院議員の一部から、「市民活動」という言葉からは「行政に批判的な活動」が連想され、そうした言葉を法律の名称に用いることには抵抗があるという批判が提起された（『朝日新聞』1997年11月13日付朝刊）。そして、与党三党間に、法案を可決させるためにこの批判を受け入れる旨の妥協が形成され、NPO法人を指す言葉は「特定非営利活動法人」に、法案の名称は「特定非営利活動促進法案」に、それぞれ改められた。現行のNPO法は、この修正と、さらにいくつかの追加的な修正を経た後に、1998年3月4日に参議院本会議で可決された法案が、衆議院に再回付され、同年3月19日の衆議院本会議において可決されることによって成立したものである（谷、1999；初谷、2001；小島、2003）。

　こうした経緯は、「行政に批判的な活動」を行うような団体に法人格を付与することには賛成できないと考える自由民主党の参議院議員の支持を取り付けないことには、NPO法は成立し得なかったことを示している。そうであるとしたならば、NPO法は、同法を「行政に批判的な活動」を行う団体に法人格を付与するための根拠法規にはしないという妥協が形成されてはじめて、その妥協を基盤として成立可能となったものであると考えて差し支えないであろう。

（3）公論の形成ではなく市民的徳の涵養を指向

　国の行政は国会における多数派政党によって形成される内閣によって，地方の行政は選挙によって選ばれた首長によってそれぞれ統轄され，その各々が，特定の政治的な立場から選択された公共政策の実施をその役割としていることを前提とするならば，「行政に批判的な活動」とは，結局のところは，政権政党や自治体首長の政治的ないしは政策的なスタンスに対して批判的な活動に他ならない。そうした政治批判や政策批判は通常，多くの賛同者を得ることを目的として，言葉を媒介にして展開される。そして，公論とは，何よりもまず，そうした政治批判や政策批判とそれに対する反論との応酬を通して形成されていくものである。NPO法が，同法を「行政に批判的な活動」を行う団体に法人格を付与するための根拠法規とはしないという妥協に基づいて成立したものであるとしたならば，それはすなわち，公論の形成に寄与することをその主たる活動目的とする団体に，同法に基づいて法人格を与えることはないということが，同法の立法者意志であったということに他ならない。同法第1条において，「特定非営利活動」に「ボランティア活動をはじめとする市民が行う自由な社会貢献活動としての」という説明が付されていたり，同法第2条第2項において，政治上の主義を推進し，支持し，またはこれに反対することを主たる目的とする団体や，選挙によって選ばれる公職の候補者，その公職にある者，あるいは政党を推薦し，支持し，またはこれらに反対することを目的とする団体には，同法に基づく法人格は与えられないことが明記されていたりするのは，こうした立法者意志のあらわれに他ならないのである。

　以上の検討を踏まえるならば，NPO法が市民社会の実現に寄与するという主張がなされる際に，そこで想定されている市民社会が，政治や公共政策にかかわる諸問題が活発かつ批判的に議論される場がそこに形成されるような市民社会であるという想定は成り立ち得ない。NPO法がNPO法人に期待しているのは，公論を活性化させることではなく，むしろ，政治的イデオロギーや政党とは慎重に距離を置いて，社会にとって有益なものであることについてほとんど異論の余地のないような活動に従事することなのである。そうした活動の代表例が，障害者や高齢者，あるいは災害で困窮している人々に救いの手をさ

しのべるボランティア活動に他ならない。

ボランティア活動にせよ，それ以外の非政治的な社会貢献活動にせよ，人々が団体を結成し，特定の活動を共同で行うならば，その共同活動にかかわる者相互の間に，信頼や連帯意識が涵養されるであろう。また，それらの活動の受益者は，他者の利他的行動に触れることをとおして，他者に対する信頼や共生感情を抱くようになるであろう。すなわち，NPO法人が行う社会貢献活動は，市民的徳の涵養につながるような性質のものであり，そうした活動を促進することこそが，NPO法の第一の目的なのである。それゆえ，NPO法の施行を通してその実現が期待される市民社会とは，そこにおいて市民的徳が涵養される場としての市民社会であると考えられる。そうした市民社会を実現することこそが，NPO法第1条に規定された「公益の増進」の内実であり，NPO法の第二の，そして究極的な目的なのである。

（4）NPO法が実現したもの

それでは，NPO法が施行されてから8年あまりが経過した現在，この第二の目的は，どの程度実現されているのであろうか。

NPO法が施行される前と現在との，日本における市民的徳の総量，あるいはパットナムがいうところのソーシャル・キャピタルの総量を比較しうるようなデータは存在しない。しかしながら，パットナムがそうしているように（パットナム，2001，110-111頁），人々を水平的に結びつける自発的結社の数の多少を，ソーシャル・キャピタルの総量のおおまかな指標として用いることができるとするならば，NPO法は，少なくともある程度は，ソーシャル・キャピタルの増加に，そしてそれゆえに，市民的徳の涵養に貢献しているということができそうである。すでにみてきたように，同法は，ただ単に既存の社会貢献活動団体の法人化を促進しているのみならず，同法の存在が，自発的結社としての社会貢献活動団体を新たに結成する誘因ともなっていると考えられる。この推測が正鵠を射たものであるとするならば，同法は，自発的結社の増加への寄与を通して，ソーシャル・キャピタルの増加や市民的徳の涵養にも役立っているというさらなる推測もまた，妥当なものであるといってよいであろ

う。

　それでは，NPO 法は，公論の場の形成や政治や公共政策にかかわる批判的な討議の活性化には，まったく寄与していないのであろうか。既述のとおり，立法当初に同法に期待されていたのは，公論形成の場としての市民社会ではなく，市民的徳が涵養される場としての市民社会を実現することであったと考えられる。しかしながら，法が，立法に際して意図されていた目的の実現とは異なる効果を社会にもたらすことは，けっして稀ではない。同法に関しても，そうした事態は生じていないであろうか。

　ここで留意すべきなのは，公論の活性化をもたらすのは，既存の政党や公職者もしくは公職候補者を支持したり，あるいはそれらを批判する活動や，既存の政党や公職者もしくは公職候補者が推進しようとしている政策を支持したり，あるいはそれらを批判する活動のみではないということである。例えば，NPO 法人が，環境保全や消費者保護のための独自の政策を立案したうえで，その採用を求めて政党や公職者に働きかけることや，あるいは，マスメディアを通してその政策の利点を社会全体に訴えることも，公論の活性化につながるであろう。また，NPO 法人が独自に始めた資源リサイクル活動や障害者自立支援活動がマスメディアによって報道され，広範な社会的支持を喚起した後に，そうした取り組みは，NPO 法人のみに任せておくべきではなく，自治体が公費によって行うべきであるという世論が巻き起こったならば，それも，NPO 法人が公論の形成に寄与した例であるといえるであろう。NPO 法人が，こうした公共政策の変更につながりうるような諸活動を行うことを，NPO 法は禁止してはいない。すなわち，NPO 法に基づいて法人格を取得した団体が，法人認証を取り消されることなしに公論の形成に寄与することは，現行法の下でも十分に可能なのである。

　そして，公共政策への影響ということに焦点を合わせるならば，実際，国レベルはともかくとして，自治体のレベルにおいては，NPO 法人の活動が公共政策の変更に結びついている例は，けっして少なくない。先に触れた内閣府が 2004 年の 2 月から 3 月にかけて実施した調査（内閣府，2004b）によれば，「協働事業」を始めた経緯を尋ねた設問に対して，回答を寄せた都道府県の 30.8

表 3-9 NPOとの「協働事業」を始めた経緯

	NPOの政策提言や先駆的活動を自治体の事業に取り込んだ	行政組織が対応してこなかった公益的事業に取り組むNPOを支援した	行政組織とNPOが対等の立場で企画立案や事業活動を行う仕組みを創設した	従来、行政組織が実施してきた事業をNPOや民間団体に開放した	その他
都道府県 (N=39)	12(30.8%)	20(51.2%)	11(28.2%)	17(43.6%)	8(20.5%)
市区町村 (N=418)	89(21.3%)	171(40.9%)	116(27.8%)	174(41.6%)	100(23.9%)

(注) 複数回答可のため合計は100%を超える。
(出所) 内閣府(2004b)に基づいて作成。

％，市区町村の21.3％が，「NPOの政策提言や先駆的活動を自治体の事業に取り込んだ」と回答しているし，都道府県の51.2％，市区町村の40.9％が，「行政組織が対応してこなかった公益的事業に取り組むNPOを支援した」と回答している（表3-9）。前者は，明確に，NPO法人の活動が公共政策の変更に結びついた例であるし，後者も，新たな「協働事業」の採用を公共政策の変更と捉えるならば，NPO法人の活動が公共政策の変更に結びついた例とみなしうるであろう。

また，NPO法人の活動が，国の政策に影響を与えた例もまったくないわけではない。例えば，霞ヶ浦の水質改善を目的とする市民活動を母体として1995年に設立されたアサザ基金は，1999年にNPO法人としての認証を受ける前後を通して，アサザ等の水草を用いた自然再生事業を中心に，霞ヶ浦の環境保全のための多彩な取り組みを展開しているが，その活動は，霞ヶ浦周辺地域の自治体の環境保全政策のみならず，国のそれにも影響を及ぼすに至っている。2002年12月に制定された自然再生推進法は，アサザ基金が中心となり，霞ヶ浦周辺自治体や建設省（現・国土交通省）を巻き込むかたちで展開してきた自然再生事業をモデルとして，同様の事業を全国各地で展開していくことを企図して制定されたものである（飯島，2004）。

（5）公論の不在

しかしながら，NPO法人の活動が自治体や国の公共政策の変更を帰結して

いるということは，そのプロセスにおいて公論が喚起されたということを必ずしも意味しない。むしろ，これまでの自治体の「協働事業」の実践例をみる限り，自治体と NPO 法人とが相対の関係に立ち，前者が，その裁量的な判断に基づいて，後者の政策提言や先駆的活動を事業に取り込んだり，後者の活動への援助を決定したりしている例がその大半であり，複数の NPO 法人相互間で，それぞれの政策提言や活動実績の優劣が議論された例はほとんど見当たらない。どの NPO 法人が自治体と「協働事業」を行うかをめぐって，複数の NPO 法人の間に競争関係が生じた事例においても，通常は，それぞれの NPO 法人が自らの政策提言や活動実績がいかに優れたものであるかを自治体に対して訴える機会が設けられるものの，NPO 法人はそれに応じているだけであり，NPO 法人相互間での討議は行われていない。ましてや，「協働事業」が開始されるまでのプロセスにおいて，NPO 法人の会員以外の者をも巻き込んで，甲論乙駁の討議が展開された事例は，まったくないように思われる。アサザ基金が中心となって展開した自然再生事業が自然再生推進法へと発展していったプロセスにおいても，公論という表現が妥当するような，広範囲の人々を巻き込んでの議論の展開はみられなかった。

　もちろん，「協働事業」とは無関係に，NPO 法人が，環境の保全や福祉の増進等の特定の問題にかかわる世論の形成の先導役となり，そうして形成された世論が公共政策に反映されるという可能性もないわけではない。実際，そうした可能性に期待をかけ，自らの政策提案や社会貢献の実践を広く社会にアピールすることを目的として，公開シンポジウムや公開ワークショップ等を開催する NPO 法人は，数多く存在している。しかしながら，公開シンポジウムや公開ワークショップが，その場を超えた討議の輪の拡大につながっていった例は，ほとんどないように思われる。また，大阪を基盤として活動する NPO 政策研究所のように，個々の住民や住民団体等の自治体に対する政策提言能力を強化することを目的として，自主事業として，研究会の組織化や研修事業の開催に力を入れている NPO 法人も存在するが（木原，2001；直田，2002），その活動が，どこまで個々の住民や住民団体等の自治体に対する政策提言能力の強化や，そうして強化された政策提言能力を活かした，自治体に対する外部からの政策

提言による公論の活性化に貢献しているのかは定かでない。

　結局のところ，NPO法人が，公論の場の形成や政治や公共政策にかかわる批判的な討議の活性化に，目に見える貢献をしているとは言い難いのが現状である。それゆえ，少なくとも現在のところは，NPO法が市民社会の実現に寄与しているのは，ソーシャル・キャピタルの増加や市民的徳の涵養に貢献しているという意味においてのみであると結論すべきであろう。NPO法の社会的インパクトは，同法の立法目的ないしは立法者意志を超えるものとはなり得ていないのである。

IV　今後の展望

　以上，本章においては，施行後8年あまりの期間に，NPO法がどのようなインパクトを日本の社会にもたらしてきたのかをみてきた。NPO法の第1条に掲げられた「ボランティア活動をはじめとする市民が行う自由な社会貢献活動としての特定非営利活動の健全な発展を促進し，もって公益の増進に寄与する」という目的は，「ボランティア活動をはじめとする市民が行う自由な社会貢献活動としての特定非営利活動の健全な発展を促進」するという前半部分も，「公益の増進に寄与する」という後半部分も，少なくともある程度までは実現されているが，立法当時における期待を超えて，NPO法が，政治や公共政策にかかわる諸問題が活発かつ批判的に議論される場がそこに形成されるような市民社会の実現に寄与している可能性はほとんどないということが，本章の結論である。

　当然のことながら，これは，あくまでも，NPO法の施行後8年あまりが経過した現段階における結論である。今後，NPO法人が公論を活性化させる事例が多数あらわれるかもしれない。あるいは，NPO法によって制度化された簡便に法人格を取得することの出来る仕組みが悪用される例が，社会貢献活動団体が容易に法人格を取得できるようにするための不可避的なコストであるとして甘受することができないほどに増大する可能性も考えられる。人々の社会貢献活動への意欲やNPOへの関心が低下し，その結果，新たに認証される

NPO法人よりも解散するNPO法人の方が多くなり，これまでのところはコンスタントに増加を続けているNPO法人数が減少に転じるときが来るかもしれない。

　そうした多様な可能性のどれがどの程度現実化していくかは，NPO法それ自体よりもむしろ，それ以外の社会的諸要因に依存するであろうと考えられる。そして，そうであるとしたならば，本章で，現時点におけるNPO法の社会的インパクトとして提示した諸事実も，NPO法それ自体が単独でもたらした社会的インパクトではなく，実際には，NPO法に加えて，同法が施行されてから現在に至る8年あまりの期間における日本の社会状況の変動や，この間に実施された国や自治体の諸々の政策等が複合的に作用した結果であるかもしれない[10]。そうであったのか否かを検証するためにも，そしてまた，日本の法律としてはきわめて特異な立法過程を経て制定され，それゆえに社会の注目を集めた一つの法律が，どのような命運をたどるのかを見定めるためにも，NPO法の社会的インパクトを測定する作業は，適当な間隔をおいて，継続して行っていく必要があろう。

注
(1) 成立する法案の多くが中央省庁の官僚によって作成された内閣提出法案であるという事実は，必ずしも，国会や政党が立法過程において無力であるということを意味するわけではない。この点に関しては，曽根・岩井（1987）および岩井（1988）を参照。
(2) 特定非営利活動促進法第2条別表には，同法が制定された当初には，第12号の「前各号に掲げる活動を行う団体の運営又は活動に関する連絡，助言又は援助の活動」を含めて，「特定非営利活動」に該当する12の活動類型が列挙されていた。しかしながら，「特定非営利活動」をこれらの12類型に限定することには，同法の制定当初から批判があった。そして，2002年12月の特定非営利活動促進法改正により，「消費者の保護を図る活動」等の新たなカテゴリーが同別表に追加され，現在では，同別表には17のカテゴリーが列挙されている。
(3) 特定非営利活動促進法に基づく法人格取得手続の概略に関して，鈴木（1998，75頁）を参照。
(4) 国会における議員の発言は，インターネット上で公開されている国会議事録検索システム（http://kokkai.ndl.go.jp/）に拠っている。
(5) ただし，特定非営利活動促進法の立法過程においては，自由民主党所属の参議院議員を中心とする，同法の制定に必ずしも好意的ではなかった人々の間に，「市民」という言葉に対

する強い警戒感があった。この点に関しては，後に論じる。
(6) NPO 法に基づいて法人格を取得した団体は，2005 年度末までに総計で 2 万 6394 団体であるが，このうち 659 団体は 2005 年度末までに解散しており，したがって，2005 年度末の時点で存在していた NPO 法人は 2 万 5735 団体となる。ただし，これら 2 万 5735 団体のうちには，解散はしていないものの，休眠状態にあるものも含まれるため，実際に活動している NPO 法人の数は，定かではない。
(7) 『公共性の構造転換』の初版以降のハーバーマスの「公共圏」概念の展開および「公共圏」と「市民社会」との関係に関する認識の変化に関して，花田（1999, 3-25 頁）を参照。
(8) パットナムのこうした「ソーシャル・キャピタル」論，その理論的背景，およびそれによって触発された議論の展開に関しては，鹿毛（2002），坂本（2003），坂本（2004），諸富（2003, 59-105 頁），および宮川・大西編（2004）に収められた諸論考を参照。
(9) 法の効果に関する法社会学的研究について，武士俣（1985）を参照。
(10) 佐藤（2006）は，NPO 法が制定された後に実施された法人制度改革が，主として行政のスリム化および効率化を目指す行政改革の論理によって嚮導された結果，社会貢献活動の促進という NPO 法の立法目的のより一層の推進が抑制されたことを指摘している。佐藤のこの指摘は，NPO 法が制定された後の法人制度改革のいかんによっては，日本における社会貢献活動の現況は，本章において示してきたものとは異なったものとなっていたかもしれないことを示唆している。

参考文献

阿部昌樹（2003）『争訟化する地方自治』勁草書房.
武士俣敦（1985）「法の効果研究についての序論的考察」『東京都立大学法学会雑誌』26 巻 2 号，315-358 頁.
千葉眞（2001）「市民社会論の現在」『思想』924 号，1-3 頁.
花田達朗（1999）『メディアと公共圏のポリティクス』東京大学出版会.
初谷勇（2001）『NPO 政策の理論と展開』大阪大学出版会.
ハーバーマス，ユルゲン（1994）『公共性の構造転換〔第 2 版〕』（細谷貞雄・山田正行訳）未來社.
―――（2003）『事実性と妥当性・下巻』（河上倫逸・耳野健二訳）未來社.
ヘーゲル，G. W. H.（2000）『法哲学講義』（長谷川宏訳）作品社.
飯島博（2004）「社会システムの再構築による環境保全」西尾隆編『住民・コミュニティとの協働』ぎょうせい，262-290 頁.
岩井奉信（1988）『立法過程』東京大学出版会.
岩崎美紀子（2004）「デモクラシーと市民社会」神野直彦・澤井安勇編『ソーシャル・ガバナンス』東洋経済新報社，17-39 頁.
鹿毛利枝子（2002）「『ソーシャル・キャピタル』をめぐる研究動向（一），（二・完）」『法学論叢』151 巻 3 号 101-119 頁，152 巻 1 号 71-87 頁.
経済企画庁（2000）『平成 12 年度国民生活選好度調査』.
経済産業研究所（2003）『2003 年 NPO 法人活動実態調査の概要』.
木原勝彬（2001）「政策形成型 NPO としてのコミュニティ・シンクタンク」『NIRA 政策研

第Ⅰ部　市民社会の諸相

　　究』14巻4号，27-32頁．
国税庁（2004）『第130回国税庁統計年報書』．
小島廣光（2003）『政策形成とNPO法』有斐閣．
松下啓一（1998）『自治体NPO政策』ぎょうせい．
宮川公男・大西隆編（2004）『ソーシャル・キャピタル』東洋経済新報社．
諸富徹（2003）『環境』岩波書店．
内閣府（2004a）『平成15年度国民生活選好度調査』．
―――（2004b）『コミュニティ再興に向けた協働のあり方に関する調査報告書』．
岡本仁宏（2004）「市民社会」古賀敬太編『政治概念の歴史的展開・第1巻』晃洋書房，
　　213-239頁．
パットナム，ロバートD．（2001）『哲学する民主主義』（河田潤一訳）NTT出版．
―――（2006）『孤独なボウリング』（柴内康文訳）柏書房．
坂本治也（2003）「パットナム社会資本論の意義と課題」『阪大法学』52巻5号，191-219頁．
―――（2004）「社会関係資本の二つの『原型』とその含意」『阪大法学』53巻6号，181-210
　　頁．
坂本孝治郎（1997）「立法過程」『岩波講座現代の法3・政治過程と法』岩波書店，105-148頁．
佐藤岩夫（2006）「国家・社会関係――市民セクターの発展と民間非営利法制」東京大学社会
　　科学研究所編『「失われた10年」を超えてⅡ・小泉改革への時代』東京大学出版会，
　　107-141頁．
世古一穂（2001）『協働のデザイン』学芸出版社．
シュワルツ，フランクJ．（2002）「シビル・ソサイエティとは何か」（三輪博樹訳）『レヴァイ
　　アサン』31号，26-37頁．
新川達郎（2002）「市民・NPO・行政の新たなガバナンス」山本啓・雨宮孝子・新川達郎編
　　『NPOと法・行政』ミネルヴァ書房，116-137頁．
曽根泰教・岩井奉信（1987）「政策過程における議会の役割」『年報政治学1987年』149-174
　　頁．
杉田敦（2005）『境界線の政治学』岩波書店．
直田春夫（2002）「コミュニティ・シンクタンクと自治体政策」『地方自治職員研修』35巻9
　　号，24-27頁．
鈴木高文（1998）「『特定非営利活動促進法』について」『都市問題研究』50巻12号，67-79頁．
谷勝宏（1999）「議員立法の有効性の事例研究（一），（二）」『名城法学』48巻4号，59-110頁．
　　49巻1号，55-132頁．
山口定（2004）『市民社会論』有斐閣．

第4章

現代韓国立法に対する法社会学的分析
――現代の韓国における立法の諸特徴――

李　相泳

I　立法に対する法社会学的分析の意義

（1）規範性と科学性

　日常において法と法学，そして司法制度がわれわれにもたらす意味は，主として紛争解決という側面にあてられている。法学者であれ法実務家であれ，ともかく法的思考をするという行為は，過去の紛争事実を可能な限り客観的に（法の適用に見合うよう加工して）確定し，そこですでに存在し前提となっている法律を解釈・適用する論理的な作業を遂行することをいう。近代社会の合理性と普通法の一般化は，こうした法的思考を中心とする法学と司法過程の，現実的で同時に理念的な土台となる。一般的な状況下，日常生活ではもちろん法学研究においても，過去の事実に対する実証主義的確定過程，そして説明的形式論理体系が，支配的な傾向であるという点を否定することはできないのである。

　実際，日常において生じる諸問題は，直接的，間接的に実際の法規範と関連している。法環境という表現もあるが，自然環境と同様に人間は法環境とかかわっており，そこで諸個人は環境がもたらす恩恵と実りを享受し，ときにはそれによって行動の内容と限界が決定される。ところで，関心の対象となる社会問題が法と直接的に関連する場合，一般的にわれわれはすでに存在する諸法令がその社会問題と「どのように」関連しているかという問題を提起し，こうした観点に基づき解答を得ようとする。つまり，上で述べた法と法学における支配的な傾向に従い，すでに存在する諸実定法令を確定された大前提として疑いなく設定し，その法令の枠内において問題化された事項を整理し包含させるこ

とを，解決のための最善の判断方法と考えるのである。法環境において現出する，人間と法との関係をこのように疑いなく形式的前提として設定する方式は，一般実定法学においてしばしばあらわれるところである。

　しかし，世の中に合理的な判断根拠をもってしても容易に解くことのできない数多くの問題が散在しているように，法と法学そして司法過程においても，法判断の支配的な傾向に含まれる方法ないし思考によってでは簡単には解決され得ない事態が頻繁に起こり，また続いているということは否定し難い。われわれはいったんこうした事態の正体と原因を，大前提であるところの法律，小前提であるところの（確定された）事実，そして論理的結果としての判決にいたる体系（Legal system）に求めざるを得ないのである。

　まず提起できる問題として，大前提である法律において事態の原因が発生する場合がある。そもそも疑いなく存在する法律が大前提として位置づけられることで，はじめてこの体系は可動する。また法律が単に存在するのみでなく，（法的な判断を要する）すべての諸事実に適用可能な普遍性と合理的な解釈可能性を含む「文書化された理性」として存在しなければ，この体系を維持することはできない。しかし前提とされなければならない法律が存在しないか，またはたとえ存在したとしても普遍性に問題があるか，あるいは合理的な解釈可能性から遠い法律であるとすれば，法体系の完全さを断言することはできなくなる。

　法適用の対象となる事実に対する確定においても事態の原因を求めることができる。本来，確定されなければならない事実は，法的判断以前に，そして法規範的思考とは関係なく証拠と証明，また合理的論証を通じ「存在するもの」として説明されなければならない事実世界の領域に属するものである。事実世界の領域に属するある事実に法律を適用し，そこで正しい判断を抽出するためには，その事実は（客観的に）確定しうるという暗黙的な信頼が共有され得なければならない。

　ところで，「客観的な事実に対する不可知論」あるいは「事実と観念の混沌」，または「事実は存在せず，ただ存在するものは解釈のみ」[1]などと主張しないまでも，事実確定の難しさはほとんどすべての紛争において存在する。法律が完

全に大前提として存在するとしても，そこで事実が確定されなければ，紛争は現にあるが解決はないという異常な状態に陥ることとなる。仮に事実を確定するとしても，解釈・適用される法律にとり必要な，あるいは指示する（法的）事実のみを抽出し確定することは，一見大前提に呼応する小前提を適切にとらえているようではあるが，そこでは事実世界の領域において行われるべき説明はなされないまま，大前提のみが繰り返されるということになる。支配的な法的思考を基盤とする法体系の限界が明らかとなるこうした事態の正体と原因は，このように事実の確定という法体系の小前提からも発見することができる。

（2）司法から立法への関心の転換

こうして，法と法学そして司法過程において支配的な傾向に属する方法論と，法的思考を中心とする法体系によっては，紛争を解決し平和をもたらすことがかなわない状況はしばしば現れ，解決どころかまた別の紛争へと繋がる結果がもたらされもする。実際，実定法の解釈を中心として形成された法学においては，こうした法体系の限界が明確に認定されている。例えば，各種一般の法学教科書においてしばしば用いられながらも疎かにされがちな表現の中に，「立法論へ回帰する」というものがある。特にこの表現は，すでに存在する法適用の，三段論法の大前提である実定法律の枠内において解決することのできない現実の事案または紛争に際しての法律的な「留保」よろしく，往々にして用いられる。またここで，近時法哲学論議において関心を引いている法律の欠缺にかんする法律的紛争を挙げることもできる。若干の危険を顧みず図式的にみるならば，「共有された言語慣例を基礎とする法解釈」と「法の目的に基づく法解釈」という互いに対立しつつも補いあう両軸を行き交いながら展開される法解釈論議は，不完全な現実の法体系を適切に補完しうる法哲学的代案としてとらえることができる。

ところでこうした様相については，次のような比喩が適合する。実定法とその解釈を大きな甕にたとえ，その甕に注ぐ水を事実の事案と紛争にたとえるとしよう。上の第一の例は，次のように説明できる。すなわち，長い間法学は，「実定法の甕」に事実という水を流し込み，そこに入る水を「適用と判断」の

対象とみなしてきた。そして，その甕に入らないかあるいはそこから溢れ出る事実の水は法学の対象から除外されることになるが，その除外されたもののために「立法論」という単語は用いられたものと判断しうる。また二つめの例は，すでに存在する甕にどのようにすればより体系的に整頓し水を注ぎ込むことができるかということに対する努力の過程にとどまっているといえる。

　もっとも，実定法と実証主義的解釈に基づいた法体系ならびにより体系的で説得可能な法体系への法理論的作業は，実定法の甕の亀裂をその時々で縫合し，溢れ出る水を注ぎ入れるため，その実定法の甕の大きさを少しずつ大きくしてはきた。しかし明白に確認される「甕の亀裂」，そしてその隙間から再び別の紛争へと転換されて溢れ出る水があり，いまだ実定法の法体系に注ぎ入れることのできない「氾濫」現象もまたやむことなく存在してきたとみることができるのである。

　法と法学，そして司法過程に対する根本的な疑問，また立法への関心の転換は，まさにここから出発する。その甕はどのようにつくられたのか，甕の大きさはどの程度でなければならないのか，甕の亀裂はどのような原因によって生じるのか，甕の亀裂は甕がつくられたときからもともと存在したものであるのか，あるいはそれ以降新しい環境の中で何らかの刺激により生じるものであるのか，甕に入れられた水と甕の外の水はどのように違うのか，といった疑問は，上で述べた「…立法論へ回帰」し，虚しく朽ちる実定法学と，理解可能な解釈のための法理論的説得作業が，それ以上進むことのできない境界に対する探究を促すことになるのである。

　こうした疑心と探究こそが立法に対する科学的分析の必要性の基礎となるのであって，またそれは既存の法学における無責任な「立法論」を「法に対する科学的研究」へと，そして機械的・形式的な実定法の解釈をこえて，真の規範性へと転化させる原動力であるとみることができる。

　近代立憲主義国家における立法についての関心は，主として国民主権と法治主義の確立という課題を解く過程においてその重要性が認められたが，現代国家における立法の重要性は，法環境における新しい諸現象と関連づくものである。新たな現象においてもっとも決定的なそれは，いわゆる現代代議制民主主

義国家においてあらわれた「法律洪水」あるいは「行き過ぎた法規範化」として特徴的な法規範の氾濫現象である。20世紀中盤以降世界の諸国家においては、経済、福祉など現代的な意味をもつ部門においておびただしい数の法律が作り出されたが、特にこうして量産された法律は、この部門に主導権を有している行政府の要請によりなされたものが大部分であるといえる。すなわち、国民主権に発する立法権を行使する立法府議会は、法制定の内容と過程における実質的で決定的な役割と地位を次第に喪失する傾向が明らかで、行政府の主務府署により国会を通過し法律として公布される数多くの法律の内容、背景、社会的基礎、そして社会に対する効果と反響などが国会において実質上充分に考慮されないという現象は、さほど珍しいことではない。

さらに多元主義的民主主義の理念の影響下にある現代社会において、人々は法が有史以来の尊きものであると信じないばかりでなく、絶対不変の価値を標榜する法を通じて社会を形成し整備することが道理にかなう、かつ可能であるとも考えない。そうではなく人々は、自分たちの政治的世界を形成し変化させうること、そして法的な決定と社会的諸制度が批判的に検討され、機能分析あるいは価値分析を通じ正当化されなければならないということを確信するのである。こうした疑心と確信が、既存の、実定法律不可侵の大前提性から脱し、実定法律の生成の原点、生成過程、立法の歴史、そして全般的な法文化を法と社会の関連のなかで把握しようする立法に対する科学的研究の背景となったのである。

II　韓国立法史分析の意義と方法

(1) 韓国立法史分析の意義

大韓民国は、1948年7月17日に憲法が制定公布されてから現在にいたるまで、9次におよぶ憲法改正と17代の国会をみるという、実に多くの政治的、社会経済的変化を経験した。本章執筆時の2004年7月31日現在、有効な法令の数は、憲法1、法律1094、大統領令1428、総理令67、府令1244、総3834にのぼる。本章では法律のみを対象として分析するが、同時期現在、憲法は9

第Ⅰ部　市民社会の諸相

次の改正を通じて10件の公布をみ，総法律公布件数は7216件を数える。

　1948年7月17日，制憲憲法が制憲国会を通過して国会議長により公布されると，制憲議会は大韓民国法律第1号として政府組織法を制定したが，以降現在にいたるまで，大韓民国の立法の歴史は多くの経験と変化を刻んできた。ときには民主主義的規範形成に対し否定的な動きが起こり，またそれを正常な状態に戻そうとする努力も継続して存在してきた。そうしたことから立法とは，われわれすべてを拘束する大韓民国の神聖な国法を制定する行為であり，またその結果物であるともいえる。

　さらに立法は，一方で建国理念・自由民主主義など憲法理念を含む理想を盛り込むものであるが，他方大韓民国が追求する国家目標・政策目標を掲げ，その実現を担保する装置でもある。またそれは，生活の質を育むゆりかごであるとも，すべての行動と意図を規律する規制枠組みであるともいえる。

　したがって立法についてこれを分析し，また探究するということは，広い意味において結局政治・経済・社会・文化生活の構成原理と枠組みを研究するということである。さらに立法に対する分析と立法理論は，単に立法とは何であるのかといった質問に答えようとする認識論的な探究にとどまるものではなく，望ましい立法の成立のための実践的な論議までをも含む総合的な研究となる。

　特に韓国の現代立法史についての研究には，現在の立法と法現実の姿を正確にとらえ，その問題点の根源と解決の端緒を見出す基礎を提供するという未来志向的意味も含まれる。したがって，韓国の立法史を科学的に分析する作業は，韓国の立法文化を全体的に鳥瞰し，その諸特徴を明らかにするものなのである。本章が目的とする現代韓国における立法の諸特徴の抽出にあたっては，韓国の立法史に対する法社会学的分析が大きな役割を果たすことになる。

　法社会学的に大韓民国の全般的な立法文化とその特徴をみるとき，まずは制憲憲法の制定以後大韓民国の法律の制定・改正の歴史を，全般的にあまねく見渡しうる立法史に対する分析がなされなければならない。そこではじめに1948年から2003年までの毎年，制・改定され公布された法律案の件数を集計し，大韓民国の立法の推移と諸特徴を明らかにすることとする。この作業は，大韓民国の立法活動の全体像の理解にあたって実に重要なことであるが，立法

の歴史において特徴的な時代区分を把握することにおいても多大な貢献をなすものである。

　第二に，立法史を通じて全般的な立法文化とその推移に対する理解の基礎が構築されれば，続いてより具体的に，法制の根幹となる領域の諸法律が整備される過程に関する分析がなされなければならない。年平均およそ100件程度の法律が制・改正，公布されており，どれ一つをとっても重要でないものはないが，特に法制の基本法といえる根幹となる法律の制・改正が法制の形成過程において重要であることを否定することはできない。例えば，憲法史研究は韓国の現代立法史研究においてもっとも基礎的な領域であり，行政法の分野では行政組織法の領域における政府組織法と地方自治法，そして行政救済法の領域においては行政訴訟法が行政法制の歴史における中心的な分析対象であるといえる。同じように，私法分野においては民法，民事訴訟法と商法，刑事法分野においては刑法と刑事訴訟法などを中心として各領域の法制形成過程をみることが必要であるといえる。

　しかし，より現実適合的で実質的に韓国の現代立法史研究についての熟慮を重ねるほど，憲法，行政法，民法，商法，刑法など，基本法の制・改正史の整理のみで韓国の現代立法史全体を理解することは到底できないことを認めざるを得なくなる。このような諸基本法は当該分野において根幹となる法律であり，どの国家においてもその形成が必須でまた最初に備えなければならないものであるということで，もちろんその重要性を否認することはできない。ところがそうした基本法はまさに当該分野の法制の根幹であるがために高度の抽象性を帯び，宣言あるいは方針的な内容をもつことが一般的であって，したがってどの国家においてもこうした基本法，特に民法のようなそれがその制定過程に長久の時間を要したことは周知の事実である。つまるところ，韓国の現代立法史研究においては，民法など基本法が制定・公布される時点までの多様な論議と準備過程はもちろん，基本法制定以前に基本法の役割を果たしていた多くの法制に対する分析，そして基本法制定以後に基本法を具体化する個別の諸法律の整備過程に対する充分な分析が伴って，はじめてわれわれは立法史研究の皮相性から抜け出すことができるようになるのである。

またこれと関連して，近代市民法体系を基盤とする諸国家のそれと強い類似性を有する基本法のみを中心に制・改正過程とその内容の変遷を分析する場合，その研究は「韓国の立法史」であるというよりは「韓国地域における西洋法の立法史」の研究にとどまり，結局，韓国の立法史のみがもつ特徴は抽出されづらい。すなわちすでに指摘したとおり，現代国家の立法の特徴である「多様な分野における多様な法律」についての適切な分析にあたっては，基本法中心の立法史研究は止揚されなければならないのである。

　第三に，大韓民国の立法史を通して韓国の現代の立法文化の全般的な特徴を摑み，具体的な諸法律の制・改正過程を通じて各分野別の立法の特徴を分析することで，大韓民国の現代立法史において各時期別を特徴づける時代区分が可能となる。そこで，本章以下においては韓国現代立法史に特徴的な時代区分を提示し，各時期の内容を比較検討する。

　こうした時代区分と各時期の特徴，そして各時期における立法の結果と問題点を検討する作業において，分析の対象である特定の立法のみを独立的に分析することには意味もなく，またそれは不可能である。われわれは立法形成に影響を与える政治的，社会経済的条件との関係のなかで立法の意味を見出すべきなのである。

（2）韓国の立法史分析の方法論

① 分析の基礎資料

　立法史の分析にあたっては，制憲国会から第16代国会にいたるまでの法律の制・改正活動とその結果を分析の対象とした。図4-1から図4-6までは，1948年から2003年までの年度別・歴代国会別の立法活動に関する統計を図であらわしたものである。

　本図の作成には以下の諸資料が用いられている。

　　(1)歴代国家の議事関係統計資料集（国会事務処議事局）

　　(2)国会史（第1代―第13代，国会事務処）

　　(3)国会経過報告書（国会事務処，制憲―16代）

　　(4)年度別法令現況（法制処）

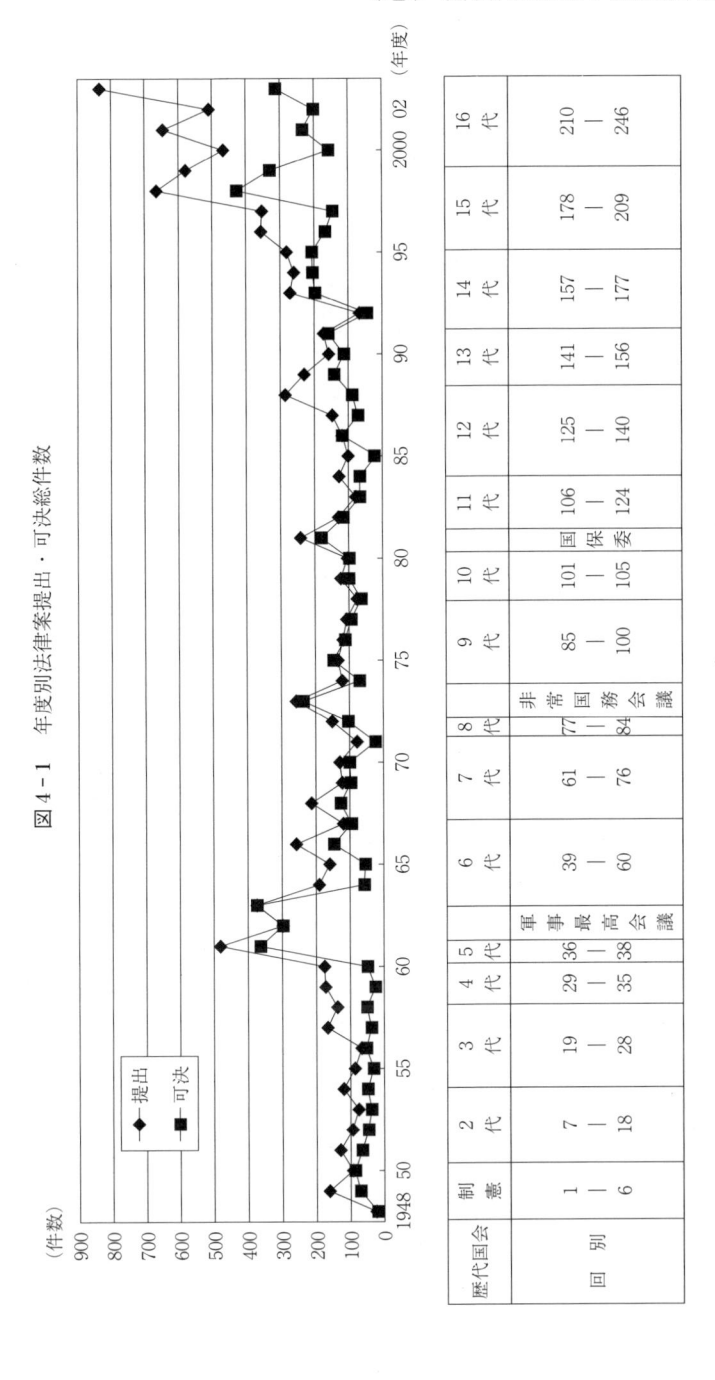

第4章　現代韓国立法に対する法社会学的分析

図4-1　年度別法律案提出・可決総件数

歴代国会	制憲	2代	3代	4代	5代		6代	7代	8代		9代	10代	11代	12代	13代	14代	15代	16代
回別	1	7	19	29	36	軍事最高会議	39	61	77	非常国務会議	85	101	106	125	141	157	178	210
	—	—	—	—	—		—	—	—		—	—	国保委	—	—	—	—	—
	6	18	28	35	38		60	76	84		100	105	124	140	156	177	209	246

第Ⅰ部 市民社会の諸相

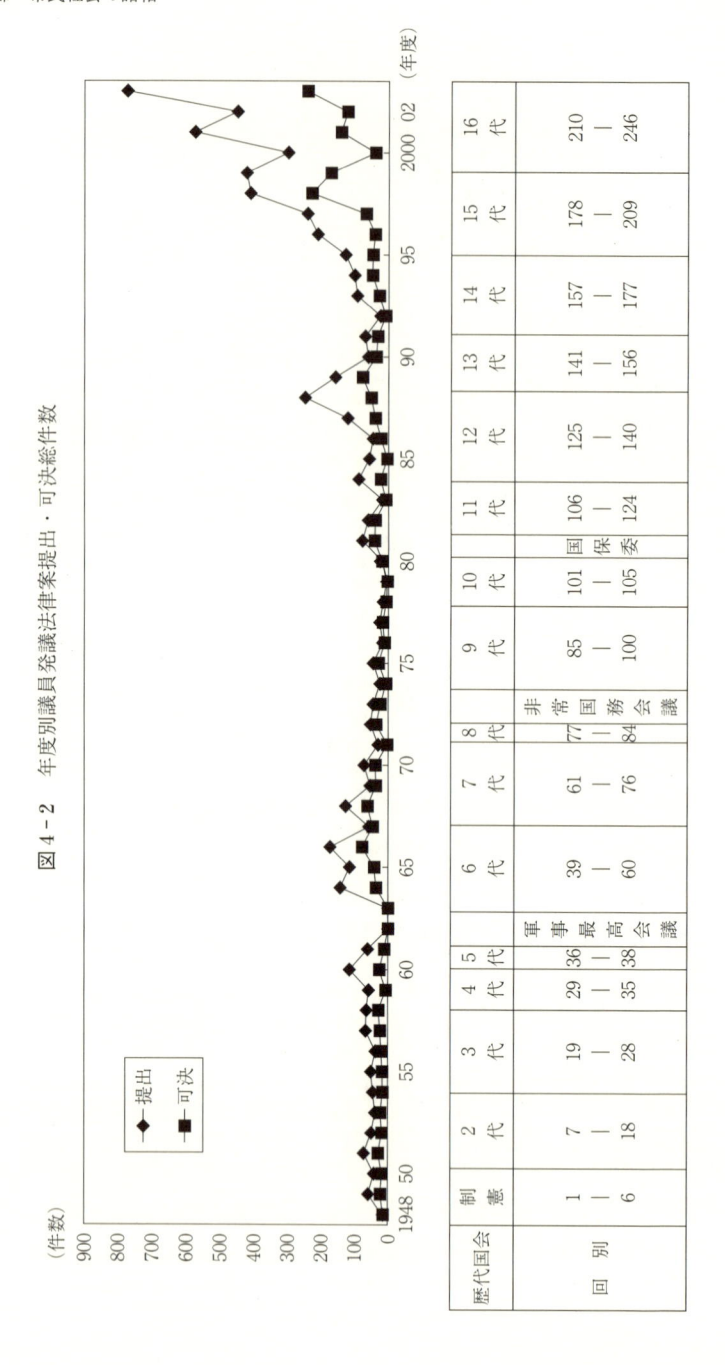

図4-2 年度別議員発議法律案提出・可決総件数

歴代国会	制憲	2代	3代	4代	5代	6代	7代	8代	9代	10代	11代	12代	13代	14代	15代	16代
回別	1	7	19	29	36	39	61	77	85	101	106	125	141	157	178	210
	—	—	—	—	—	—	—	—	—	—	—	—	—	—	—	—
	6	18	28	35	38	60	76	84	100	105	124	140	156	177	209	246

5代: 軍事最高会議
8代: 非常国務会議
11代: 国保委

108

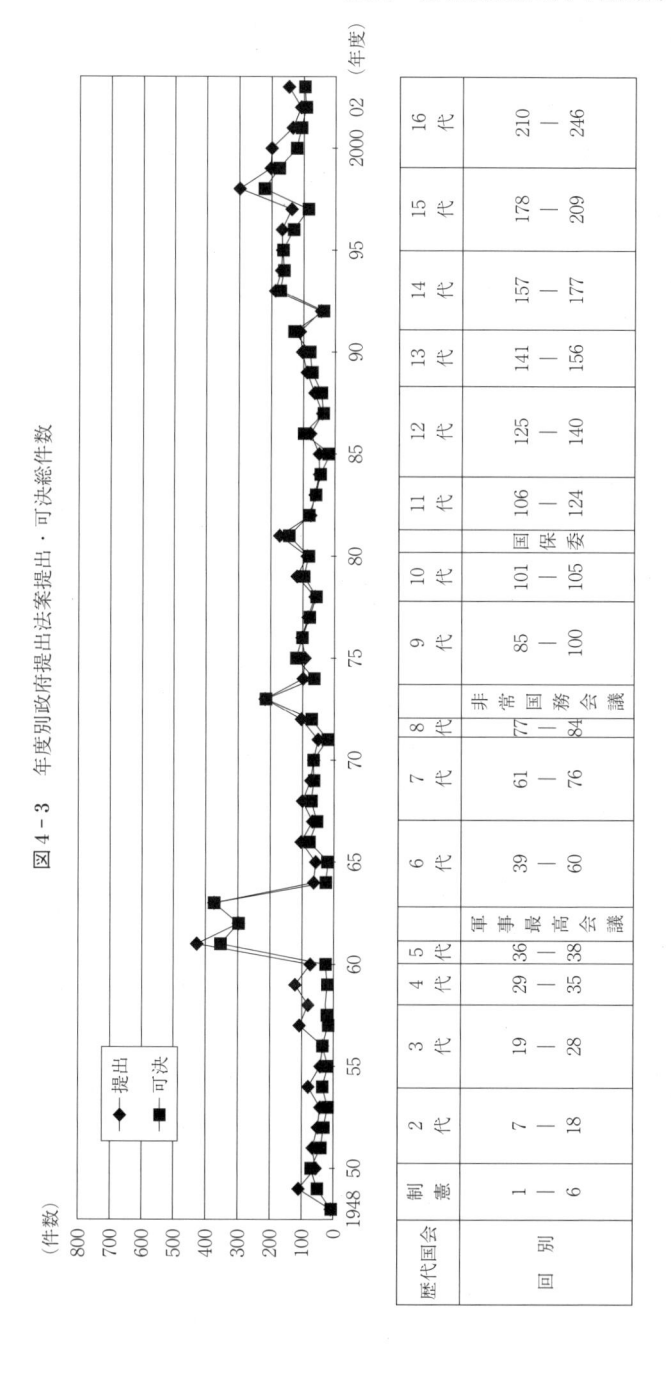

第4章　現代韓国立法に対する法社会学的分析

図4-3　年度別政府提出法案提出・可決総件数

歴代国会	制憲	2代	3代	4代	5代	6代	7代	8代	9代	10代	11代	12代	13代	14代	15代	16代
回別	1　—　6	7　—　18	19　—　28	29　—　35	36　—　38	39　—　60	61　—　76	77　—　84	85　—　100	101　—　105	106　—　124	125　—　140	141　—　156	157　—　177	178　—　209	210　—　246
					軍事最高会議			非常国務会議			国保委					

109

第Ⅰ部　市民社会の諸相

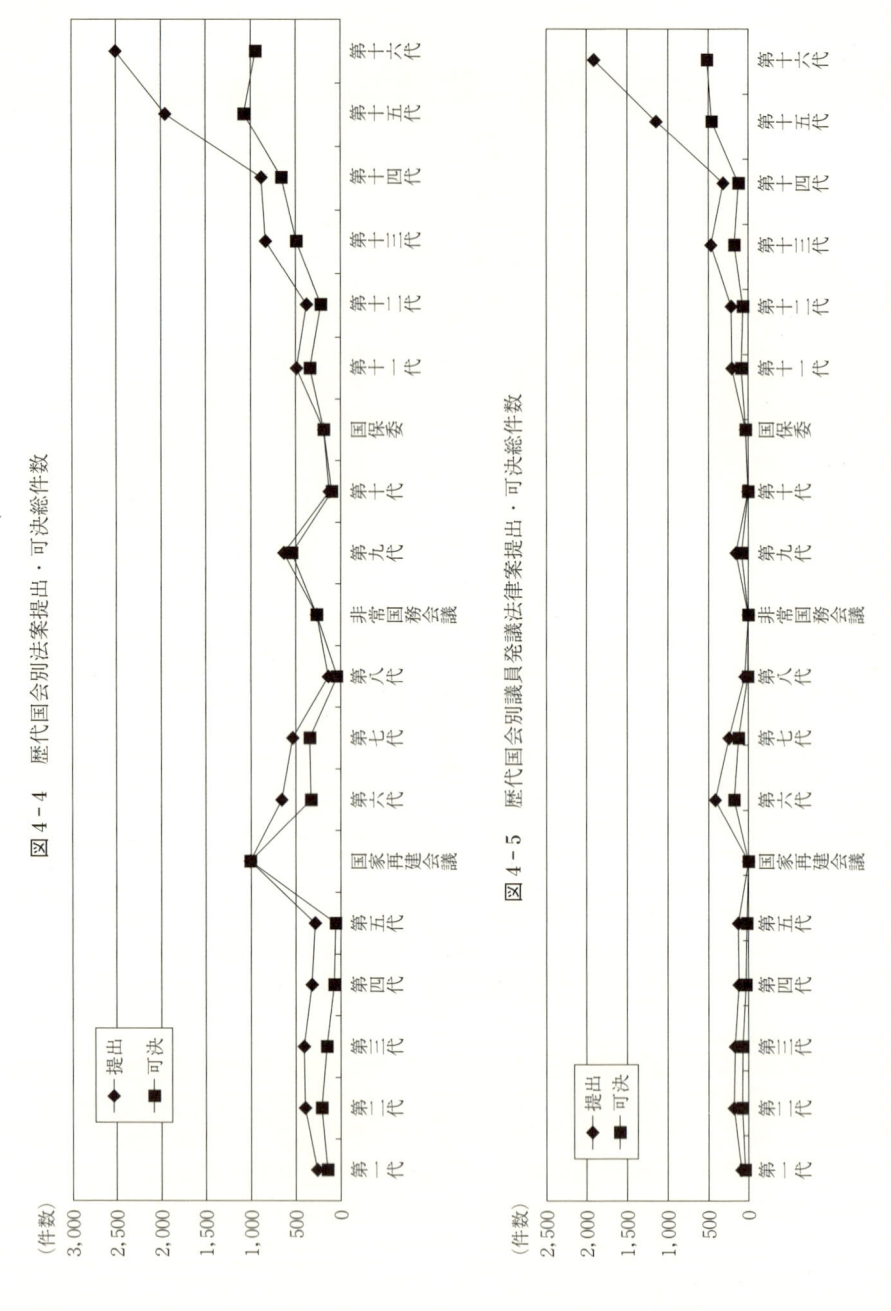

図4-4　歴代国会別法案提出・可決総件数

図4-5　歴代国会別議員発議法律案提出・可決総件数

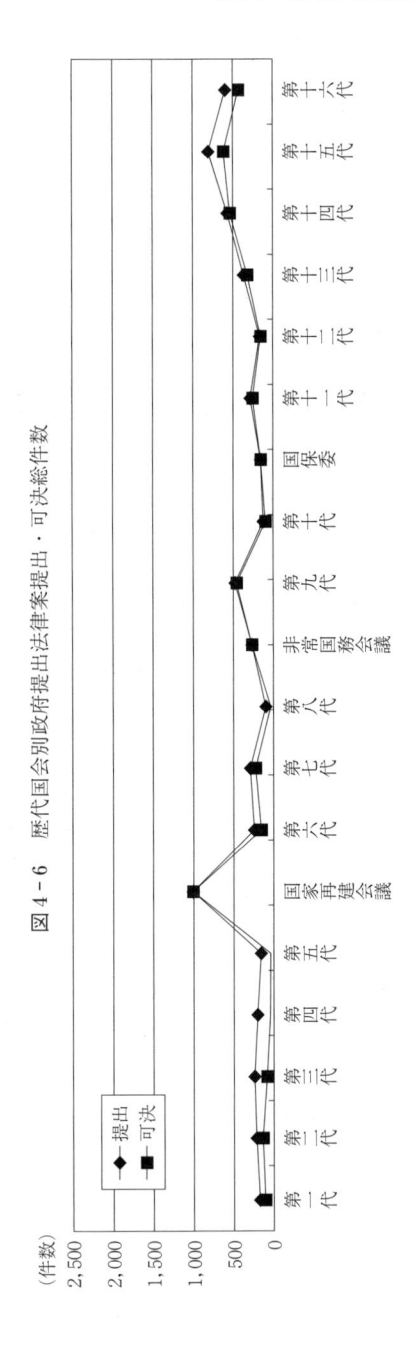

第4章　現代韓国立法に対する法社会学的分析

図4-6　歴代国会別政府提出法律案提出・可決総件数

(5)文書索引目録：第1巻　法令，法令統計（法制処）

　(6)議案カード（国会事務処）

　(7)歴代国会法律公布目録（国会事務処）

②統計算出の基準

　韓国現代法制史研究の基礎として，半世紀にわたる立法史において抽出しうる分析結果の一般化と特徴化に際し，次のように分析方法上の基準を定めた。

　1）　提示した図がベースとした統計は，立法府（通常は国会，非正常的には立法機構）に提出（あるいは発議）された法律案の総件数と，立法府の本会議において可決された総件数で構成される。立法史研究においては，国会における立法活動より法律の公布権限を有している機関（通常は大統領であるが，非常立法機関の議長であるケースもあった）による公布を中心に分析を進めるべきであるが，法律案の可決日と公布日には若干の時間差はあるものの，国会における議決総件数と公布総件数の間においては大きな差はみとめられず，また法律の制・改正過程を通じさまざま有意義な分析が可能であるということから，立法府を中心とした立法活動の分析に関しては法律案の公布の有無にかかわらず，本会議の議決総件数を根拠とした。

　2）　図4-1，図4-2，図4-3の基礎統計は年度別作成のため，会期が二つの年度にかかる場合であっても，本会議において可決された日を基準として分けて作成されている。もっとも会期が二個年度にまたがるケースはそう多くはないが，提出（または発議）と可決の日を基準に処理しており，提出（または発議）法律案の件数を以前の年度に，可決件数をその次の年に算入している。

　3）　以前の会期において提出（または発議）された法律案が継続して上程される場合は，提出（または発議）件数に含めていない。したがって，（新規）提出（または発議）の総件数より可決総件数が多いケースもあらわれている。図において，可決総件数をあらわす下の折れ線グラフが提出（または発議）総件数をあらわす上の折れ線グラフを越えている場合がそれである。こうしたケースにおいてはわずかであるが，2）の基準による影響もあり得る。

　4）　提出（または発議）された法律案中，原案通りには可決されず，国会常任委において修正された後本会議において可決されたケースであっても，これ

を同一の法律案として取り扱い，統計を作成した。例えば，ある年度の政府提出法律案の総件数が50件（このうち20件は修正案），可決法律案総件数が30件（このうち10件は修正案）であるとすれば，提出総件数は50件，可決総件数は30件と計算される。

5) 国会の本会議における可決総件数を計算するということで，可決後法律案公布権者による拒否権行使で差し戻された法律案の場合（2003年までに拒否された法律案は総69件であるが，そのうち34件は原案通りにまたは修正案として可決・確定され，10件は否決，23件は廃棄，2件は撤回されている），再議決，廃棄または撤回されたとしても，いったんは可決されたものとして総件数に入れた。可決後法律案に対する拒否権行使はそれ自体立法権における重要な問題ではあるが，量的にそれほど多くなく，本研究のような立法史に対する全体的な分析においては大きな意味をもつものではない。

6) 本分析の統計は原則的に法律案の公布件数とは関係なく，国会の本会議可決件数をまとめたものである。しかし，3次にわたる非正常的な立法機構下での法律案の提出（または発議）あるいは可決件数の統計の基準を，他歴代国会のそれと同一に取り扱うには難しい側面がある。また，非正常立法機構における立法過程を国会のそれと同様に追うことにも難があるため，この場合は例外的に法律案公布件数を集計することとした。

7) 1960年と1961年の第2共和国時期（第36回—第38回）においては，議院内閣制とともに民議院ならびに参議院による両院制が採択されており，法律案はまず民議院を通過した後，参議院において再び議決するものとされていたため，同一期間に両院統計がそれぞれ存在する。しかし，第2共和国憲法第39条は，民議院と参議院の議決全体を立法府の立法過程として規定するものであると考えられ，民議院の議決を通過した後参議院において可決されることになるということで，これをもって実質的な議会の可決であるとみなさなければならない。したがって本分析においては，参議院を中心にして提出（または発議）ならびに可決総件数を算定した。

8) 提出（または発議）された法律案に対し代案が設けられ可決された場合は，別の一つの法律案として取り扱うのではなく，統計上原案と同一のものと

して計算した。また可決総件数にも含めて算定した。

III　韓国の立法史における全般的な特徴

　図4-1は，1948年から2003年までの大韓民国の立法活動の成果を年度別に統計処理したもので，全般的な法律の制・改正の現況把握のため作成されたものである。この図において上の折れ線グラフは，年度別法律案提出（政府提出ならびに議員発議を合わせて）の総件数をあらわし，下のグラフは立法府（正常国会ならびに非正常立法機構）において可決された法律案の総件数を示している。この図4-1においてわれわれはある一つの顕著な特徴に気づくことになる。すなわち，提出総件数と可決総件数の両者にかかわって全体的な構図上明らかなことは，大韓民国の立法史においていくつか大きな峰（特徴）が存在するということである。

　その第一の峰は1960年代の初頭にあらわれるが，これは5・16軍事クーデター以後の軍事最高会議（国家再建最高会議）においてなされた立法活動の結果である。また，二つめの峰は1972年非常国務会議における立法活動に，三つめの峰は1980年初め国家保衛立法会議における立法活動に起因するものである。すなわちこの時期，非常立法機構である国家再建最高会議（1961.5-1963.12），非常国務会議（1972.10-1973.3），国保委立法会議（1980.10-1981.4）は短い期間にそれぞれ1008件，270件，189件（公布件数を基準として算定）の法律案を集中的に可決・処理している。さらに四つめの峰は1988年前後にあらわれ，第五のそれとしてはいくつかの峰々を1993年以後持続的にみることができる。

　前の三つの峰をなす短期間での非常立法機構による大量立法現象はドイツにおいてもあらわれ，例えば1870年から1980年までの法令総件数の変化を示す図においてもっとも鋭くそびえる峰は1930年代末ナチス期においてみられる。[2]ところで韓国における上記の三つの峰における時期の政治的状況を考慮し，非常立法機構の構成と性格を前提とするならば当然ともいえる現象ではあるが，この三つの峰は残る二つの峰の時期あるいはその他の時期と比較するとき，い

くつか共通した特徴を示している。

（1） 1993年以前の特徴

　第一に，図4-1にみるようにこの三つの時期においては，法律案の提出総件数と可決総件数に差がなく，同じく急激に上がっているという状況を確認することができる。この特徴は，例えば1988年を前後する四つめの峰と1993年以後の五つめとなる峰々など幾度かの類似した峰とは，法律案の提出線と可決線の間隔の差において相異点を有する。すなわち，法律案提出総件数は相当増加しているにもかかわらず可決総件数は例年の水準にとどまっている峰とは異なり，この三つの時期の峰は両者が同じような水準で急激に増加しているのである。

　この特徴を根拠として，非常立法機構における立法活動の性格をある程度評価することができるはずである。非常立法機構期における立法活動の中心は，立法機構内の立法論議あるいは審議にあるというよりは，意図された政策方向の実現のための道具として立法を選択したという点にあったということができる。つまりここでは，非常立法機構の構成員が立法機構に提出された法律案の本来の提出者に対し独立的でなかった，あるいは政治的勢力関係と政治的，社会・経済的立場において同一である者たちのみで立法機構が構成されていた，さらには立法論議について自由で民主的な討論がさまざまな面で制限されている状態において，それは通法機構ないし執行機構にすぎなかった，といった評価が下されうる。

　第二に，図4-1を図4-2，図4-3と比較してみると，上記の三つの峰にあたる時期の立法活動の特徴がより明確になる。そもそも，非常立法機構が実定法律の制定を担当するとしても，そうした機構を「立法府」として性格づけることができるかということについては根本的な疑問が惹起される。この三つの時期における法律案はほとんど非常政府により提出されており，非常立法機構の委員によって提出された件数はきわめて少ない。つまり，この三つの非常立法機構の立法活動を記録した資料によれば，形式的には議員提出と政府提出の法律案の統計とは区分されてはいるが（例えば，1980年前後の国保委立法会議

経過報告書によれば，議員発議法律案の総件数33，政府提出総件数156，全体が可決処理），非常立法機構と非常政府の実質的非独立性，立法機構内での立法論議の不十分性などを考慮するならば，その実質においては非常政府による一方的な「立法」であるという指摘を免れ得ない。

第三に，図4-1において，前三つの峰の直後の時期に目を向ければ，立法活動が比較的萎縮しているという特徴を見出すことができる。1964年，1974年，そして1982年は非常政府から正常的な憲法諸機構へと代わる草創期にあたる時期であるが，正常的な国会が構成され，また国家の正常体への復帰という課題を抱えている国会であるということで，広範囲かつ多くの立法活動が期待されるのが一般的であると思われる。しかし，図4-2ないし図4-3にみるように，議員発議はもちろん政府提出なども含め立法活動はかえって微々たる水準にとどまっている。こうした立法史においてみられる特徴からは，政変により非常政府直後に構成された正常的な政府が，以前の非常状況に対する憲法的回復あるいは政変に対する整理などの立法課題を遂行しなかったということ，さらに非常立法機構の非正常立法活動の結果，形成された実定法秩序に根ざした国家構成をそのまま維持しようとしていたことなどを確認することができる。

第四に，図4-1と図4-4を比較し検討を行ってみると，大韓民国の立法史とは一線を画しながらも，立法文化を全般的に変化させた先の三つの峰にあたる時期の深刻性をよりはっきりと窺い知ることができる。図4-4の歴代国会別統計では，正常的な国会において提出（可決）された諸法律案の件数は平均400件（150件）であるが，三つの峰の非常立法機構期においては短期間に実にその2倍以上の件数を記録している。大韓民国の法制形成過程は，この三つの時期によって完全に主導されまた変化させられてきたといえるのである。

第五に，立法史における立法活動の主導権と関連し，図4-2，図4-5の議員発議法律案の統計と，図4-3，図4-6の政府提出法律案の統計においてまず比較しうることは，図にあらわれる件数の大きさである。政治権力の完全な主導権下にあった非常立法機構期はいうまでもなく，立法史全般にわたって議員発議法案の総件数は政府提出法律案の総件数に比べ絶対的に少ない。年度別提出（可決）のおおよその平均件数が前者の場合50件（20件）であるのに対

し，後者は100件（60件）にのぼっている。

　第六に，1988年前後の小さな峰は，前の三つの峰や1993年以後の峰とは異なる独特の様相を呈している。この四つめの峰の時期は与小野大の構成であった第13代国会の前半部に該当する。第6共和国の第13代国会では，この与小野大という議会条件や定期国会の国政監査，各種特委ならびに聴聞会の活動といった連続線上において，民主化のための各種政治的・経済的懸案に対する法的・制度的装置の確保などの要求が充満し，大韓民国の議政史上稀にみるほど多くの法律案が集中的に論議された。すなわち，第145回臨時国会が反民主悪法改廃を目指し開会されるなど，議員発議を中心に立法活動が積極的になるということで，政府提出件数は例年の水準にとどまる反面，議員発議法律案提出総件数は相対的に急増している。この時期，立法活動の主導権は議員にあったとみることができる。執権政府が議会において多数を確保し得ないということが，議員中心の立法活動の活性化にとってはむしろよい機会になったわけであるが，こうした現象は同時に大統領の法律案拒否権行使と再議決による否決（あるいは任期満了による廃棄）など立法権に対する牽制を頻繁に引き起こし，結局のところ三つの政党の合併により，与小野大を足がかりとして形成された活性化の機会は消え去ったのである。

（2）1993年以後にあらわれた特徴

　1993年以後五つめの時期は，いわゆる文民政府（金泳三）を経て，与野政権交代による国民政府（金大中），そして参与政府（盧武鉉）へと続く時期である。この時期の全般的な特徴としてはまず，それまで存在していた軍事政権期の法制に対する全般的な反省と改革の要求が大規模な法律の制・改正へとあらわれていったということを挙げることができる。もちろん1998年前後のIMF経済危機の影響も忘れてはならないが，より重要なことは，立法の歴史が半世紀をこえ，既存の法律に対する再整備作業が求められた時期であったということである。特に1998年以後の立法活動は，政府の主導権によってのみ行われたものではなく，議員らの積極的な立法活動も明確に確認することができる。

　1993年以後を中心に図4-1を図4-2と図4-3，また図4-4を図4-5な

らびに図4-6と比較してみると，立法活動の主導権が政府から議員へと移っていることに気づく。同時に，1993年以後において図4-1と図4-4のグラフを決定づけるものは1993年以前とは異なり，図4-3あるいは図4-6ではなく，図4-2ないし図4-5であることを確認することができる。1993年以後における議員発議と政府提出法律案件数をみるとき，前者の件数が後者の件数を上回っていることは明らかで，議員発議法律案の可決件数と政府提出法律案の可決件数を比較する場合においても，前者と後者はその当初同じような様相を示していたものの，2001年以降では可決件数において前者が後者を凌駕している。歴代国会別統計からも，第16代国会においては，法律案提出件数と可決件数における議員発議のケースが政府提出のケースを上回っているということがわかる。もっとも，提出と可決との間の可決率については，図4-2と図4-5ならびに図4-3と図4-6において明らかなように，議員発議法律案の場合，政府提出法律案に比べその可決率が落ちている。

また1993年以後の時期においては，全般的に年度別法律案の提出・可決件数が1993年以前の時期と比べはるかに多い。平均的には，年度別法律案提出（可決）件数は500（250），年度別議員発議提出（可決）件数は300（150），年度別政府提出法律案提出（可決）件数は200（100）程度である。特に1998年以後大幅に増え，高い位置で推移している。

Ⅳ　現代韓国における立法の特徴

以上，1948年から2003年にいたるまで，大韓民国の立法史にあらわれる全般的な特徴についてみてきた。特に1993年を前後する韓国立法史は，それまでとは一線を画するような変化の様相を呈するものであったといえる。基点となるこの時期は20世紀末の全世界的な激変の潮流の真っ只中にあったが，韓国においては，形式的には立憲民主主義体制に入り半世紀を経る時期であるということができ，実質的には権威主義政権から脱却する権力の民主化期であるといえる。本節では，この時期を前後し，韓国の立法過程と立法者，そして立法文化など全体の立法過程においてあらわれるいくつかの特徴を指摘すること

とする。

(1) 立法者と立法過程にあらわれる特徴

すでに指摘したように，1993年以後韓国の立法史においてあらわれる特徴のうちもっとも顕著なそれは，政府主導立法文化からの脱皮であるといえる。別の表現を借りれば，それは立法府である国会が通法府という汚名をそそぎつつ立法活動において自身の役割を模索する過程であり，また立法の源泉となりうる多様な社会的要求ならびに期待の実質的な規範化の過程でもある。したがってこの過程は，1960年から1980年の間の三次にわたる非正常立法機構による一方的な立法活動に主導された，韓国の立法文化においてあらわれた諸条件を克服するものであった。具体的な様相については次のとおりである。

まず，立法者と立法過程を幅広く認識していたという点がある。例えば，立法者は国会であり，立法過程とは国会における法律案提出・審議・可決過程である，といった形式主義的な定義の問題点がしばしば指摘され，つまるところ，立法者と立法過程は現実に適合するよう実質的に理解されてきた。すなわち，これまでは国会に法律案が提出され，その法律案が可決・公布されるまでの過程のみに注目が集まっていたのに対し，国家に提出される以前に法律案が形成される公式・非公式な過程への関心が大きくなってきたということである。

立法者と立法過程に関する形式主義的定義にしたがえば，立法とは国民の代表機関である議会が法規範を制定する行為または結果を意味し，国会は立法権をもつ――憲法により立法権を付与された――立法機関であり，また立法権をもつ国会が国民の代表機関であって，国会が法規範として制定（決定）したものがわれわれすべてを拘束する「共同体の法規範」となる。よって，国会―代表―立法権（機関）―決定―共同体の法規範という諸要素が立法の構成要素となる。

しかし，こうした公式的な立法過程において存在する一般的な立法の構成要素に含まれていない「立法以前の諸過程」――国会で立法権が行使される以前の過程――において存在する諸要素がある。国会における立法権行使前に事実上行われるまさに「事実上の」立法過程が存在するのである。なぜなら，法

律案はまずもって提案権者により形づくられるからである。そして立法を可能とする政策決定が政府と政党に基づいており、この決定に続く立法選択の判断もまた政府と政党によって下されるからである。

　国会に提案される法律案は草案という形態で提出されるものの、統計資料によれば、制憲国会から16代（2004年4月）まで国会によって受理された法律案提出件数は1万2267件、このうち可決件数は7018件で57％もの可決率である。つまり政府または議員による提出法律案のうち、実に半数以上が可決されたということである。このデータは、提出された法律案は国会においてはじめて審議されるといえ、国会にたどり着く前に、すでに政府ないし政党などにより相当な程度、立法過程が進んでいたことを如実にあらわすものであるといえる。

　1993年を前後し、韓国においては立法に対する関心がより実質的なものとなった。実質的とは、現実の状況を率直に認識し、それに見合うよう制度を改革していくことをいう。すなわち、国会に提出される前に法律案が形成されるすべての過程を立法過程において公式的に盛り込み、各段階で立法に影響を及ぼす実質的な立法者の役割に公式性を付与するということである。

　議員発議法律案については、多くの政党が共同で法律案を提出する特別なケースを除いては、所属政党別に法律案を形成し提出するのが一般的である。この場合、当該分野に専門的な知識を有する場合には議員が直接行うケースもあるが、大体においては政策決定の初期から党政策立案部署、所属政党の専門委員、関係団体所属議員の立法活動を補佐するため当該団体におく政策研究委員、また依頼された専門家などが担当することになる。政府発議法律案は、専門家委員会―該当部署課における草案作成（プロジェクトチーム）―局内での検討―部署内での意見調整―関係部署との協議―立法予告―経済長官・次官会議―党政協議―主務部署による原案確定―法制処による審査・修整・補完―次官会議・国務会議―大統領署名といった過程を経る。

　現代韓国の立法者と立法過程においてみられるもう一つの具体的な特徴として、立法発議の「実質的」多様化を挙げることができる。現行憲法上、法律案の発議権限は政府と議員にある。これまでもっとも一般的な法律案の発議形式

は，政府提出と議員一定数の連名で発議する議員発議法律案であり，国民発案などの方式は認められていない。とはいえ，韓国の立法の歴史は半世紀をこえ，法律案の発議権と関連する憲法規定には変化がないものの，法律の改正あるいは立法の現実の変化を通じての法律案発議の実質的な多様化傾向は明らかである。例えば，国民発案制度は公式的には認められていないが，憲法第26条と請願法第4条，そして国会法第123条を根拠とする請願権を活用した立法請願に，国民による立法発議の活性化傾向をみることができる。[3]これと関連し，法律の制・改正における公聴会の積極的な活用[4]は，単線的立法発議を克服しようとする努力であるといえる。1990年代以後，立法請願と法律案の制・改正に関連した公聴会などにおいて立法に積極的に参与する諸集団，例えば各種市民団体と利害関係諸団体などが，非公式的とはいえ実質的な立法者としての役割を担っているということは周知の事実である。また直接的に関連することではないが，議員による法律案発議要件を20人から10人に緩和したこと[5]は，法律案の発議の実質的多様性を確保するための努力であるといえる。

（2）立法内容においてあらわれる特徴

図4-1と図4-4において，1990年代中盤以後（第15代，第16代国会）の立法活動が，過去においてはみることのできなかったほど活発な様相を示していることを確認することができる。1993年以後急激に盛んになった韓国の立法活動においては，はたしてどのような内容をもつ法律が制・改正されたのであろうか。

ここではまず第一に，政府樹立後半世紀における社会・経済的変化が，立法の要求としてあらわれたということに着目しなければならない。国家構成の基本諸法制，例えば民法，刑法，商法，訴訟法そして各種社会法などが，新しい現実に適うべく改正されなければならないとする要求と期待が現実化したのである。こうした基本法制の変化は，関連諸法律の改正につながる。行政法の領域においても，1990年代初頭の地方自治制度の実施以後，中央集権的時期において形成された法制の新たな整備の必要性から関連立法が増加した。また，文化国家的性格が実質化する中で，文化に関連した立法の要求も増えることとと

第Ⅰ部　市民社会の諸相

なった。

　第二に，1990年代にもっとも急激な変化を示した分野が経済領域である点を見逃してはならない。いうまでもなくこの時期韓国は，それまでまったく経験することのなかった経済危機，IMF危機に直面することになる。1998年前後のIMF危機状況は立法においても多くの変化をもたらし，当然大量の経済関連立法が生み出された[6]。また，先端IT産業の登場と政府のITベンチャー産業育成政策に伴い，多数の新たな分野の法律も制定された[7]。

　第三に，韓国社会において法と関連する公的諸機構の有機的性格が整えられはじめたということがある。憲法裁判所の創設とその積極的活動，司法府による改革努力などは，立法と法執行，そして法判断の構造をより円滑にし，こうした過程において法制の再整備という立法的需要が創出された。特に1998年に成立した憲法裁判所の違憲，憲法不合致，限定合憲などの決定は，合憲性の基準として既存の諸法律を再整備する重要な原動力となった。

　ところで，すでに確認した1990年代中盤以後あらわれた立法内容における諸特徴は，韓国社会においてのみ局限される独特なものであるというよりは，全世界的な時代の流れの中にも見出すことのできる特徴であるといえる。それでは，こうしたことを踏まえた上で，1990年代中盤以後韓国の立法内容には，どのような特徴があるのであろうか。現代韓国の立法の特徴，また韓国においてのみみられる特徴として，ここで「過去事の清算」と関連した諸法律の立法を挙げることにやぶさかではない。

　1990年代中盤以後，過去の政権犯罪に対する清算要求が巻き起こった。一般的に過去の清算とは，真実究明，責任者処罰，被害賠償，容恕や和解などのことをいう。この期間，政府は主導権をとって過去清算関連諸法律を制定し，諸市民団体は過去事清算のための法律の制定を求める立法請願を持続的に行った。また国会では，過去事の真相究明に関する特別委員会が登場する[8]。こうした「政権犯罪」による過去清算関連諸法律は，一般的な法律とは違い，特殊な性格をもつものであった。

　すなわちそれは，「法律的不法」状況を正常的な憲法秩序へと戻す作業であるとも，また政権犯罪当時から続けられてきた既存の諸法律や法院の諸判決の

安定性を脅かすほどの新たな憲法認識を要求する作業であるともいえ，究極的には，単に過去の事件あるいは紛争に法律を適用するということではなく，過去を清算し，現在と未来の規範的方向を提示する作業であるといえる。こうした特殊な性格は，過去清算関連諸法律をしてそれを立法事項にとどめさせるのではなく，すぐに憲法的な性格をもつにいたらしめる。あえていうならば，「憲法事項」にあたる法律である。そして，このような憲法事項に含まれるべき内容を盛り込む法律を「憲法的法律」と呼ぶこともできる。つまるところ1990年代中盤以降，韓国の立法状況における非常に独特な特徴は過去清算のための法律，いうなれば憲法的諸法律の制定に見出すことができるのである。

憲法的法律という性格を有する過去清算関連諸特別法は，立法の形式と内容においても一般法律とは相当な程度異なったものである。第一に，本諸法律は真相究明と被害賠償などに関連し，明示的規定として公訴時効を排除するが(9)，一般的なケースであれば時効が完成する程度の相当な期間が過ぎたものであっても過去清算の対象として特定するということで，事実上時効を排除する(10)という特徴をもつ。

第二に，本諸法律は法文において，一般的な法律で用いられる法律的概念よりも，社会的通念に基づく価値の合意を前提とする諸概念を多く使用している。憲法から法律にいたるまで法律的な不法状況下で繰り広げられる政権犯罪，そこまでにはいたらずとも反憲法的な不法的政権犯罪，また政権犯罪行為を処罰できなくする政権の連続性などは，当時から今まで大きく変わることなく維持されてきた既存の司法制度と法，ならびに法理論と実質的に結びついているといえる。社会，文化，経済，政治，制度など，社会のあらゆるところで成長してきた過去清算の要求は，既存の法律概念の枠を超越したものである。そうした既存の法律概念にはそぐわない，そして既存の法律概念からすればけっして明確でもまた一般的でもない新しい諸概念が法文において使用されることになったわけであるが(11)，この諸概念は憲法の現実において広がった民主的憲政秩序の実施的内容の規範化を意味するものである。

第三に，一般的に法律の執行と判断は，既存の政府部署あるいは法院などにおいて行われるが，本諸法律においては過去清算のための新しい機構として，

委員会を設置することとなっている。一般法律の立法過程と解釈においてもっとも重要なことは，既存の法律，判決との調和ならびに憲法合致性である。しかし過去清算関連諸法が対象としている事項は，既存の法律や判決の内容を無意味にもしうるもので，一般法律に対する優位性を認定しなければ衝突は不可避となりうる。もしこの特別法を既存の一般法律あるいは司法判決と同じ次元において論ずるならば，「立法対司法」ないし「立法対執行」という対決構造により，誤った立法として扱われることになるであろう。こうした問題を乗り越えるため，そして本諸法律の円滑な執行のために各諸法律は委員会を構成するものとし，本委員会の活動過程もまた憲法的意義を付与されたものと理解することができるのである。

注

(1) Humberto R. Maturana・Francisco J. Varela (1995) *Der Baum der Erkenntnis : Die biologischen Wurzeln des menschlichen Erkenntnis*, 参照。

(2) Hubert Rottleuthner (1985) "Aspekte der Rechtsentwicklung in Deutschland", *Zeitschrift für Rechtssoziologie* 6, Heft 2, S. 214 参照。

(3) 最近の歴代国会別請願件数をみてみると，第14代 (1992-1996)：534件，第15代 (1996-2000)：595件，第16代 (2000-2004)：765件となっている。請願された事案が本会で付議される比率は非常に低いものの，請願の内容をみると大部分が法律の制・改正と関連した立法請願であり，実に90％以上を占めている。http://www.assembly.go.kr/ 参照。

(4) 公聴会は第15代では31件であったが，第16代においては117件へと増大した。この公聴会の大部分は法律の制・改正と関連したものである。このように公聴会が活性化した原因の一つに，国会法第58条第5項の「委員会は制定法律案ならびに全文改正法律案にあたっては公聴会または聴聞会を開催しなければならない」(2000.2.16改正) という規程の存在があるとみることができる。

(5) 2003年2月4日の国会法改正により第79条第1項は，「議員は10人以上の賛成で議案を発議することができる」と改正された。

(6) 第15代国会期にあたる1998年末，規制改革と関連し171個法律案が一括して可決されるなど，IMF危機を脱しようとする立法的措置があらわれた。

(7) 第15代国会において可決された法律案は総947件で，そのうち新たに制定されるかあるいは全文が改正された法律案は総246件，26％にのぼるが，これはその他の歴代国会に比べて高い比率である。

(8) 第16代国会は過去事真相糾明に関する特別委員会をおいたが，この委員会において29件の立法請願があった。

(9) 「5・18民主化運動等に関する特別法」ならびに「憲政秩序破壊犯罪の公訴時効等に関する特別法」がその代表的な例である。

⑽　例えば「済州4・3事件」,「韓国戦争当時の民間人虐殺」,「居昌事件」,「1980年前後軍事政権による被害」などを対象とする諸法律を挙げることができる。これらは一般的な賠償法制における時効あるいは刑事法制上の公訴時効からは接近し難いものである。

⑾　到底既存の法律概念として明確には把握しにくい用語の使用例は次の通りである。「時局事件」(時局事件関連教員任用除外者採用に関する特別法),「憲政秩序破壊犯罪」(憲政秩序破壊犯罪の公訴時効等に関する特例法),「民主化運動」(民主化運動関連者の名誉回復ならびに補償に関する法律,疑問死真相糾明に関する特別法),「疑問死」(疑問死真相糾明に関する特別法),「1980年5月18日を前後した光州民主化運動」(光州民主化運動関連者補償等に関する法律),「騒擾事態と…武力衝突,鎮圧過程における住民の犠牲」(済州4・3事件真相糾明ならびに犠牲者の名誉回復に関する特別法),「共匪討伐を理由に国軍兵力が作戦遂行中に住民を犠牲」(居昌事件等関連者の名誉回復に関する特別措置法),「…と関連した者」,「…による被害」等々。

第5章

アジア市民社会における家族とジェンダー
——「第2の近代」の岐路——

落合恵美子

I 「家族」と「ジェンダー」という岐路

　アジアの市民社会をいかに構築するかという方向性をめぐっては，いくつかの岐路があるだろう。「家族」と「ジェンダー」という論点は，間違いなくその岐路の一つである。

　そもそも近代市民社会のヨーロッパにおける発生当時から，家族と女性はアンビバレントな位置に置かれていた。ヘーゲルの『法の哲学』(1821) は，周知のように人倫共同体の三つの段階，すなわち家族，市民社会，国家を区別する。家族は愛による統一であり，婚姻によって男女は個別の人格を廃棄し一体となり1人格を形作る。市民社会は家族を背景にもつ独立した個人から成り立ち，諸個人が自分の幸福と欲求充足を求めて活動する。そこから他者との関係が生まれ，権利と法が懐胎されて，それを制度的に保証するものとして国家という公共圏が立てられる。すなわちヘーゲルにおいては，家族は市民社会の外部にあり，全く異なる原理に拠るものとされる（Hegel, 1821=2001, 322-350頁）。これに対してカントは，『人倫の形而上学』(1797) において，結婚を市民社会における契約の特殊な形態，性器と性的能力を相互に使用しあう性共同体と捉える（Kant, 1797=2002, 108-118頁）。市民社会の原理は家族の内部にも貫徹するのか，しないのか。この問いは，近代市民社会の出発当初から明らかに一つの岐路であった。

　この問いは，ジェンダーに関する問いに言い換えることができる。ヘーゲルは，婚姻において夫婦は1人格を形作るとするが，両性に対照的な役割を与える。男性は対外関係において力強く活動的だが，女性は受動的で主観的で家族

のうちに使命をもつという。家族は子どもを教育し，独立した個人として市民社会に送り出す使命を担うが，息子たちは家長として，娘たちは妻として，と特記される。女性は男性と変わらない個人としての権利を備えているのか，いないのか。この問いは，フェミニズム思想へとつながっていった。

　市民社会とともに古いといえるこの問いが，にわかに現実的課題となっているのが，アジアの現状である。日本では憲法改正が論議されているが，「戦争放棄」を謳った9条と並んで，24条が隠れた焦点といわれている。24条とは「家族生活における個人の尊厳と両性の平等」を規定したもので，戦後の男女平等の根拠となった。24条の冒頭に「家族の尊重」を意味する一言を入れることにより，「家族のために」個人の人権や男女平等に制限を加えることができるようにするという考えもあるという。日本の伝統を損なう「行き過ぎた個人主義」の批判は，改憲派の人々の年来の主張であった。

　他方，シンガポールと中国では，親孝行を法律化した「両親擁護法」，「老年人権益保障法」が1990年代半ばに成立した（篠崎，1999）。また，韓国では近年，「健康家族法」が成立し，急増した離婚などの家族変容に歯止めをかけようとしている。家族とジェンダーに関して，アジアの多くの社会で独特の法整備が進んでいる。こうした動きの中で，家族やジェンダーは，しばしばアジアの文化的アイデンティティのシンボルとして，価値を付与して論じられている。

　アジアにおける市民社会の成立は，ヨーロッパ文明に根ざしていた近代市民社会が別の文明圏に「移植」される初めての本格的経験だが，そのときアジアは独自のタイプの市民社会を選択するのか否か，その大きな別れ道が「家族」と「ジェンダー」なのである。

II　「第1の近代」と公私の分離

　本章では，現代アジアにおける市民社会の形成と，そこでの家族とジェンダーの取り扱いという問題を，学問的に考察するための基礎づけを行いたい。本章が拠って立つのは歴史社会学という方法である。社会哲学における議論は普遍理論を志向する傾向があるが，理論は往々にして時代に拘束されたもので

ある。解き難くみえる問いも，時間という相を入れれば解けることがある。家族とジェンダーとは，まさにそうした問いなのではないだろうか。

このような観点からみると，ヘーゲルなどの初期の近代市民社会論は，当時生成しつつあった近代社会の構造を反映したものだったといえる。生成しつつあった社会構造とは，公的領域と私的領域との分離，家族に照準してみればいわゆる「近代家族」の成立である。「近代家族」とはフィリップ・アリエスに始まる家族の社会史的研究から提出された概念で，親密性（intimacy），私秘性（privacy），家内性（domesticity）を特徴とする。夫婦・親子といった狭い範囲の親族が，親類や近隣その他の外部から切り離されてプライバシーの世界に閉じこもり，情緒的絆で固く結び合って親密圏を作る。外の世界に出て行って収入を得るのは夫の役割であり，妻は家庭にあって家事と育児に専念する。すなわち今日当たり前と思われているような家族だが，このような家族はけっして歴史を通じて普遍的なわけではなく，近代になって誕生した歴史的家族類型にすぎなかったということが，1960年代以降の家族史研究によって明らかになってきた。

ではそれ以前の家族はどのようなものであったかというと，オットー・ブルンナーの描く「全き家」がよい例だろう。ブルンナーは，「家はゲゼルシャフトであると同時にゲマインシャフトでもあった」（Brunner, 1968=1974, 161-162頁）と書く。これは日本の「家」にもあてはまる。家が生産機能も担っていた時代には，家は職場であり，家族は仕事仲間であった。奉公人などの非親族が家族に混じって働き，プライバシーは夫婦が寝る納戸の中にかすかに存在しただけだったという。

家族が公私未分離であったことの裏返しに，公共領域もまた他と截然と区切られた領域としては成立していなかった。ヨーロッパ中世においても日本の近世においても，家産制国家においては公私関係は序列化されており，王侯貴族の家は臣民にとっては公的意味をもっていた（三成, 2005）。家が公ということは，性愛やその結果としての出産にも公的意味があったということである。異性愛のみならず，男性同性愛が政治に果たした役割も大きかったが，20世紀初頭にはそれはスキャンダルと呼ばれるようになり（星乃, 2005, 184頁），せ

いぜいホモソーシャルな絆を残して（Sedgwick, 1985）,「無性」の空間としての公共領域が成立した（落合, 2005a, 232頁）。

　公的領域と私的領域という概念を用いたので, これらと家族, 市民社会, 国家という三層構造との関係について付言しておかねばならない。三層構造との関係では「公共性」という概念は, 二通りの用い方をされてきた。国家という層のみに「公共性」を振り当てる政治的公共性論と, 市民社会も「公共性」の領域と考える論である。前者の代表は古代ギリシャ社会を念頭におくハンナ・アーレントであり, 法学における公法と私法の区別もこの線に沿っている。これに対し, ユルゲン・ハーバーマスや, 家族論やジェンダー論の言う公私の分離は, 後者の立場に立っている。

　後者は経済的公共性論と呼ばれることもあるが, 経済だけに限定する必要はあるまい。近年注目されているNPOやNGO, ボランティアなどの担う公共性は, 市民社会の市場に還元されない部分に対応しており, 社会的公共性とでも呼ぶべきである[1]。そもそもハーバーマスのいう公衆の集った結社が, この位相に属する（Habermas, 1962）。

　では, 公共性の反対概念は, 三層構造のどこに位置づくのだろうか。公共性の反対語としては,「親密性（intimacy）」,「私性あるいは私秘性（privacy）」,「家内性（domesticity）」という概念のいずれもが用いられる。これらは, 上述のようにみな近代家族の性質として列挙されるものである。しかしその意味するところは少しずつずれる。三層構造のまん中の市民社会, とりわけ市場を（政治的公共性との対比で）「私的」領域と観念することはあっても, あとの二つの概念は家族にしか対応しえない。特に「家内性」という概念は, 定義により家族に関係づけられている。すなわち公共性の三つの反対概念が重なる空間は家族でしかありえない。「公私の分離」と言う場合, 家族とそれ以外の領域との分離, すなわち近代家族の成立と等値されがちなのはそのためであろう。

　しかしここに歴史性, すなわち時間という軸を導入すると, さらに興味深い事態が生じる。安定した三層構造が存在すれば, 公共性の三つの反対概念には「家族」という一応の具体的な社会的場所が与えられる。しかし, ひとたびその構造が揺らげば, 親密な関係は家内には限られなくなり,「私」の場所は確

定できなくなる。この混乱は，反対概念である公共性にも波及せずにはいられまい。

Ⅲ 「第2の近代」と市民社会の全域化

時間という相を入れてみれば，いったん成立した構造は不変ではない。近代社会の変質は，1970年代頃から指摘されるようになった。来るべき時代はまず「ポストモダン」（脱近代）と呼ばれたが，1990年代以降は「第2の近代」（Beck），「再帰的近代」（Beck, Giddens），「リキッド・モダニティー」（Bauman），「市場独裁主義」（Bourdieu），「ニューエコノミー」（Reich）など，近代の新たな局面としての見方が一般的になっている（山田，2004）。

本章の文脈でいえば，明確な三層構造が揺らぎ出すのが，新たな時代の合図である。変質の起こる前と後の時代を，「第1の近代」と「第2の近代」と呼んでおこう。

近代の新たな局面は，政治的には冷戦の終結とソ連邦の崩壊を画期とする。そこからアメリカへの一極集中が始まり，経済的には市場経済の全域化が始まった。これは，近代社会のヘーゲル的三層構造の変容といえる。経済的公共性が，あるいは市民社会が，国家を領域的に凌駕し始めたのだから。これを市民社会のマクロ方向への拡大と呼んでおこう。

他方，家族という観点からみると，新たな局面は欧米では1970年代から始まっていた。

そもそも近代の家族変動は，2回の人口転換（demographic transition）と関係づけて論じるべきだと筆者は考える。通常言われる意味での人口転換とは，高出生率・高死亡率（多産多死）の社会から低出生率・低死亡率（少産少死）の社会への転換であり，経済領域の産業革命に匹敵する変化と考えられる。1夫婦あたりの子ども数を減らす出生率低下は，1人の子どもに愛情と費用をかけて育てる近代家族の子ども中心主義の結果であり原因でもあるから，近代家族が多数派になったことの指標といえる。また死亡率の低下のため，人生は安定性と予測可能性を増し，結婚の絆も永続きするようになった。誰もが家族に

属することを前提とする近代家族の体制は，人口転換があって初めて実現可能となった。家族に属さない人が多くては，家族・社会・国家の三層構造も安定しない。

　西ヨーロッパやアメリカ，日本などの資本主義諸国では，近代家族の時代に，女子労働力率の低下を経験した。女性の「主婦化」である。インドの経済学者シンハは，国連の収集したデータを分析して，経済発展と既婚女性の労働力率との間にはU字型の関係があるという仮説を立てた。発展の初期の段階では，農業やその他の伝統産業の縮小により，女性の雇用機会が減少する。また家族収入が増加するので，女性が働く必要も低下する。女性の雇用機会が再び拡大するには，近代的産業がさらに発達して労働需要が拡大するのを待たねばならないというのである。U字パターンはILOなど他の研究でも裏づけられている（大沢，1993）。男性が稼得役割を担い，女性は家事育児に専念するという性別分業もまた，多くの地域で近代家族の特徴とされる。

　ところが1960年代末になると，北西ヨーロッパを皮切りに，人口再生産水準を割り込む出生率低下や離婚率の上昇が始まった。この変化は当初は短期的なものかとも思われたが，不可逆的とみえるほど継続しているので，「第2次人口転換」と呼ばれるようになった。同時に法的な結婚をしない人々が増加し，今日では北ヨーロッパでは4割以上，西ヨーロッパでは3割以上の新生児は婚外子として生まれている。女子労働力率も70年代から上昇を続けている。U字の右辺の上昇が始まり，性別分業が変容し始めたのである。

　このように列挙できるヨーロッパの家族変動のもっとも中心的な要因は何なのかと考えると，結婚が不安定では性別分業をするわけにもいかない，子どもも産みにくいというように，結婚の崩壊がもっとも中心的であるように思われる。ヨーロッパでは結婚という制度が崩壊したとすら言われる。生涯のいつの時期にパートナーをもつか，あるいは一生もたないか，子どもをもつかもたないかはライフスタイルの問題になり，結婚制度によらない同棲が増え，同性との生活を選ぶ人々も出てきた。

　一組の男女を生涯にわたって結びつける結婚が崩壊した以上，社会の基本単位はもはや家族ではなく，個人となったといわざるをえない。市民社会論の観

点からこの事態を見ると，公共領域の侵入を阻む家族という壁が無くなって，個人が直接に公共領域に曝される状況といえる。これを市民社会のミクロ方向への拡大といっておこう。

このように，「第2の近代」はハーバーマスが名づけたときとは別の意味での公共性の構造転換を引き起こす。それはマクロ方向には国家を超え，ミクロ方向には家族の壁を突き破る，マクロとミクロ双方向への公共領域の拡大である。「市民社会の全域化」といってもよいかもしれない。

市民社会の全域化の行き着く果ては，マクロ方向では世界が一つの市民社会となることである。国民国家や領域国家は市民社会に包摂されて地方政権となる。その場合，「国家」の替わりに法を担保するのは，国家の連合である国際連合であろうか，帝国化した一つの国家だろうか。国際的に活躍するNPOやNGOの果たす公共的役割にも注目が集まっている。

ではミクロ方向の行き着く果ては，どのようなことになるのだろうか。私的領域の極小化，というのがその答えだろう。私的領域は一人一人の個人にまで縮小し，「家内性」という概念は成り立たなくなる。「家内性」に替わって前面に出てきたのが「親密性」という概念である。「親密性」は個人と個人の間の「特別な関係性」として定義できるので (Giddens, 1992=1995, 95頁)，家族とは無関係に存在できる。ギデンズが『親密性の変容』で言うように，個人は純粋な関係性を求め続けるようになり，他者への希求は激しさを増すものの，関係は永続しない。人々は家族のような親密な関係に背を向けたのではなく，より純粋にそれを求めるがゆえに個人化せざるをえないである。

法に注目すれば，近代家族の時代は「法は家庭に入らず」という言葉に象徴されるように，家族の内と外では法の効力が違うという性格があった。一般的には傷害事件や窃盗事件とみなされるケースが，家族間で起これば事件とされないというように。

これに対し，近年多くの国々で制定されているドメスティック・バイオレンス防止法（以下DV法）は「家庭に入る法」の典型である。児童虐待を防ぐための児童相談所の問題家庭への介入も，マスコミや世論の支持を得ている。近年の欧米の家族政策を特徴づけているのは「家族は危険なものでありうる」と

いう発想だという（W. デュモン）。家族への公権力の介入を要請する根拠である。DV法は女性の人権を守る法として評価されるが、その論理的延長である親からの子どもの保護という方向には、一抹の危惧がないわけではない。[2]

Ⅳ　日本とアジアの近代

以上、「第1の近代」と「第2の近代」における近代社会の構造変化を、特にヨーロッパにおける家族と市民社会との関係に焦点を当てながら概観してきた。しかし、それと同じ変化が日本で、また他のアジア諸社会でも起きたのかどうかについては、さらに検討しなければならない。

前述のように、家族の変化は人口転換と密接に関連しているので、まず日本を含めたアジアの数カ国における出生率の低下の時期を見てみよう。図5-1に示したように、日本では第二次世界大戦後、ベビーブームの直後の1950年代に、合計特殊出生率（TFR）が4.32（1949年）から2.04（1957年）にまで急落した。この低下の速度は類例がないといわれたが、ほどなくアジアの国々

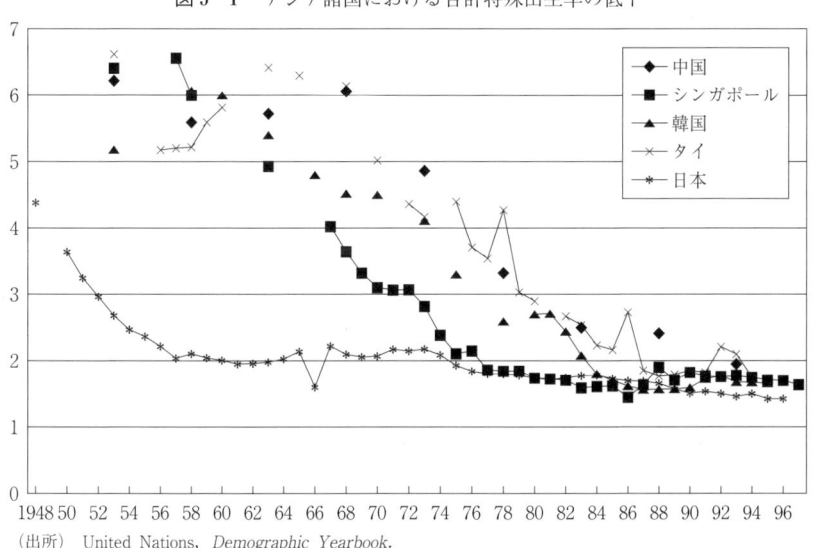

図5-1　アジア諸国における合計特殊出生率の低下

（出所）United Nations, *Demographic Yearbook*.

が次々に急降下を開始した。シンガポール，韓国では1960年頃から，タイ，中国では1960年代末から低下が始まり，合計特殊出生率が2.0を下回ったのはそれぞれ1970年代半ば，80年代初め，80年代末，90年代初めであった。

　西ヨーロッパにおける出生率低下は，フランスを除けば，1880年代から1930年頃までに起こっている。出生率がいったん下げ止まった時点，あるいは人口置換水準まで低下した時点を第1次人口転換の終了と考えれば，ヨーロッパと日本以外のアジア諸国では約半世紀のずれがある。1950年代に出生率転換を経験した日本は，時期的にはちょうど中間の微妙な位置にある。GDP上昇の順序や時期と人口転換の進行とはおおむね対応しているようだ。

　出生率低下についてもう一つ留意すべきなのは，出生率がいったん下げ止まってから，第2次人口転換に対応する2度目の低下が始まるまでの期間の長さである。この時期は，近代家族が社会のほぼ全階層に成立した時代と考えることができる（落合，1994=2004）。いわば「大衆近代家族」の時代であり，「第1の近代」である。二つの人口転換の間の期間は，ヨーロッパやアメリカでは約50年，日本では20年，アジア諸国ではそれより短い，というよりほとんどないに等しい。第2次人口転換を特徴づける離婚率増加などの現象も，韓国，中国などではすでに観察される。アジア諸国は安定した大衆近代家族の時代を経験するのだろうか。あるいは「第1の近代」の確立を経ずに「第2の近代」に突入していくのだろうか。

　第1次人口転換は，前述のように結婚にも影響を及ぼした。死亡率の低下が結婚の絆の安定化をもたらしたのである。しかし，伝統的結婚慣習は社会による違いが大きいので，アジアを視野に入れるときは，転換以前の文化的差違を考慮に入れなくてはいけない。日本ではキリスト教による離婚の禁止がなかったため，離婚と再婚がきわめて多かった。明治以降1940年頃まで離婚率は傾向的に低下し，死亡率低下と重なって，日本の結婚の安定性は飛躍的に高まった（落合，2000）。アジアには，伝統的に離婚や再婚を嫌った韓国や中国のような社会と，離婚・再婚や婚前性交渉が自由だった東南アジアのような社会との両極がある。日本の近代以前のライフコースは，結婚を中心にみる限り，明らかに東アジアより東南アジア的だった。

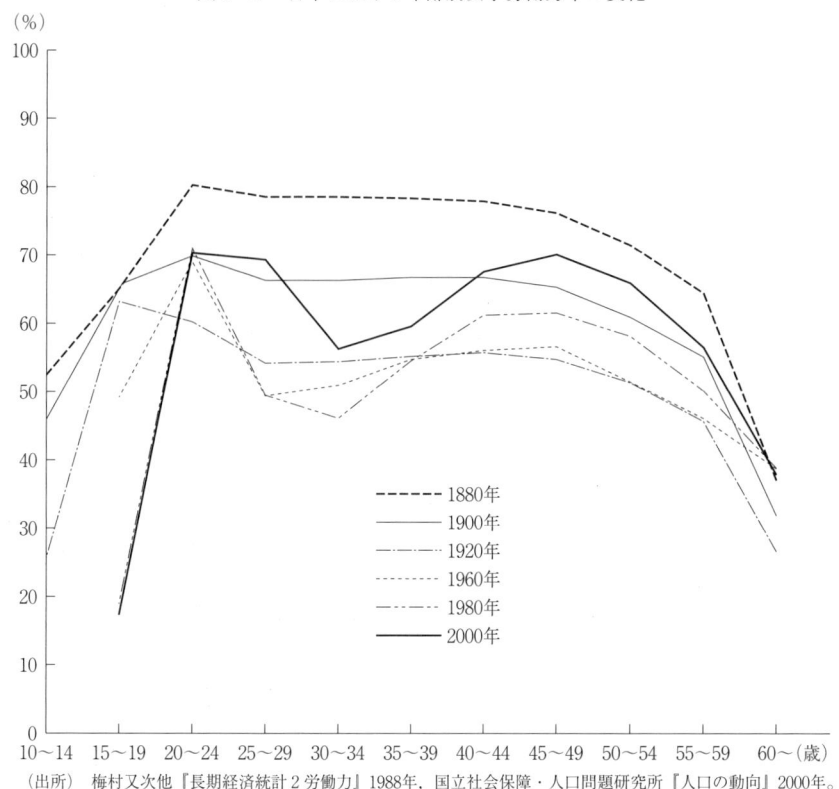

第5章　アジア市民社会における家族とジェンダー

図5-2　日本における年齢別女子労働力率の変化

(出所) 梅村又次他『長期経済統計2 労働力』1988年，国立社会保障・人口問題研究所『人口の動向』2000年。

　多様な社会が一定の構造をもった近代社会に変貌していくのが近代だが，変化の方向は初発の社会状態によって当然異なる。アジアはヨーロッパより文化的多様性の幅が広いので，近代を同じ方向への変化と捉えることはできない。
　ジェンダーに関しては，さらに伝統や文化による多様性が大きい。それのみならず，近代社会の編成のしかたによっても，違いが出る。日本，韓国，中国，シンガポール，タイにおける年齢別女子労働力率の変化を比較すると実に多様なアジアの姿が浮かび上がる (落合，2005b；Ochiai 2007 forthcoming)。日本の戦前の数値は推計値ではあるが，明治維新後まもない1880年には20代から40代まで70％台後半を保ち続けており，結婚や出産による中断がみられない（今日のアメリカやスウェーデンなどと同じ）台形型を描いていたと考えられる

135

(図5-2)。斎藤修は，2世代の夫婦の同居を規範とする直系家族制が世代間の家事労働と農業労働の分業を可能にし，若い世代の女性（多くは嫁）の労働力率を高めていただろうと考察する（斎藤，1991）。近代以前の日本は国際的にみても女性がよく働く社会だった。そこから戦前期にはレベルの低下が起こり，戦後になるといわゆるM字型が成立する。女性の「主婦化」である。

アジアにも視野を広げると，近代化以前のパターンも，近代過程での変容も，多様であることにあらためて驚く。タイは1960年も現在も台形型を示し，学校教育の普及による10代での低下がみられるくらいである。タイのみならず，東南アジアの女性がよく働き，財産権も強いことは，大航海時代のヨーロッパ人も書きのこしているほど古くからの伝統である（Reid, 1993）。アジア南部の米作地帯では一般的に女性の労働が重用されるが（瀬地山，1996），近代の半ばまでの日本はまさにこのタイプの社会だった。

中国は生産力重視のために女性の労働力化を推進する社会主義政策をとったので，主婦化というよりむしろ労働力化が起こった。社会主義ではないがシンガポールもまた経済発展優先政策のため，女性の労働力化を政策的に奨励してきた。韓国は，1960年代以降は日本とよく似たM字型パターンをとるようになったが，それ以前に日本と同じほどの低下があったという確証はない。儒教規範の浸透や農業の性格のため，女性の労働力率は日本やタイほど高くなかったのではないか。

アジアにおいて近代はジェンダーに何をもたらしたのか，という問いへの答えは簡単ではない。第1次人口転換の終了を「第1の近代」の確立と考えると，シンガポールでは1970年代半ば，韓国では1980年代初め，タイと中国では1990年前後がその時期にあたるが，その前後もシンガポールや中国ではむしろ女性の労働力化が進行しており，主婦化仮説は当たらない。

とはいえ，ごく最近になって，シンガポール，タイ，中国のように育児期に共働きを続けてきた社会にも異変が起こっている。失業のため，あるいは保育所不足のためにやむなく，あるいは教育のために自発的に主婦になる女性が出現してきているのである（落合，2005c）。ではこれから女性は主婦となり，アジア諸国もヨーロッパや日本が経験したような近代家族を作るのだろうか。人

口学的にもすでに「第2の近代」になし崩し的に入っていることを考えれば，予測も簡単ではない。今後の道筋を決める重要な要因として，国家のとる政策に着目する必要がある。

V　家族主義という選択

　スウェーデン，ドイツ，アメリカ，日本の4カ国について，1970年以降の女性と高齢者の就業パターンを比較した岩井八郎は，「日本はこの4半世紀の間，例外的に変化の乏しい社会であった」と結論している（岩井，2002）。

　2000年の「国勢調査報告」では，30代前半の女性の労働力率は大きな落ち込みを見せた。2000年に30代前半といえば，1966-70年生まれの，いわゆるバブル世代である。20代後半まで高い労働力率を維持して日本女性の生き方や家族のあり方を変えるかといわれたが，30代に入ると次々に結婚・出産し，家庭に入っていった。女性就労のM字型の年齢パターンは結局変わらなかった。

　日本において第1次と第2次の出生率低下の間に出現した時代を「家族の戦後体制」ないしは「家族の55年体制」と呼んでおこう（落合，1994；Ochiai, 1997, 2004）。日本において近代家族が一般化した時代，三層構造がもっとも安定した時代ということができる。出生率や離婚率などの人口学的指標に注目するかぎり「家族の戦後体制」は1975年頃まで続き，それ以降は変容を始めたと考えられる（落合，1994）。しかしジェンダーに注目すると，1975年以降にも強固に残る「家族の戦後体制」の呪縛力こそが，解明すべき課題と見える。日本では75年以降にいったい何が起こったのだろうか。

　戦後の女性労働変化の基調は，1975年までは非農林雇用者化と主婦化，1975年以降はパート化に特徴づけられる（盛山，2000）。高度成長期に入った1955年以降，農林業および自営業で働く女性の比率が低下し，非農林雇用者層が急速に拡大する。農林業を含めた自営業に従事する女性の多くは既婚だったので，この部分の縮小が既婚女性の主婦化をもたらした。女性全体の就業率も，1975年まで低下する。

　しかし，急速な雇用労働者化は，1960年代のうちに，早くも既婚女性を雇

用の場に駆り出した。自営層をのぞいた就業率を表す「市場労働部門内就業率」(田中，1999) を求めれば，雇用者に関する限り，女性の職場進出が進んできたのは明かである。

ただしフルタイムとパートタイムを区別すると，1970年代前半を転換点にした劇的なトレンドの変化があった。50年代から60年代にかけて進行してきた女性のフルタイム雇用労働者化の動きが，オイルショックの時期に止まって，70年代後半以降はパートタイム雇用だけが拡大している (田中，1999)。オイルショックという危機に対応するための日本経済の再編成に際して，女子労働の位置づけが変化したのである (落合，2005b；Ochiai 2007 forthcoming)。

パートタイムという働き方は，子育て後に再就職する中高年既婚女性のための，家庭役割と抵触しない働き方として定着したもので，主婦役割を第1に置いた「兼業主婦化」である。70年代後半以降，表面的には脱主婦化が進んだようにみえて，内実は「新性別分業」(男は仕事・女は家庭と仕事) が固定した。

オイルショック後の経済危機に立ち向かうため，企業は男性の雇用を維持したままでの減量経営の道を探った。おりしも1973年は「福祉元年」と呼ばれ，福祉国家への一歩を踏み出す年のはずだったが，政府はこれを断念して「自助努力と家庭及び地域社会の連帯」を掲げる「日本型福祉社会」路線へと転換した。女性を福祉の担い手としつつ景気の調節弁とするために，女性のパートタイム雇用が政策的にも推奨されたのである (木本，2004)。すなわち高度成長期の大衆近代家族が，修正されつつも強化されて固定された。さらに80年代になると，大平内閣の「家族基盤充実」要綱のように「家族」は明確に政策課題とされ，専業主婦がすでに減少傾向にあったにもかかわらず，一連の「主婦の座」優遇策が実現された。配偶者法定相続分の引き上げ (1980年)，サラリーマン家庭の主婦に保険料免除で年金権を保証する年金改革 (1985年)，配偶者特別控除の創設 (1986年) などである (落合，2005b；Ochiai 2007 forthcoming)。

そもそも家族政策を「家族単位モデル」と「個人単位モデル」とに区別すると，60年代までの日本の政策は，すべての領域で家族単位モデルであったといえる (横山，2002)。年金や所得税は個人単位であったが，配偶者控除を設け (1961年)，課税最低限も夫婦と子ども2人の標準家族を前提として定めるな

ど，運用は家族単位であった。ケアワークは女性が私的領域で行うものという認識で，公的保育は「保育に欠ける」児童に限定された。労働政策は男性世帯主の雇用保障が中心であった。とはいえこの時代にはヨーロッパとアメリカの国々も軒並み男性を一家の稼ぎ手と考える古典的な家族政策をとっていたので，日本が例外というわけではなかった（Esping-Andersen, 2001）。

　世界がいくつかのクラスターに分岐するきっかけとなったのが，オイルショックだった。日本が家族主義的政策をいっそう明確化した同じ時期に，ヨーロッパやアメリカの先進諸国では男性の失業や経済力低下のために従来の家族モデルを維持できなくなり，女性の就業率が上昇し，家族政策も「個人単位モデル」を取り入れる方向に転換した。とりわけスカンディナビア諸国ではこの方向が顕著だった。本章での表現を用いれば，「第2の近代」における市民社会のミクロ方向への拡大である。1975年の国際婦人年に続く男女差別撤廃の国際的潮流は，ヨーロッパ諸国のこうした変容にも後押しされていた。

　この流れの中で日本でも男女雇用機会均等法が成立したが（1985年），同時期に再強化された古典的家族モデルとのせめぎ合いは，均等法下での「総合職」と「一般職」とのコース分けという妥協を生み，パートタイム雇用というかたちで女性のあいまいな立場が固定された。夫婦別姓などを含む民法改正も何度も提案されながら，いまだ実現していない。すなわち今日の日本の「変わりにくい家族」は，オイルショック後に政策的に作られた面が大きいのである。

　では日本以外のアジア諸国はというと，80年代の「アジアの奇蹟」を受けて，90年代に入るとやはり独自の主張を表明し始めた。93年の国連人権会議では，人権や民主主義の普遍性を主張する欧米諸国と，秩序維持やコンセンサスを重んじる「アジア的価値」を強調するアジア諸国，とりわけ中国とシンガポールが対立したが，これが「アジア的価値」論争である。「アジア的価値」の中核には「家族の価値」が置かれる。シンガポールのリー・クアンユー上級相は94年に「家族の絆──東洋が成功した要因」と題する演説を行っている（田村，1999）。「家族の価値」とは，高齢者と子どものケアの担い手としての専業主婦役割強調という近代家族的側面と，高齢者の家族による扶養をうたう「伝統的」側面とを結合した家族理念である。シンガポールと中国が親孝行を

法律化した「両親擁護法」、「老年人権益保障法」を制定したのも、このような流れの中でのことである。(篠崎,1999)。「ルック・イースト（日本を見よ）」というスローガンにも示されるように、アジア諸国は日本をモデルとみてきたが、今後は日本以上にあからさまに家族に基礎をおく「アジア型福祉社会」の方向を押し進めていく可能性もある（落合,2005b；Ochiai 2007 forthcoming）。

VI　アジア市民社会のゆくえ

　ではアジアの市民社会は、経済や人口面において「第2近代」に突入した現在にあっても、家族と（本章では論じられなかったが日々メディアで報道される事象からも明かなように）国家をむしろ強化することにより、市民社会の全域化に抗していくのだろうか。そうすることにより、ヨーロッパやアメリカと区別される、独自のアジア市民社会を作り上げていくのだろうか。

　しかし、そうした将来展望には、いくつもの疑問がある。第一に家族の再強化や家族の自助努力を強調する福祉政策は、アメリカのような自由主義レジームやドイツ・イタリアのような保守主義レジームの社会にも共通して見られる傾向である。「第2の近代」に入って、多かれ少なかれ個人単位モデルによる社会設計に向かいつつあったヨーロッパやアメリカの諸社会でも、高齢化とグローバル化の圧力により反動も生じている。

　そもそもアジアの家族主義は、しばしば誤解されるように共通の伝統を基盤にしているわけではない。儒教の浸透度は国によって違い、仏教やイスラム教の国もある。人類学的に見れば親族組織のタイプもさまざまで、ジェンダーについての伝統も結婚についての慣習もすでに見てきたように多様である。「アジア」とは伝統的にあるものではなく、政治的・政策的な手法として、まさに今、国家により創造されつつあるのではなかろうか（Goodman and Peng, 1996；宮本・ペング・埋橋, 2003）。その場合、逆立ちしたオリエンタリズムといおうか、個人主義ではなく家族主義、民主主義ではなく国家主義というように、欧米文化と反対の（とアジアで考えられている）価値があえて強調されるが、実は現在のヨーロッパやアメリカでもそうした方向への揺れ戻しがみられる。

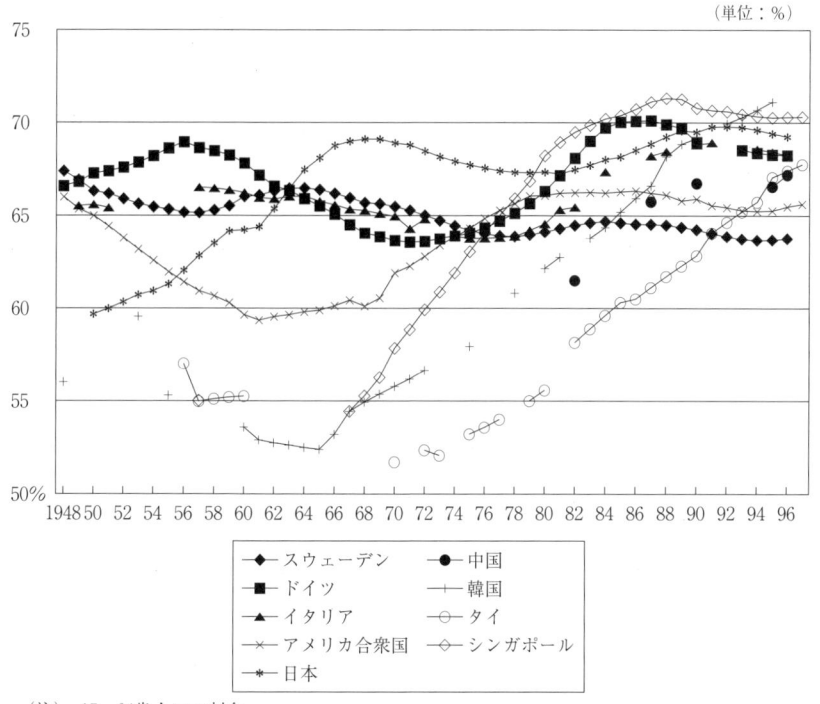

第5章　アジア市民社会における家族とジェンダー

図5-3　生産年齢人口割合の変化

(単位：%)

[グラフ：1948年から1996年までの各国の15～64歳人口割合の推移]

凡例：
◆ スウェーデン　● 中国
■ ドイツ　　　　＋ 韓国
▲ イタリア　　　○ タイ
× アメリカ合衆国　◇ シンガポール
＊ 日本

(注)　15～64歳人口の割合。
(出所)　United Nations, *Demographic Yearbook 1997*, *Historical Supplement*.

　では，作りものであるにせよ，家族主義はこれからの人類社会の設計のために有効なのだろうか。最後に人口構造についての二つのグラフをみてほしい。図5-3はヨーロッパとアジアのいくつかの国々について，生産年齢人口割合の年次変化を示したものである。人口転換が20世紀初頭に終了しているスウェーデンは戦後すぐから低下傾向に入っているのに対し，日本は60年代から70年代前半にかけて圧倒的な高率を保ち，アジア諸国は70年代以降まさに日の出の勢いである。

　人口転換においては死亡率低下が出生率低下に先行する傾向があるので，多くの場合は移行期に他世代に比べて人口規模が大きい多産少死世代が出現する。その世代が生産年齢にあり，幼少人口はすでに縮小しているとき，社会は最大

141

の労働人口で最小の従属人口（幼少期と高齢期の人口）を養えばよいという経済的好条件を得るということである。この状態を「人口ボーナス」あるいは「人口学的配当（demographic dividend）」と呼ぶ。

人口ボーナスは，経済のみならず，家族形成のためにも有利な条件である。壮年世代の規模が大きいので，老親の世話も子育ても，大勢の兄弟姉妹で助け合いながらすることができるからである。日本家族は高度成長期からオイルショックの少し後までそうした好条件に支えられていたが，アジア家族はまさに現在それを受けている。

現在の日本と他のアジア諸社会の人口の年齢構造を比較してみると，日本だけが高齢期に膨らみがあるが，他の社会はまだ壮年期が膨らみ，高齢期は細く年少期も縮小した人口ボーナス型の構造を示している（落合他編 2007 刊行予定）。

現在の日本は 60 年代とは違う。親族の数が減少してしまった現在，60 年代と同じ仕組みが機能するわけはない。日常化している幼児虐待や親殺しなどは抱えきれない負担を家族が背負わされていることの証左ではないか。ひきこもりや家庭内暴力など青年期の問題も，家族がもはや子どもの移行期の支えきれないことを示している。現在は最強の親族ネットワークに支えられているアジア諸社会の家族も，1 世代後には現在の日本と同じ困難に直面する。すでにタイや韓国などの超低出生率は，育児を家族の責任として保育施設の整備を怠ってきた政策のツケだといわれている（落合，2005c；落合他編 2007 刊行予定）。

家族主義は「第 2 の近代」において有効な社会構想の支柱にはなりえないばかりか，弱まった家族にさらなる負担をかけることで，家族と社会の解体をいっそう加速するという危険に目を開かなければならない。

　　＊　本論文は，日韓シンポジウム「市民社会の生成と法の役割」における報告論文，およびそれを発展させた落合（2005a），落合（2005b）をもとに改稿したものである。

注
(1) 三成美保は，政治的市民社会（近代国家），経済的市民社会（市場経済），非政治的・非経済的市民社会（公共圏）を区別して，「市民社会 3 元モデル」と呼んでいる（三成，2005）。三成はコーエン，吉田克己，山口定に依拠している。

(2) さらに，アメリカの中絶論争から発展してきた胎児の保護のための女性の身体への介入という方向はどう評価すべきだろうか。荻野美穂によれば，1970年代後半から1980年代前半にかけてそうした判決が相次ぎ，産婦の意志に反して帝王切開を命じたり，病院に強制入院させたりすることがあったという（荻野，2001，235頁）。この段階では，個人ももはや私的領域とはなりえない。公的領域が女性の皮膚を貫いて子宮の中にまで介入してくる。市民社会のミクロ方向への拡大は，理論的にも実践的にも未解決の問題を多くはらんでいるのである。

参考文献

Bauman, Zygmunt（2000）*Liquid Modernity*／森田典正訳（2001）『リキッド・モダニティー』大月書店.

Beck, Ulrich, Giddens, Anthony and Lash, Scott (1994) *Reflexive modernization*／松尾精文他訳（1997）『再帰的近代化』而立書房.

Brunner, Otto（1968）*Neue Wege der Verfassungs-und Sozialgeschichte*, Vandenhoeck & Ruprecht, Gottingen／成瀬治他訳（1974）『ヨーロッパ　その歴史と精神』岩波書店.

Esping-Andersen, Gøsta,（2001）*A Welfare State of the 21st Century*／渡辺雅男・渡辺景子訳（2001）『福祉国家の可能性』桜井書店.

Giddens, Anthony（1992）*The Transformation of Intimacy*, Polity Press／松尾他訳（1995）『親密性の変容』而立書房.

Goodman, Roger and Ito Peng（1996）"The East Asian Welfare State," Esping-Andersen ed., *Welfare States in Transition*, London : Sage／埋橋孝文監訳（2003）『転換期の福祉国家』早稲田大学出版部.

Habermas, Jürgen（1962）*Strukturwandel der Öffentlichkeit*, Berlin／細谷貞雄訳（1973）『公共性の構造転換』未來社.

Hegel, Georg Wilhelm Friedrich（1821）*Grundlinien der Philosophie des Rechts*／上妻精他訳（2001）『法の哲学』岩波書店.

星乃治彦（2005）「ヴィルヘルム2世の性愛と帝国の終焉」若尾裕司・栖原彌生・垂水節子編『革命と性文化』小川出版社.

岩井八郎（2002）「ライフコース論からのアプローチ」石原邦雄編『家族と職業』ミネルヴァ書房.

Kant, Immanuel（1797）*Die Metaphysik der Sitten*／樽井正義・池尾恭一訳（2002）『人倫の形而上学』（カント全集11）岩波書店.

木本喜美子（2004）「現代日本の女性」後藤道夫編『岐路に立つ日本』吉川弘文館.

三成美保（2005）『ジェンダーの法史学』勁草書房.

宮本太郎・イト・ペング・埋橋孝文（2003）「日本型福祉国家の位置と動態」エスピン-アンデルセン編『転換期の福祉国家』早稲田大学出版部.

落合恵美子（1994）（1997）（2004）『21世紀家族へ』有斐閣，（韓国語訳2004）.

Ochiai, Emiko（1997）The Japanese Family System in Transition : A Sociological Analysis of Family Change in Postwar Japan, Tokyo : LCTB International Library Foundation.

落合恵美子（2000）『近代家族の曲がり角』角川書店.

第 I 部　市民社会の諸相

Ochiai, Emiko (2004) *21 Segi Gajokege : Ilbon wi Gajok goa Sahoe*, (in Korean), Seoul : Yangseowon.
落合恵美子（2002）「書評・荻野美穂著『中絶論争とアメリカ社会』」『女性史学』12.
─── （2005a）「エロティックな公共性」若尾佑司他編『革命と性文化』小川出版社.
─── （2005b）「世界の中の戦後日本家族」歴史学研究会・日本史研究会編『日本史講座 10 戦後日本論』東京大学出版会.
─── （2005c）「現代アジアにおける主婦の誕生」『日本学報』24 大阪大学大学院文学研究科日本学研究室.
Ochiai, Emiko (2007 forthcoming) "The Postwar Japanese Family System in Global Perspective : Familism, Low Fertility, and Gender Roles," *US-Japan Women's Journal,* 29.
落合恵美子・山根真理・宮坂靖子編（2007刊行予定）『アジアの家族とジェンダー』勁草書房.
荻野美穂（2001）『中絶論争とアメリカ社会』岩波書店.
大沢真知子（1993）『経済変化と女子労働』日本経済評論社.
Reid, Anthony (1993) *Southeast Asia in the Age of Commerce, 1450-1680,* Yale University Press. 2002／平野秀秋・田中優子訳（2002）『大航海時代の東南アジア』法政大学出版会.
斎藤修（1991）「農業労働と女子労働」『経済研究』42-1.
瀬地山角（1996）『東アジアの家父長制』勁草書房.
Sedgwick, Eve K. (1985) *Between Men*, Columbia University Press／上原他訳（2001）『男同士の絆』名古屋大学出版会.
盛山和夫（2000）「ジェンダーと階層の歴史と論理」盛山編『日本の階層システム 4 ジェンダー・市場・家族』東京大学出版会.
篠崎正美（1999）「東アジアの高齢化といわゆる『親孝行法』」田村・篠崎編『アジアの社会変動とジェンダー』明石書店.
田中重人（1999）『性別分業の分析』（博士論文）大阪大学大学院人間科学研究科.
田村慶子（1999）「創られる『家族の肖像』──『アジア的価値』とシンガポールの女性」田村・篠崎編『アジアの社会変動とジェンダー』明石書店.
山田昌弘（2004）『希望格差社会』筑摩書房.
横山文野（2002）『戦後日本の女性政策』勁草書房.

第6章

既婚就業女性の隠された「二重役割」
――母性政策関連法を中心として――

梁　鉉娥

I　女性関連法と「二重役割」への視角

(1) 韓国における女性運動の成長と立法

　1990年代は韓国の女性運動にとってめざましい成長期であった。1980年代には民主化運動の「部分運動」に過ぎなかった女性運動は，1990年代を通して独自の理念をもった運動として成長した。「私的問題」であるとして社会的にあまり表面化しなかった領域が可視化され，「家族法身分編」の戸主制度および同姓同本禁婚の違憲性を争う訴訟が提起されたのもこの1990年代であり，同時にセクシュアリティの領域において暴力に対する社会的意識も高揚した。また，この期の運動で目立ったのは，特に女性差別と人権蹂躙について，訴訟と立法を通じ是正しようとする努力であった。その結果，1990年代にはいわゆる「女性関連法」があふれるようになる。男女雇用平等法 (1989)，女性発展基本法 (1995)，性暴力特別法 (1994)，家庭暴力防止法 (1997)，男女差別禁止および救済に関する法律 (1999) などがそれであり，民法の戸主制度廃止問題は2004年9月現在進行中の法改正運動の一つである。

　このような過程と並行して，女性に関する争点を専門的に担当する国家機関が設けられている。国連女性差別撤廃条約の批准 (1984) に合わせた女性政策審議委員会 (1983)，その後政務第二長官室 (1988)，大統領直属女性特別委員会 (1999) に続いて2001年1月には女性省 (Ministry of Gender Equality) が新設された。また，各地方自治体に女性政策専担機構が設けられ，女性政策の樹立および執行の体制が整った。女性政策樹立の基礎となる女性発展基本法 (1995) においては，その冒頭部分に女性政策の範囲・目的・主体などが明示

されている。同法制定以後高位の公職への女性の進出も目覚ましく,2003年にスタートした盧武鉉政権初期内閣では,法務部・保健福祉部・環境部・女性部で女性が長官として任命されたが,特に男性の牙城と呼ばれてきた法曹界の変化は際立って象徴的なものであった。すなわち初の女性法務長官に続き,初の女性憲法裁判所裁判官(2003),女性大法官(2004)が誕生したのである。立法部における女性進出も拡大し,例えば2004年6月に開会した第17国会では女性議員は39名であり,議員全体299名中13％を構成していた。

このような変化が韓国の女性と男性の社会生活にもたらした効果は甚大である。それは,社会生活の多様な側面,争点となっている問題,また男女の階級的位置などによって相異なるであろうが,韓国社会が女/男の関係・役割・イメージ等において大きな変化を経験していることは間違いなく,それは人口・家族・労働・文化・教育等の広い範囲に影響を及ぼしている。

もちろん,「女性問題」と呼ばれてきた諸問題とは,「女性の問題」ということではなく,男女間の力の不均等な関係が女性を通じ表出した状態のことをあらわす問題である。このような意味において,女性問題はジェンダー問題であり,また社会の構造的諸問題であって,歴史的諸問題でもある(Scott, 1988;Barlow, 1996;Chatterjee, 1989)。そうであるとすれば,女性関連法および政策の樹立にあっては,男女関係の構造的再構成という見地に立たねばならず,またそれは新たな正義原理を追求するものでなければならない。もっともそれはただ単に「女性たちの利益」のために樹立される法と政策のことを指すものではない。ゆえに「女性関連」法および政策においては,法女性学および法社会学的研究が要請されるのである。

本章はこのような見地に立脚した,韓国の既婚就業女性のいわゆる「二重役割」現状に対する,法女性学・法社会学的探究である。既婚女性の二重役割は,夫婦が共に職場生活をしながらも,女性が家庭生活の第一次的な責任者の役割を常に遂行しつつ,なおかつ職場での責任も担わなければならないという場合に発生する。それは,家庭の仕事は女性の仕事であるという社会通念と役割期待に基づいて,既婚就業女性が家庭と職場において二つの役割をもつことになる状況を意味するのである。男性の場合大部分が家族扶養者という中心的役割

から家庭での責任と職業役割を調和させるが，女性にとってそれらを調和することは難しい。このため多くの既婚職業女性たちが，多重役割が要求されることに起因する極端な情緒的・身体的疲労症候群である消耗症候群 (burnout syndrome) に陥っているのである（李銀栄，2004，85頁）。ここでは，男女間における，職業役割と家族役割間の，「調和」の性格の差異に注目したい。これはただ単に男女役割の問題ということではなく，ある社会における公私領域の再構成と調和の問題なのである。

（2）「二重役割」問題をどうとらえるか

女性の「二重役割」について，これを法と政策が意図的に促進したとみるのは難しいが，法と政策がそのような問題を間接的に生じさせた，あるいはそれに対しそれほど関心を払ってこなかった，とはいえるであろう。女性の二重役割問題とは，本来男女の教育機会・就業機会・家族構造・産業構造・価値観などは広範な社会変化に伴うものであるにもかかわらず，性役割については均等に変化しなかった結果，一種の「社会矛盾」となり発生した事象のことである。とはいえ，このような矛盾を解消するために，政策と法において単なる「女性のための政策」が必要であるという見方が生じるとすれば，それはすなわち法律家や政策立案者の社会構造に関する認識の不足によるものである。[1] ともかく，女性の二重役割問題は，法と社会の間の，関係の問題としてあらわれる。

女性の二重役割に対する法の処遇を，本章では主に「母性保護関連法」から議論する。韓国において母性政策とは，国家による出産および養育支援政策を意味する。母性政策の必要性は，1990年代を通して女性運動の主要アジェンダであった。それは，以前には「私的」領域と考えられていた領域に対する国家の責任分担をあらわすものであり，社会における私的領域と公的領域の境界線の再構成を意味するものである。また子どもの養育は大体の場合「家事労働」の一部に隠されているが，これは女性にとってほとんど一生をかけた活動であり，特に30-40歳台という旺盛な生産活動期における中心的活動であるという点で，その意味するところは実に大きい。

このようにして本章は，経験的かつ理論的な問題意識に基づき，以下の諸問

題をとりあげることになる。すなわち, (1)現在の母性保護政策からみたとき, 既婚就業女性の二重役割に対して, この政策がどのような視角と対策をとっており, またこの先どのような視角と対策が要請されるのか, (2)既婚就業女性の二重役割の現実はどのようなものか, (3)二重役割は韓国法女性学における「公／私二分法」問題にどのような示唆をなし, さらに法と社会の関係についてどのような示唆を与えるかといったことである。それでは次節から検討を進めていくこととする。

II　男女の公／私領域分割と法の態度

(1) 公／私二分法論

　社会生活に関する公／私領域二分法は, 「これまでの二世紀間フェミニズムによる著述と政治闘争の中心にあり, フェミニズム運動の全部」(Pateman, 1983, p. 281) であったといわれるように, フェミニズム研究と運動の中心テーマであった。それほど強く, 女性の社会的存在は家族・出産・養育・家事労働といった領域の内部で成立しているが, これらの領域はすなわち伝統的意味における「私的領域」である。古代ギリシャ時代から（例えばアリストテレス）「公的なもの (the public)」の意味は, 政治活動領域である社会的空間を意味していたため, 女性の公的空間からの排除はそもそも第一次的には政治的な問題であった (Elshtain, 1981)。私的空間は, 国家の干渉や統制が及ぶにはあまりにも「崇高な領域」であり, 個人の自治的領域でもあるが, ここに女性の固有な役割があるため, ルソーもロックも政治的領域からの女性排除を正当化したのである。結局同等な市民間の契約共同体としての社会とは男性による空間であり, 市民的空間からの女性の実質的排除は近代国家の欠陥であった (Benhabib, 1986 ; Fraser, 1994 ; 許羅今, 1995)。

　公／私二分法に対する数多くの議論を, あえて何点かに要約するとすれば次のようになる。まず, 公／私二分法は女性と男性の役割を暗黙裡に区分するが, 男性は公と私の全領域にわたって活動するのに対して, 女性は公的領域から排除され, 主に私的領域にその役割が固定される。次に, これにより女性は国家

による支配以前に，個別の男性（あるいは家族／親族）によって統制され，またこれを通じ国家の支配を受ける。例えば，女性の家庭内労働は経済活動とみなされず，家庭経済は男性に依存するようになり，家族と女性に対する男性の支配が正当化される。三つめに，私的領域において発生する各種の不正義――女性，児童，老人虐待と暴力など――は公的正義の問題から排除されるか，あるいは副次的な関心事となる。こうして，女性に対する差別と抑圧に対して無関心が生じる可能性は高まる。四つめに，このような女性の政治的領域からの排除に対して，多様な解釈と代案が提示されてきた。リベラル・フェミニズムは，女性の公的領域進出とともに私的領域における男女の役割共有の必要性を力説したが，その観点は主に公的世界を社会生活の中心に置くものであった。他方で，成人男性を中心とした「同等な個人」間の契約関係というリベラルな正義の基準は，むしろ従来女性が活動してきた領域には適合しないという立場もある。これらはリベラル・フェミニズムと異なり，女性の経験を再評価し，相互性とケアに基礎をおく「新たな正義論」を提示する（Ruddick, 1995 ; Held, 1995）。また，フェミニズムに立つ福祉国家理論家たちは，私的領域からなる再生産活動あるいはケア活動を福祉政策に統合する，新たな国家論を提示してきた（Sainsbury, 1999 ; Orloff, 1993）。他面，今日親密性（intimacy）と愛に対する欲求によってその価値は高まると同時に，私的世界がもつ重要性はむしろ増大する傾向を示しており，公的世界ではなく私的世界が現代社会の再構造化（restructuring）の原動力となっているという見方もある（Giddens, 1992）。

（2）性役割に対する法の態度

　男女の性役割に関する公／私二分法的配置と法との関係は，明示的ではない。それは一方では，女性は家族なる「私的領域」に属するという暗黙の前提を有した法律としてあらわれ，家父長制的前提はそのような構造を存続させる。またそれは他方においては，既婚女性と既婚男性は同じ法の処遇を受けなければならないという，リベラルな仮定をもつ法律としてたちあらわれる。

　前者の例としては，民法の戸主制度を挙げることができる。大多数の成人女

性は，戸主ではなく家族成員として配置されるが，ここには，男性は家族外部に対する代表者であり，女性は家族内部にとどまりつつ夫に属する者という意味が内包されている（梁鉉娥，1999，80-83頁）。また性暴力と家庭内暴力に対する規制において，夫婦間の強姦が認定されていないという点は，夫婦関係に対する法的規制のあいまいな態度を示している。判例からみても，未婚女性労働者が被った事故に対する損害賠償額算定において，25歳以後の逸失利益を専業主婦と同じものとして評価する法院（裁判所）の態度には，25歳以後の女性の性役割に関する固定観念があらわれている（ソウル地方法院1983.4.18宣告）。

　後者に属する法律としては次の例を挙げることができる。例えば女性発展基本法には，女性たちの家庭と職場での役割の両立を支援するために，「国家および地方自治体は勤労者が職場生活と家庭生活を両立できるよう施策を講ずる」義務があることを明示している（第23条）。この条文は表面的に性的に平等であるとしているものの，より積極的に男性勤労者の「両立」を奨励する政策となっているかどうかについては疑問の余地が残る。なぜなら，現実的には女性の「両立」のみを強要する性別分業構造が強固に存在するからである。つまり，個人主義に基礎を置いた形式的平等原理が，実質的平等，あるいは構造化された性役割の変動をもたらすかどうか疑わしいということである。しかし同じ原理が，現行母性保護関連法にも採用されているとみられる。本考察はこのような意味において，性役割構造が支配する現実における形式的男女平等原理の効果に対する省察であるともいえる。

Ⅲ　母性政策関連法

（1）母性政策関連法の骨子と内容

　母性保護の法的根拠を現行法以前にまで遡って簡単に考察してみる。韓国では1948年の憲法制定時から，男女平等原則と同時に女性の労働に対する特別な保護が明示され，また労働基準法は1953年5月の制定当時から，勤労女性に対する多様な特別保護規定を設けている。1987年12月男女雇用平等法が制定され，「女性に対してのみ」適用される育児休職規定が設置された。これに

続き1995年8月の男女雇用平等法の改正時には，育児休職の対象が「勤労女性あるいはそれに代わる配偶者」と改正され，1995年12月制定の女性発展基本法は母性保護の範囲について女性の妊娠・出産・授乳の保護を規定し，これを理由とする不利益の禁止とともに，その費用を国家の財政または社会保険等によって分担することを明らかにした。

2001年8月に改定された母性保護関連法の変更点の骨子は，次のようなものである。まず，女性勤労者の産前産後休暇期間が60日から90日に拡大され，増加した30日分にあたる産前産後休暇給与が新設・支給されることになった。ILOは以前，産前産後休暇を14週とするよう勧告する母性保護条約を採択したことがある。産前産後休暇の90日は，従業員を1人以上雇うすべての事業場の勤労者に対して適用され，休暇期間中60日分の賃金相当額は現在と同じく使用者が支給し，延長される30日分の通常賃金に相当する金額は一般会計と雇用保険基金から支援する。ただし，雇用保険から支給される30日分の賃金は，保険財政への寄与分を勘案して，産前産後休暇終了日までに180日以上加入する者に限って支給されることになった。産前産後休暇給与は休暇前の本人の通常賃金に相当する金額とし，通常賃金が135万ウォンを超過する場合には135万ウォンを，通常賃金が最低賃金に及ばない場合には最低賃金を支給する。[2]

また，育児休職制度が改編され，生後1年未満の嬰児がおり，当該事業場（1人以上の従業員を雇うすべての事業場）に1年以上在職する場合に，1年以内の育児休職を申請する資格が与えられた。育児休職期間には勤労者に対しては毎月育児休職給与20万ウォンを，事業主に対しては育児休職奨励金20万ウォンをそれぞれ雇用保険から支給するようになった。育児休職給与は2003年に30万ウォン，2004年に40万ウォンと引き上げられた。また育児休職を理由として解雇等不利な処遇を与えることはできず，休職終了後の復職保障を法制化した。特に育児休職の申請主体を以前の「勤労女性またはそれに代わる配偶者」から「勤労者」に変更したことは，ジェンダー中立的な政策への変化を意味する。男女雇用平等法上の関連条文は次のとおりである。

【男女雇用平等法】

第19条（育児休職）①事業主は生後1年未満の嬰児をもつ勤労者がその嬰児の養育のため休職（以下「育児休職」という）を申請する場合にこれを許容しなければならない。ただし，大統領令で定める場合はその限りではない。

第20条（職場と家庭生活の両立支援）①国は事業主が勤労者に対し第19条の規定による育児休職を附与する場合，当該勤労者の生計費用と事業主の雇用維持費用の一部を支援することができる。

さらに，従来すべての女性勤労者に対する延長・夜間・休日勤労制限が女性雇用を阻害する要素として指摘されてきたが，これを産業構造の変化等に従い，女性就業の拡大のため調整した。産業安全装置の発達・補給等により就業環境が改善された職種では，こうした制限は一般女性に対しては縮小され（6職種→1職種），妊娠中の女性に対しては拡大・強化（6職種→12職種）された。

最後に，男女雇用平等の実効性確保のため，罰則水準を引き上げた。現行法上における性差別的解雇（2年以下の懲役または1000万ウォン以下の罰金を科される）は勤労基準法上の不当解雇（5年以下の懲役または3000万ウォン以下の罰金を科される）に比べ罰則が顕著に低く，両者の衡平を実現するため性差別的解雇についても5年以下の懲役または3000万ウォン以下の罰金に処すようにしたのである。また現行では育児休職を理由に不利な処遇をした場合500万ウォン以下の罰金に処していたものを，3年以下の懲役または2000万ウォン以下の罰金に処するよう引き上げた。

以上のような母性保護法の改正は，さまざまな意義をもっている。まず，妊娠・出産・育児のような活動に対する支援政策については，国家と企業を含め社会的責任であるという見方の存在がある。これまで法的には事業主のみが負担しなければならなかった（そのためさらに実効性が低かった）産前産後休暇に対する雇用保険の支出も，同様の特徴をもっている。また，母性を理由とする不利益と解雇に関する罰則が強化されたことも，母性が社会的に支援されなければならないことを明確にした。次に，母性保護法は労働者の「家族と職場の両立」を追求するという目標を有する点を明らかにした。これは母親であると

同時に勤労者であること，あるいは勤労者でありながらも同時に養育者であるという「複合的労働者アイデンティティ」の社会的認定を意味するということで，既存の扶養者モデル（breadwinner）とは相異なる労働者モデルの登場がここでは顕著である。そして，有給育児休職条項にみられるように，育児の義務はいまや母親に限定されることなく，男女・父母両方の責任であるとされたことが挙げられる。これはすなわち，父親の関与を奨励ないし督励する方向に制度を調整したものと評価できる。

（2）法の効果と残された諸問題
①活用率
　2001年母性保護政策関連法案が国会議員の発議によって国会に提出されたとき，国会内部における対立ばかりでなく，財界と女性界との間に激しい対立が生じたが，その核心的な争点は母性政策における企業の経済的負担であった。「経総（韓国経営者総連合会）」は母性保護費用として年間最大で8500億ウォンの追加費用が生じると推計したが，女性労働法改定連帯会議が推算する費用は1366億ウォン，労働部のそれも1657億ウォンに過ぎず，大きな差があった。しかし法施行後の育児休職による費用支払は，こうした予想よりもはるかに低い水準にとどまっている。

　2003年の1年間，産前産後休暇使用者は1－6月期で1万5434名，2004年1－6月期で1万9198名であり，育児休職申請者は2003年1－6月期で3045名，2004年1－6月期で4290名と増加する勢いである。産前産後休暇給与総支給額は，同期間中に前年度の159億ウォンから本年205億ウォンと29.4％増加し，育児休職給与支給額は前年度同期間中に41億ウォンから85億ウォンと106.9％の大幅増であった（ソウル／連合ニュース2004.8.4）。しかし同様に，大きく増加した2004年の母性保護費用（290億ウォン×2倍推定＝580億ウォン）などをすべて合わせても，2001年の経総による推算額である年間8500億ウォンの6.8％，労働部による推算額である年間1657億ウォンの35％，女性部の推算額1366億ウォンの42.5％にしかあたらない。この政策を樹立するにあたってどのような資料に立脚していたのか，また，母性保護制度

を活用することに対する障碍がどのようなものであるのか疑問である。

母性政策自体の限界として，以上の事項を違反した時の事業主の処罰／制裁手段が弱いという点，非正規職女性に対する保護が不足しているという点（非正規職は女性労働者の70％，男性労働者では33％を占める），産前産後休暇給与の企業依存性が高いという点，代替となる人的資源の育成が未整備であるという点などが指摘されて久しい。企業から66.6％が支給されている産前産後休暇給与については今後は社会保険の分担率が増加しつつ，2005-6年には100％社会保険から支給される予定である（金泰洪・キム，2003）。

②限界点

本章の関心事である性役割構造問題と関連して，ここでは母性保護政策の限界としての代替となる人的資源の問題，また，男性の有給育児休職の利用率を中心に議論する。上でみたように，労働基準法等の改正により妊娠した女性に対する夜間勤務等が禁止され，育児休職が長期化，一般化することで，妊娠，出産する女性同僚の業務の再分担に関する問題が発生している。代替となる人的資源や新たな仕事の組織方式が導入されなければ，主に同僚たちの間でその業務が再分担されるため，同僚の妊娠と出産，育児休職は歓迎されないことになる。以下に挙げるのは，ある看護師の話である。

「母性保護法が改定されたとき，私たちは初めは歓迎しました。……しかし，3交代勤務をする看護師は月に何日夜勤をするでしょうか。当面自分が勤務する日数のみを数えてみても，月に平均8－9日，多ければ10日も夜勤をしなければいけません。朝夕の勤務日数よりも，夜間勤務日数が多くなることも日常茶飯事です。妊産婦たちが母性保護関連法によって夜間勤務から外れると，残りの同僚がその穴埋めをしなければならないのです。」[3]

この場合，女性の母性保護という政策目標が，具体的な作業場においては再び女性労働者の労働量増加につながるということを示している。ここに，「妊娠していない（あるいはしない）女性」に対する逆差別の素地がある。ここでは，人間を産み育てる活動が個別の女性労働者の問題ではなく，まさに企業と社会，そして国家の問題であるという政策上の観点が必要なのである。特定の女性職種で働いているのでなくても，女性労働者の出産と妊娠がほかの労働者

の「お荷物」にならないためには，代替となる人的資源に関する制度の整備と，個別労働者の状況にそれほど左右されない，より柔軟な組織原理を展開していくことが望まれる。

2003年1-6月期中，男性は40名（1.3%）が育児休職制度を利用し，2004年1-6月期中には78名（1.8%）が利用した。増加しているという点はもちろん肯定的にみるべきことであるが，女性の活用率と比較したとき，男性のそれは2%にも満たない低調なものである。多様な家族状況と女性の就業状況を考慮するとき，「子どもの養育（特に幼い乳児に対する）はやはり母がやらなければならない」という性役割構造が強く存在していることを示す指標である。あるいは，現在の育児休職費用では男性労働者が休業するのは難しいという，女／男の賃金条件も作用していると思われる。法ならびに政策の上では，自律的で合理的な男女の像が前提とされているが，現実の女性たちにとりそのような人間像を達成するのはあまりにも大変である。そこで次に，現在の母性政策にみられる母性観について，みていきたい。

③母性

A）母性は「自然」

現行の母性保護政策では，母性は「保護」の対象であり，主に妊娠と出産と2歳未満の嬰児に対するケアまでがその保護範囲とみなされている。したがってそこでの母性とは，出産した母性に限定されているとみるべきである。この点は上で指摘した「費用」の問題とつながると思われる。同時に，「母性」を生物学的であり自然なものとみなす社会的通念が，ここではそのまま政策にもち込まれている。

B）母性と養育分離

母性保護法では，育児休職は1歳以下の子どもをもつ父母が申請することができる制度であり，出産後の子どもの養育問題は支援対象としてそれほど考慮されていない。ほとんどの場合，母親の役割と出産・養育は切り離すことのできない関係にあり，多くの母親にとって，出産よりも子どもの養育の方がはるかに長期的に全面的な従事を要するものである（沈英姫・鄭鎮星・ユン・ジョンノ編，1999）。そうであるにもかかわらず，法制定当時，国会女性特別委員会

ですら，養育活動は「母性」ではなく「父母になること」という役割によって規定されるものであるということで，育てる母性を，産む母性と区分していたのである（国会女性特委，1999）。このことは，女性は「生理的に固有な母性機能を除外すれば男性と同一である」という現行政策のジェンダー観とも一致する。それはすなわち，女性は妊娠と出産においてのみ固有な保護を受け，養育は男女共有の役割であるという見方でもある。しかしながら，こうした見方は，ジェンダー関係を形式的，観念的に「平等化」することにより，現実の構造的不平等を看過することにつながりかねないのである。

　母性費用を社会的に分担するというとき，その費用は経済的なものに限られず，それは時間的，精神的資源までを含むものとなる。また「社会的」分担というとき，社会性の真の意味を生かす方法をみつけることが重要である。これは価値観の問題でもある。これまでの記述からもわかるように，現行の母性政策については，その意義は認めるべきであるが，一方でそれは，金銭による補償，出産の過程に限定された母性（育児は2歳未満の嬰児と低所得層に限定される），合理的な女性および男性諸個人，国家による人的資源の管理など，さまざまな観念をその前提としていると考えざるを得ない。このような観念的な枠組みとそれら諸前提に基づく文言には，現実に職場と家庭を忙しく往来し二重役割を遂行しなければならない，大多数の働く女性たちの姿を見出すことはできないのである。

Ⅳ　二重役割と母親の思考

（1）女性による家庭と職場の「両立」

　社会調査結果からみると，就業女性たちの子どもの保育，父母の介護を含む家事労働役割は，特に減少しているというわけではない。表6-1によると，共働き世帯の妻の総家事時間は，非共働き世帯の総家事時間の60％程度に減少したが，共働き世帯の夫の総家事役割時間では，非共働き世帯の夫にくらべてむしろ6分短いという結果がでている。家族へのケアにおいても同じ傾向がみられる。子どもの養育を含む家事に対する夫の役割は，妻の就業によって特

第6章　既婚就業女性の隠された「二重役割」

表6-1　世帯ならびに性別家事分担と時間　　（％，時間．分）

		非共働き世帯		共働き世帯	
		婦人	男便	婦人	男便
総家事	行為者　比率	99.8	39.5	99.0	43.3
	行為者　平均時間	6.43	1.06	3.45	1.00
飲食準備／整理	行為者　比率	99.2	4.4	96.5	8.8
	行為者　平均時間	2.28	0.30	1.50	0.34
家族へのケア	行為者　比率	79.3	20.5	56.2	14.2
	行為者　平均時間	2.29	1.03	1.10	0.55

(注)　調査時期：1999；応答者：60歳未満。
(出所)　統計庁，＜生活時間調査＞，女性開発院を参照して作成。

に変化してはいないことがわかる。

　一方，女性部が実施した2003年調査によれば，就業する母親の週あたり労働時間は50.8時間，1日平均8.5時間であり，働く母親も働く父親と同程度の労働を行っていることがわかる。それにもかかわらず，未就学の子どもを託児所のような施設に送る場合，預けられる時間は5時間未満が73％と，他の助力を得なければならない状況にある。また，このような施設は一般的に土曜日や，学休期間などにおいて随時休業するが，これは家族中に全面的に子どもの面倒をみる人がいることを前提としているのである。子ども以外にも家族において老人や病人の世話が重なると，就業する夫婦家族のケア労働の需要はさらに増加する。働く母親たちは，子どもを託児所や幼稚園に送ったり，またベビーシッターや家政婦などを雇用したり，そして父母等親族の援助を受けるなど，多様な方法を複合的に組み合わせながら，利用可能なサービスと人的資源を全方位的に活用している。これでも不足であれば，自身の労働時間を減らしたり，仕事の性格を変化させるということで適応することになる[4]。

　親族（主に祖母）の力を借りる，あるいは施設や個人のサービスを購入するなど，既婚職場女性にとって子どもの養育は，地域社会および公共サービスの利用によってではなく，ほぼ全面的に私的解決を通じて成り立っていることがわかる。それも主に女性間でなされる分業（祖母や主に中年・高齢・下層家政婦女性等の雇用等）によってである[5]。また，女性たちが二重負担を甘受するだけ

では解決することのできない諸問題——長い労働時間による児童の放置, 疾病, 休日, 休暇中の子どもの扱い, 子どもとの関係から発生する心理的問題, さらに離婚, 暴力, 貧困, 災害等もある。実のところ,「就業主婦の子どもの養育がどのように成り立っているか, 何が起こっているかは知られていない」(シン・ギョンア, 2002) のである。

　他方, 韓国社会において母親は「全能」であること, あるいは「無限責任」を要求されている。世界的に有名な韓国の教育熱は, 主に「母親たちの教育熱」として表出するが, 韓国社会は母親たちのそのような情熱をあおり, またそれに依存もしている (曺恩, 2002 ; シン・ギョンア, 2002)。この役割をうまく遂行できないとき, 今日韓国の母親は有言無言の圧力を受ける(6)(シン・ギョンア, 2001)。この点において, 既婚女性労働者はさらに深く役割過重を感じるのである。この重圧感はまた, その二重役割がどのような枠組みによってもうまく説明されることを得ない, ディレンマであることにも由来する。国家・社会の雰囲気, また男性はいまだ変化しておらず, 本人は努力の一方なお叱責の視線を感じ続けている, という構図がある。

　既婚女性労働者の仕事と家庭役割配分をめぐる選択ならびに葛藤に関する研究 (チャン・ジヨン・夫佳清, 2003) によると, 2003年初等学校以下の年齢の子どもを育てながら共働きする人々 (調査対象女性886名, 男性589名) のうち, 既婚女性労働者の58.4％が妊娠・出産によって職場生活の中断を考えたことがあると回答している。また「職場生活をよりうまく行うために, 子どもの数や出産時期を調節した経験があるか」という質問に対して, 全応答者の35.5％が「ある」と答えている。一般的に経済活動における女性の劣悪な地位の主原因は, 女性が一方的に養育責任を担当していることにあるといわれるが, 養育責任は女性の排除と経歴の断絶等を媒介として, 労働市場と経済的成就の全領域における女性の劣位を招くのである。

　韓国の急激な出産率低下には, 以上のような子どもの養育に対し非好意的な社会的条件の存在が作用している(7)。こうした環境は, 女性たちの結婚に対する態度にも影響を及ぼすと考えられる。また, 表6-2からは,「結婚はする方がよい」および「結婚はしてもしなくてもよい」という意見につき, 一貫して女

表6-2 結婚に対する態度（2002年） (単位：%)

		結婚に賛成			結婚はしてもしなくてもよい	結婚に反対	わからない
		計	必ずしなければならない	する方が望ましい			
全体	計	69.1	25.6	43.5	27.2	1.9	1.8
	女子	61.3	21.9	39.4	34.1	2.9	1.8
	男子	77.3	29.5	47.8	19.9	1.1	1.7
大学以上	計	68.6	19.7	48.9	29.2	1.4	0.8
	女子	55.1	10.8	44.2	41.8	2.1	1.0
	男子	78.7	26.2	52.4	19.8	0.8	0.7

（出所）統計庁，＜社会統計調査＞2002年。

性と男性との間に見解の差があることをみることができる。

　全般的に男性たちはより結婚に対して肯定的態度（77.3％）を示しており，女性たちはやや結婚を選択的にみている傾向（61.3％）が強い。この傾向は大学以上の教育を受けた男女においてさらに強くなり，こうした女性の41.8％が「結婚はしてもしなくてもよい」と回答している一方，男性回答者は19.8％のみがそれを選択したにすぎない。

　パク・ホンジュらの研究（パク・ホンジュ・イ・ウナ，2004）によると，女性にとって家庭と仕事との両立は，それ自体が苦痛なのではない。多くの研究で前提とされているように，家族と子どもは本来既婚女性の職業にとっての「つまづきの石」ではない。ゆえに問題は，女性の雇用上の地位安定，合理的な賃金，家族の情緒的な支援があるかどうかにかかっている。こうした諸条件が備わっている女性既婚労働者は，職業意識・業務専門性・家族志向性・生計扶養役割等すべてにおいて肯定的な自己イメージをもっている。したがって社会的な条件と家族の支援が得られた場合，男女の労働者は家族ならびに職場という領域を柔軟に移動しながら，それぞれの場所において活力を得られるのである（パク・ホンジュ・イ・ウナ，2004）。もっとも，この研究は，現在の女性既婚労働者の状態自体を肯定するものではなく，「いまだ実現されていない状態」に対する肯定を示すものである。このような状態を実現するため，法ならびに社会政策における視角と対策はどのようなものでなければならないであろうか。

結論においてこの点を論じることとする。

V 二重役割の意味, 再考

(1) 公的領域から排除される女性

　近代化を, 身分秩序の打破, 資本主義の導入, 立憲制国家樹立等を主内容とする社会変化であるとすれば, 前世紀からの社会の変化過程において, 女性は家庭外でも一人の市民として成長していくものであると理解される。しかし, これまでみてきたように, 既婚就業女性の家事と職場の「両立」は, 女性の「解放」ではなく新たな家父長制の再構成を意味するものであった。女性の二重役割は, 法／政策の対象ではなく, 隠された生の領域の問題であったのである。女性は公的領域にあらわれずに再び私的領域へと連れ戻され（re-trapped）, 現在においても, 公／私領域区分がもつ性別効果はきわめて性差別的である。近代的な社会変化において教育現場や市場など公的な場所への進出は許容・拡張されたが,「私的領域」の再構造化は起こらなかった。

　このような社会状況は, 特に高学歴の女性にとって, 大きなディレンマをもたらす。教育過程を通じ「職場は必須, 家庭は選択」といった理想をもつようになるものの, 職場にも家庭にもそれを受け入れる空間は存在していない。私的領域に対する社会との, また男女間における役割再分配が存在しないままでの女性の「公的進出」は, 常に不安定である。この場合, 女性たちの家庭外経済活動の社会的意味は,「自己実現」と「生計扶養」との間で立ち往生する。韓国社会の近代化とともに公私領域二分法と性別役割分業は弱体化したということはなく, むしろそれにより新たな二分法が生み出されたのである。

　ここで, 公／私二分法がもつ西欧中心主義について指摘しなければならない。西欧のような市民革命ではなく, 被植民地支配による近代化過程は, 封建的遺制, 特に家父長制的親族体系の清算を中途半端なものとする。親族制度は, 破壊されつくした伝統文化の「最後の堡塁」のようにみなされ, その後の近代化の課題は, 民主主義, 合理主義, 個人主義よりも, 民族主義, 反共主義および経済開発であるとされた。この近代化過程において, 家父長制的な家族ならび

に文化とは，私的領域ではなく公的領域の原理でもあった。また，私的領域も西欧的な家庭空間に限定されるのではなく，より広がりをもった親族空間であり，公と私をその特有の原理によって貫通する「semi-public」な空間であるとされた。韓国の女性たちは公／私の分離というよりは，公と私に「引き裂かれた（dispersed）」家父長制的原理の中にあるといえる。

（2）女性の戦略と社会的な対策

　このような現実に対して，女性たちはさまざまな方法で対応する。まず，婚姻を忌避し，あるいは出産の回数を少なくする。これは私的領域において引き受けるべき責任を回避する現象であるとともに，職業世界においては生存競争への参与という形になってあらわれる。また，女性だけで「ケアサービス」を再分担する。親族間／階級間分業によって，男性と公的世界は誰かをケアする役割から大部分免除されている。そうして，女性に転嫁された社会的な無理難題は，さまざまな徴候を通して表出され，結局その費用は社会の構成員すべてで負担しなければならない。婚姻忌避，低出産率，高離婚率，高失業率，人口高齢化，家庭内暴力などはこの期間「生産」のため支払いを済ましていなかった「再生産」の代価が，戻ってきたようなものであるとみるべきである。教育，失業，人口対策等各種社会発展モデルにおいて，ジェンダーの次元を考慮することは，いまや緊急の課題である。こうした現象に対する法の態度と基準は，どのようなものでなければならないのであろうか。

　経験的次元において男女が「二重役割」を遂行し，家庭と職場の健全な関係を設定するために講ずべき諸措置とは，以下のようなものである。まず，(1)国家ならびに公的機関は，子どもの養育を含む再生産活動の社会化政策を展開しなければならない。ここでいう「社会化」とは，出産と養育費用の社会的共同分担を意味し，母性とその育児休職期間の賃金を社会保険から支給し，再生産活動を営む男女に対し，社会保障上の恩恵が拡大すること，また幼児，子ども等に対する公教育制度を確立することも含む。次に，(2)職場側の変化も切実なものである。労働者すべてが「家族責任」をもっているということを職場側も受け入れ，これに立脚した労働時間や人的資源の配置など，経営組織方式の変

化や,「接待」の文化などの変化が必要である。さらに,(3)家族内では家事労働,子どもの養育役割に対する情緒的支持と協力が必要であり,男女の平等な責任分担のための各種施策が要請される。そして,(4)保育サービスを提供する私的・公的な養育機関では,職をもつ父母を支援し,要請に応える保育政策を策定しなければならない。

(3) フェミニズム法理の洗練化

　また,フェミニズム法理の洗練化も重要である。列挙してみると,すなわち(1)これまでみてきたように,個人としての女性労働者の地位向上,あるいは「女性を支援する方式」には限界がある。こうした延長線上において,法と政策の樹立にあっては,個人ではなく社会構造の観点からとらえ直されなければならない。(2)現実の性別役割構造が特に改善されていないにもかかわらず,性中立的な「労働者」概念があまりにも早く法に導入された。これは形式的平等基準の限界でもある。(3)これまでみてきた女性政策が,実際には家族と子どもの養育のような再生産領域ではなく,労働領域に重心をおいていたことには,家族に対する低評価という認識が内在している。ここには,男性労働者を典型とみなす態度があるのではないかと考えられる。(4)今後は,女性を中心においた政策と法の展開が要請される。就業女性を中心とするならば,二重役割とは忌避しなければならない体験ではなく,共有すべき体験となる。法女性学的平等基準にあっても,男性を基準とする「平等」ではなく,女性を基準とする平等原理,「女性」の普遍化を追求しなければならないであろう。ここでは「ケア労働」から免除された既存の「普遍的労働者モデル」ではなく,既婚女性労働者モデルをむしろ普遍的労働者モデルとしなければならない。これは,ILOの「家族責任をもつ男女労働者」,女性差別撤廃条約(第11条2項C)に規定する「職場責任と家事役割の結合」を実現するために必要な国家政策策定の立場と同一である。すなわち,多領域的で柔軟であることを要請される女性の生の原理を,政策的に社会全般に拡大すべきであるということなのである。未来社会におけるジェンダー原理においては,女性の男性世界への進入ではなく,男性の女性世界への進入が必須である。

第6章　既婚就業女性の隠された「二重役割」

　本研究がなしたことは，法に存在する問題を対象として扱ったというよりも，法に不在なものに対する問題提起である。既婚女性の労働，あるいは母性分野のみならず，性暴力防止法の保護法益である性的自己決定権など，法女性学における多くの問題は，法が「扱わない現実問題」に対する法の無関心との間に，無知という共通性をもつ。現行法が有している性的偏見に対する矯正も重要であるが，性的に不平等な現実に対する，法による処方が不在であるということも問題視しなければならない。法の措置にもかかわらず性的不平等な現実が持続していることは，法の外廓に多くの深刻な諸問題がひそんでいることを示唆する。これを克服しようとするならば，より積極的に社会の現実を把握し，これを法と政策の形態に翻訳し，また概念化することのできる法社会学的研究態度が実に要請される。法社会学は方法論的に，既存の法に対する批判と矯正に終始すべきではなく，それは「いまだ表現されていないもの」に対する捕捉と概念化のための積極性ならびに想像力を要求するのである。

注
(1)　近年韓国政府は保育政策の樹立に関心をもつようになった。しかしこのような政策において保育がもつ意味は，主に「既婚女性たちが職場生活を送ることに対する障碍」を除くための政策，すなわち女性に特化した政策にその意味が局限されている。そのため，保育政策はすべての市民に対する政策ではなく，一部の人々に対する「特別な」政策とみなされるようになった。
(2)　雇用保険から支給される産前産後休暇給与は，当該勤労者が産前産後休暇終了日以前まで雇用保険に180日以上加入しておらねばならず，産前産後休暇開始時点からは120日以上雇用保険に加入していれば支給が可能である。雇用保険が適用されるべき事業場に雇用され勤労しながら，事業場または当該勤労者が雇用保険に加入していない場合であっても，勤労者が申請すれば遡及して雇用保険に加入する措置がとられ，産前産後休暇給与が支給されることになった。
(3)　2001年8月14日に改定された勤労基準法の母性保護強化方針に従って，妊産婦（妊娠中であるかまたは産後1年が経過していない女性）については，これを道徳上または保健上有害・危険な事業に使用してはならない（第63条）。また，使用者は妊産婦と18歳未満の者を夜間（午後10時から午前6時までの間）および休日に勤労させてはならない。ただし(1)18歳未満の者と産後1年未満の女性の同意がある場合と(2)妊娠中の女性が明示的に請求する場合は，労働部長官の認可を得て勤労させることができる（第86条2項）。さらに，使用者は産後1年が経過しない女性に対しては，団体協約がある場合であっても1日2時間，1週間に6時間，1年に150時間を超過する時間外の労働をさせてはならない（第69条）。

(4) 女性が就業する意味を「自己実現」や「社会参加」にのみに限定する見方は支持しがたい。女性の仕事を「自己実現」とみる枠組み自体が，性別役割分業を前提としているのである。
(5) 女性の仕事と二重役割がもつ階級的効果に対しては，今後一層の研究が必要である。低所得層女性の二重役割遂行はさらに劣悪な状況にあり，例えば他の女性の家事を代わりに行う家事従事者としての女性労働者に対する研究は皆無である。
(6) （職場の）母親に対する韓国の固定観念（stereotype）とは例えば次のようなものである。職場に勤める母親の子どもは問題児となる素地が多くある。子どもが間違いを犯すのは，母親のせいである。夫／父の役割は，妻次第である。家事をきっちりする自信がないなら，外での仕事を辞めるべきだ。既婚女性たちは家族のことばかり考えるから，職場での業務能力・競争力が不足する。男性には職場が生命であるが，女性はそうではない。
(7) もっとも低出産の唯一の原因が仕事―家庭両立体系の不在であるとしているのではない。低出産の原因としては，(1)初子出産年齢が上昇しているということと(2)教育・費用問題を指摘することができる。ところがこの二つの要因の背後には，どちらも女性の経済活動問題があるということで，仕事と家庭の両立が可能となり，またそれを正常であるとする社会になれば，問題は相当な程度解消されうる（チャン・ジヨン・夫佳清，2003，152頁）。

参考文献

国会女性特別委員会（1999）『母性保護政策――勤労女性の母性保護関連法を中心として』（政策資料集1）.
金泰洪，キム・ナンジュ（2003）『わが国における母性保護制度の実施現況分析と改善方案』韓国女性開発院.
パク・ホンジュ，イ・ウナ（2004）「既婚女性労働者の仕事――家族経験と職業意識」『韓国女性学』20-2.
シン・ギョンア（2001）「労働市場と母性，家族の問題――男性中心的労働者モデルを越えて」『経済と社会』第51号.
―――（2002）「母性研究の争点と方法論」韓国女性学会2002年3月例発表会発表文.
沈英姫，鄭鎮星，ユン・ジョンノ編（1999）『母性の言説と現実』ハヌル.
梁鉉娥（1999）「戸主制度のジェンダー政治：ジェンダー生産を中心として」『韓国女性学』第16巻1号.
女性開発院『女性統計』http://www.kwdi.re.kr（2004年9月15日参照）.
女性部（2004）『全国家族調査による韓国家族の現実と政策』（女性開発院遂行研究報告書）.
李銀栄（2004）『法女性学講義』博英社.
チャン・ジヨン，夫佳清（2003）「隠された選択：既婚女性労働者の仕事と子どもの養育」『女性研究』65-2.
曺恩（2002）「女性経験研究の争点と方法論（Ⅰ）」韓国女性学会2002年3月例発表会発表文.
統計庁（2002）『社会統計調査』.
許羅今（1995）「西欧政治思想における公私概念と家父長的性差別性」『女性学論集』第13集.
Barlow, Tani (1996) "Theorizing Women : Funu, Guojia, Jiating Chinese Women, Chinese State, Chinese Family", Joan Wallach Scott (ed.), *Feminism and History*, Oxford & New York : Oxford University Press.

Benhabib, Sayla (1986) "The Generalized and Concrete Other : The Kohlberg-Gilligan Controversy and Moral Theory", Seyla Benhabib & Drucilla Cornell (eds.) *Feminism as Critiques-on the Politics of Gender*, Univ. of Minnesota Press.

Chatterjee, Partha (1989) "The Nationalist Resolution of Women's Question." in K. Snagari & S. Vaid (ed), *Recasting Women-Essays in Indian Colonial History*, Kali for Women.

Elshtain, Jean Bethke (1981) *Public Man, Private Woman-Women in Social and Political Thought*, Princeton University.

Fraser, Nancy (1994) "After the Family Wage : a Postindustrial Thought Experiment", *Political Theory* 22-4.

Giddens, Anthony (1992) *Transformation of Intimacy-Sexuality, Love and Eroticism in Modern Societies*, Polity.

Held, Virginia (ed.) (1995) *Justice and Care*, Westview Press.

Okin, Susan Moller (1989) *Justice, Gender, and Family*, Basic Books.

Orloff, Ann Shola (1993) "Gender and the Social Rights of Citizenship : The Comparative Analysis of Gender Relationships and Welfare States", *American Sociological Review* 53.

Pateman, Carole (1983) "Feminist Critique of Public/Private Dichotomy," in S. I. Bess & G. F. Gaus (eds.) *Public and Private in Social Life*, Croom Helm Ltd.

Ruddick, Sara (1995) "Injustice in Families : Assault and Domination," Virginia Held (ed.) *Justice and Care*, Westview Press.

Sainsbury, Diane (1999) "Gender and Social-Democratic Welfare States", in D. Sainsbury (ed.) *Gender and Social-Democratic Welfare Regimes*, Oxford University Press.

Scott, Joan (1988) "Gender : A Useful Category of Historical Analysis," *Gender and the Politics of History*, Columbia Univ. Press.

第7章

関係的資源としての弁護士
――司法制度改革後の弁護士像――

和田仁孝

I 日本におけるリーガル・サービス供給体制と弁護士

(1) 日本におけるリーガル・サービス環境

　これまでの日本におけるリーガル・サービスの供給システムは，外国と比べて，明らかな特徴を示すものであった。社会秩序の維持・整序の役割は，一方で行政が法令のみならずインフォーマルな手法を駆使しつつ担い，他方で，自生的な社会関係の中での曖昧な問題処理にも委ねられてきた。監督官庁を中心に構成された業界団体の規制のもとで，各企業は，過度な競争を回避しつつ，年功序列・終身雇用といった日本型の労使慣行を前提にその経済活動を行ってきたし，多くの被用者にとってもその保護的なシステムの中に安住することが得策であった。経済の高度成長という環境のもとで，経済活動も，市民活動も，基本的には，そうした不透明だが効果的でもあったインフォーマルな秩序維持原理のもとで営まれていたのである。

　こうした状況の中で，司法が果たす役割は限定され，日常的な市民活動や経済活動の根幹をなすというのではなく，例外的な問題領域への応答がその機能として期待されていたといえる。その結果，日本の司法とそれを支える法専門家には，これを反映した質量両面での特徴が見られることとなったのである。

　量的な面では，弁護士や法専門家の数が，したがってリーガル・サービスの供給体制が，貧弱なままに留めてこられたという点である。わが国の弁護士数は，近年の法科大学院による新たな法曹養成制度の導入や，それに先立つ司法試験合格者の漸増という動きに至るまで，長らく，1万7000人程度で推移してきた。年間の司法試験合格者数も，わずかに500名程度に限られてきた。市

民はもちろん，企業にとっても，弁護士は例外的な問題処理が要請される場合にのみ活用されるものとして位置づけられてきた。多くの市民にとって，弁護士は，どこにいるかも，どのような問題を扱ってくれるのかもわからない縁遠い存在であったし，企業にとっても，日常的に必要とされる法的業務は，企業内の法務部をはじめ内部で処理されるのが普通であり，弁護士の利用はその外部の例外的な問題に限られていた。

　また，同時に日本における法律業務は，弁護士数を少数に留めるとともに，隣接他業種を職能として設定する方向で分散化され，棲み分けがなされてきた。不動産登記・商業登記を中心業務とする司法書士，官公庁への提出書類の作成を行う行政書士など，多種の法律関係業務を行う職能が設定され，明確に棲み分けがなされる形で共存するという，リーガル・サービス供給体制が定着してきたのである。こうした隣接法律職能は，弁護士と異なり，監督官庁の規制に一定程度服しており，その意味では，司法を抑制し，行政の機能を肥大化させる中で社会秩序を構築してきた日本型の制度化傾向の一環といえるかもしれない。

　しかしまた，本来ならこうした動きに抗するはずの日本の弁護士が，各隣接職能に対しては職域侵犯について厳しい態度を取りながら，他方で，弁護士増員，ひいては司法の実質的な容量拡大については消極的な対応に終始してきていた。なぜなら，一方で，弁護士の量的拡大が，その職務の質を低下させるのではないかという危惧と，他方で，上記のようにリーガル・サービスへのニーズが限定的な状況での弁護士増員は，弁護士にとって不都合な過当競争と経済的不利益をもたらす，との現実的危惧とが存在したからである。すなわち，行政を中心に既存企業間で過当競争を回避し新規参入を限定して利益の分配を図るという高度成長期にみられた日本型の秩序維持の方策が，弁護士界にも同様の機能的意味をもって浸透していたといえなくもない。

　このリーガル・サービスの量的限定は，結果として，弁護士サービスを，まさに経済活動，市民活動の日常的な本体ではなく，その外部の例外的問題を志向したものに留めることになった。そしてまた，その結果として，経済活動・市民活動の本体におけるリーガル・ニーズの生成を抑制することとなり，ここ

にリーガル・サービスをめぐる縮小均衡の循環構造が維持されることになったのである(1)。

また，こうした日本のリーガル・サービス供給体制をめぐる量的側面での特徴は，弁護士という職能の一般的イメージにも反映している。次にこの点を確認しておこう。

（2）公益的活動と在野性

これまで，日本の弁護士業務供給体制の量的制約から，そのサービスは経済活動や市民活動の本体ではなく，例外的な問題の処理を中心とするものであったと述べた。市民が日常生活の中で法的トラブルに巻き込まれても，弁護士をそこに動員することはよほどの場合を除いて考えられず，縁遠い存在のままであった。企業も日常業務の中での問題処理は自前で果たして来ており，弁護士が対応するのは例外的でこじれた問題，すなわち，訴訟案件となるような問題が中心であった。

こうした状況の中で，弁護士は，次の二つのイメージをその自己イメージとして構成していくことになる(2)。一つは，市民的ニーズと隔絶しながら，なお市民に対し，ポジティブな自己イメージを提示していくことが可能な方向，すなわち公益的活動の担い手としての弁護士イメージの形成である。いま一つは，扱う案件が訴訟中心となることから，より実質的な意味での自己イメージとしての法廷弁護士イメージである。

公益的活動の担い手としての弁護士というイメージは，もともと官である裁判官や検察官よりは低い地位を与えられてきた弁護士の歴史的経歴からも，自然に帰結するイメージであった。「在野法曹」として位置づけられざるを得なかった弁護士にとって，その公共的性格を維持し国民の支持を得ていくためには，対権力，対在朝法曹という色合いを，この「在野」という言葉の中に織り込んでいくことが必要だったからである。この意味で，日本の弁護士は，実際に輝かしい成果を挙げてきたのであり，まさに正義と人権の擁護者としてのイメージを確立することに成功してきたといえる。もちろん，「利に聡い弁護士」というネガティブなイメージも皆無ではないものの，諸外国の弁護士イメージ

と比べれば，日本の弁護士のそれは，正義と人権の擁護者というイメージが圧倒的に強いのではないかと思われる。

しかし，こうした正義と人権の擁護者としての弁護士イメージは，国民の弁護士への一般的信頼を勝ち得たものの，逆にそのことによって市民生活や経済活動の本体における法的問題を扱う職能としての身近な弁護士イメージの生成を阻害する結果となった。弁護士は，公的な正義のために活躍する信頼できるが縁遠い職能であり，身近で私的な法的問題の処理の担い手としては意識されなかったのである。

（3）法廷弁護士像と閉鎖的プロフェッショナリズム

では，もう一方の法廷弁護士イメージはどうだろうか。日本の弁護士がその「在野性」に基づく公益的活動を強調してきたのは事実としても，弁護士もその収入を得るためには，私的な利益や権利にかかわる事件を実際には受任しているのは当然である。しかし，弁護士人口がきわめて少数で推移してきたことから，弁護士が実際に受任する事件は，一定規模の事件に限られており，また，信頼に足る者の紹介によるほかは受任しないなどの状況が，最近まで継続してきている。言ってみれば，弁護士人口が制限された中でのリーガル・サービスは希少資源であり，それを購入できるのは一定の経済規模とネットワーク・リソースを有する層に限られてきたのである。いわゆる「売り手市場」である。

その結果，弁護士は，訴額の比較的大きな訴訟事件を中心に扱えば足りる，ないしそれで手一杯の状況であり，裁判外のさまざまな業務にまで職域を拡張する必要に迫られることはなかったのである。また，逆に，経済活動や市民生活の本体ではなく，例外的な問題にのみ弁護士が活用されるという最初に述べた状況もこれと重なってくる。企業活動における予防法務や組織内部の調整といった問題は，弁護士を活用することなく手当されていたのであり，弁護士の出番は，主にこじれたケースの訴訟案件に限られることが多かった。こうした実態は必然的に，弁護士といえば法廷での代理人という法廷弁護士イメージを定着させることになる。

また，こうした法廷弁護士像を支えた背景的理念として，プロフェッション

としての弁護士像がある。社会正義と人権の擁護者としての責務を果たしていくためには、一方でそれを可能にする高度な専門知識を保有するとともに、他方で政治権力や市場的圧力からの影響をも排除するような自律性が必須とされる。この専門性と自律性を備えたプロフェッションとしての弁護士の役割を担保するために、弁護士制度はさまざまな仕組みを確立してきた。例えば、①その専門能力を保障するために参入の条件として高度な司法試験を課し、法曹人口を統制することによる質の担保、②政治的権力の介入を廃しつつ自己規制を実現するための綱紀委員会、懲罰委員会などの規律システム、③資格を有する弁護士以外の法律業務を禁じる職務独占、④市場圧力によるゆがみを防ぐための広告規制・報酬規程、などである。

こうしたシステムは、その本来の趣旨は、プロフェッション理念に基づく弁護士業務の質の担保と権力や市場圧力の排除を目的としたものではあるが、現実には、それとは異なる閉鎖的な機能を果たしてきた。弁護士人口抑制は、意識したか否かは別として、結果的には少数の弁護士の既得権保持に貢献してきたし、綱紀・懲罰委員会の機能も内部的規律であるため、十分な透明性と説得力に欠ける。弁護士人口が限られた中での職務独占は、逆に弁護士の手の届かない少額トラブルなどのリーガル・ニーズへの手当を阻害してきた側面があり、また広告・報酬の統制は弁護士についての情報やアクセスを求める市民的なリーガル・ニーズにとっては、一つの障壁として機能してきたことは否めない。[3]

このようにプロフェッショナリズムは、理念としての重要性にもかかわらず、法曹人口が限られた日本の状況では、現実には閉鎖的なプロフェッション集団の自己防衛的システムとして機能してきた側面を否定できないのである。政治権力、市場圧力の影響から自律的であることを保障するシステムが、実際には、市民的なリーガル・ニーズに対する障壁としての意味を有していたということができよう。法廷弁護士像を中核とする日本の弁護士は、閉鎖的プロフェッショナリズムによって、その清廉さと引き替えに、リーガル・ニーズから縁遠い存在としての弁護士というイメージを定着させてしまったのである。

こうして、少ない弁護士人口と、それと連動した複雑なリーガル・サービス供給体制、公益的活動の強調と法廷弁護士イメージの定着といった状況が、日

本固有の司法と弁護士制度をめぐるいわゆる「縮小均衡」を維持させてきた。

歴史的経緯が示すように，こうしたシステムが有効性をもち得たのは，経済の高度成長がそれを下支えしていたからに他ならないが，日本経済の失速やグローバリゼーションの進行という新たな状況の下で，その再編が進行していくことになる。次に近年の司法改革をもたらした基層的変容についてみていこう。

II 社会関係の変容と司法改革の意義

(1) 司法改革の方向性と弁護士

日本における今次司法改革は，そのきっかけを提供したのが経済団体からの声であった点に特色がある。以降の動きは，最高裁，法務省，日弁連のほか，政党まで含む幅広いアクターの複雑な動きの中で構成され，その志向性は複合的であるものの，きっかけを提供したのは経済同友会をはじめとする経済団体であった。このことは，具体的な制度の構成過程や帰結はともかく，今時司法改革の背景に社会内のリーガル・ニーズのあり方に根源的な変化が生じていることを意味している。

経済活動の多国籍化，グローバリゼーションが進行する中，日系企業の企業活動においても，旧来のように例外的な問題処理を行う外部存在としての弁護士から，まさに経済活動の本体において日常的に生成する予防法務を中核とする法的課題に，的確に応答しうる弁護士へのニーズが高まってきている。ところが，正義と人権の擁護者であり，法廷弁護士としての姿をアイデンティティとする日本の弁護士は，そうしたニーズには，いうまでもなく不適合であった。

この意味で日本の弁護士は，狭い法専門性の枠に閉じこもり，経済活動の実態にかかわる内部的知識や，ニーズの高い先端的な科学技術知識など，付加的な専門知識は欠如した，いわば「専門性の過少性」ともいえる状況にあったのである。しかし，企業は，経済活動において例外的に発生した問題の処理を超えて，経済活動の本体にかかわるリーガル・ニーズに対応できる弁護士を求めるようになってきているのである。

司法改革の背景にある新たな社会的ニーズの一つは，こうした企業活動にお

ける弁護士業務と職域の拡張を求め、同時に弁護士イメージの根本的転換をも促す方向でのモメントとして作用したといえる。

　さらに、いま一つの変化は、やはり日本における旧来の小さな司法と弁護士数を背景で支えていた社会関係の構造そのものの中でも生じてきている。地域社会・近隣社会および親族ネットワークの希薄化と共同性の喪失は、市民の日常生活における秩序形成メカニズムの弛緩を意味する。また、年功序列や終身雇用を前提とし、利害対立も労働組合と使用者との集団交渉で処理されていたようなシステム、すなわち企業や労組が成員を丸抱えで保護し秩序を保証するシステムも、人材派遣会社の成長やフリーターと呼ばれる就労形態の出現にみられるように、すでに崩れてきている。市民生活の面でも、その秩序を維持し保障していた共同的なメカニズムが失われてきているのである。

　これまで、多くの問題はこうしたネットワークの中で処理され、弁護士が要請されるのは例外的なケースにすぎなかった。しかし、この共同的メカニズムが弛緩するにつれ、市民の側でもこれに代替するシステムとして司法の応答への要請が高まってきている。

　それは、かつての共同的メカニズムに持ち込まれていたような多様なニーズが、専門システムである司法や弁護士に持ち込まれるようになることを意味している。ところが、法廷弁護をその業務形態とする弁護士にとっては、こうした当事者のニーズは、法律家たる弁護士の専門性を超えた過剰なニーズとして意味づけられ、拒絶され切り捨てられてしまう。市民から見れば、こうした旧来型の弁護士の応答は、それこそが法的専門性への過剰な固執、いわば「専門性の過剰性」として映ずることになる。市民活動の本体への柔軟なリーガル・サービスの提供を求める市民と、法廷弁護士像に固着する弁護士との間のコンフリクトが、そこで生成することになる。

　さて、日本の弁護士も、こうした社会的ニーズの変容に鈍感であったわけではない。激しい議論を繰り返しながら、弁護士自身が、司法改革の基本的方向性として目指したのは、経済活動、市民活動の両面において、質量共に充実したリーガル・サービスを提供していこうとする方向であり、自らの役割転換をも必須のものとして自覚した方向性であったといえよう。それは、職域の拡大

と役割転換により「専門性の過少性」「専門性の過剰性」のいずれの批判にも応答しようとする方向である。事実,法曹養成制度の改革と弁護士人口増,広告の解禁・報酬規程の撤廃などの方策は,こうした方向へのステップとして位置づけられるものである。

(2) 社会ニーズの変容と法化の意義

さて,社会環境の変容に伴うリーガル・ニーズの生成という現象は,どのように位置づけるべき現象だろうか。

一つの単純な回答は,それが法と法律家の本来的役割である法的問題処理が積極的に求められ,法が社会の中に浸透していくというものである。これまでの不透明な共同的メカニズムや経済原理に基づく問題処理に代わって,法的で適正な社会秩序構築のメカニズムが定着し,そうした意味での法化が進行していくという見解である。

実際に,今次司法改革でスローガン的に叫ばれたのは,「透明なルールによる事後規制社会」というイメージであり,そこには,法の浸透,司法の機能増強が,必然的に透明で公正な秩序形成に貢献するというイメージであった。

もちろん,実際に人々の権利意識は強まっており,社会のさまざまな領域で法的規律や法律家へのニーズが噴出してきている。しかし,それは単純に,従来同様の狭いプロフェッショナリズムに依拠する法律家による法専門的規律へのニーズを意味していると考えることができるだろうか? 弁護士がこれまで,少数の例外的問題処理に提供してきていた法的役務が,そのままの形で求められているのだろうか? それを人々は,「透明なルールによる社会規律」であるとして,従順に受容するだろうか?

答えは,否である。先ほどもみたように,社会関係の変容の中で,人々が弁護士に求めるニーズの中身そのものが,複雑で過剰なものに変貌してきていることを見逃してはならない。確かに人々は法に言及し,法を動員しようとし,権利を語ろうとするが,それは狭義のプロフェッショナリズムが措定する「法」とは異なる,人々の自前の解釈に基づく,きわめて過剰で,あるいは豊かな,意味内容を込められた観念に他ならない。かつて共同体的メカニズムに

よって手当されていたようなニーズもその中に含まれていると考えられるのである。それゆえにこそ，弁護士は，その「専門性の過少性」と「専門性の過剰性」をともに批判され，役割転換を迫られるに至っているのではないだろうか。

すなわち，法的ニーズの噴出，法的秩序形成メカニズムへの期待の増大は，逆に従来の弁護士の役割，法制度の果たすべき機能のあり方の限界を露呈させ，そのより応答的な機能化への脱皮を要求していると考えられるのである。それは単純な「透明なルールによる社会規律」や単純な「法化現象」としてはとらえきれないより複雑な司法と弁護士へのニーズの噴出現象とみなければならないのである。

以下では，そうした人々のニーズのあり方と，そこでの司法，および弁護士の役割のあり方について，さらに検証していくことにしよう。

Ⅲ　関係的資源としての弁護士

（１）関係的資源の意義

現代の過剰で複合的なリーガル・ニーズの実相を理解するためには，その背景で失われた社会的機能を参照してみるのがよい。近隣ネットワーク，親族ネットワーク，企業・団体組織などが有していたのは，まさに人と人を結合させる関係構築的な機能であったといえるだろう。それぞれの特性を帯びつつ，共同的システムは人間の社会関係を構築し，整序してきていたのである。

われわれの社会では，こうしたネットワークは弛緩し，社会関係は非人格的，機能的なものに変容してきている。隣人の名前も知らず，特別な儀礼を除き親族と顔を合わせることもなく，会社での生活より私的生活空間を大切にする，そういったライフスタイルは，都会においては常識ともいえるものとなっている。

しかし他方で，われわれはまた，近代の社会理念が想定したような「自律的主体」として生きているわけではない。法が前提とするアトミックな自律的個人は，いわばフィクションにすぎず，現実には，弛緩した関係ネットワークの中でも，人々は，その時点において，自己に必要な機能的・非人格的関係を他

者と取り結びつつ生きている。そしてまた，必要に応じて，その関係を柔軟に流動化させていく。機能的結合において，その相手方は，一定の変換可能性を常に有しているからである。

　すなわち，共同体的ネットワークから，現代の機能的ネットワークへの社会関係の転換は，「共同体に埋没した個人」から，「アトミックな自律的主体」への転換を意味するのではなく，流動的で代替可能ながらやはり「関係の中に埋め込まれた個人」という人間のあり方への変容を意味しているというべきなのである。

　そして重要なのは，このように変換可能な流動性の高い関係のあり方においては，一方で関係切断が可能なことにより紛争回避の可能性が高まるとともに，他方でいったん紛争化した場合には，関係の再構築を可能にする秩序再生のための資源が見出し難いという点である。かつての共同体的ネットワークは，その中に集団的圧力チャネルや規範共有などの要素を内包し，それによって，善し悪しは別にして，関係再構築を実際に可能にしてきた。しかし，それがないところでは，関係再構築は困難となる。

　こうした中で人々は満たされないニーズを既存のシステムに向けて噴出させてくる。例えば，従来，家族・近隣などの共同的システムの中で手当されていた介護や福祉的ニーズが，専門的医療システムへと流れ込んでくる現象は，その一例である。そして弁護士や法に対する過剰で複合的なニーズの意味も，実はこれと同様なのではないだろうか。

　弁護士に向けられるニーズは，単純な法専門的解決，専門家にとって透明ではあるが人々にとっては理解不能な法的規律ではなく，むしろそれを手段として，他に対応する手だてのない関係性の再構築へのニーズを多くの場合，含んでいると考えられるのである。

　また，関係性の再構築といっても，単に紛争相手方との直接的関係の再生のみを意味するのではない。相手方との関係の切断も関係の再構築の一形態であるし，相手方に限らず将来の代替的対象との関係構築可能性も，そのニーズに含まれうる。また問題解決の手段的過程における関係の動員も弁護士に求められるニーズの一つである。

以上、ここでは、①現代のリーガル・ニーズが、狭い自己完結的な法的解決を求めているのでなく、それを手がかりとして、より複雑な関係的資源の動員や再構成を求めていると考えられること、②人々がけっして法が措定するようなアトミックな「自律的主体」に変貌しているのではなく、流動的で、機能的・非人格的関係ながら、やはりその時点で生きた関係的ネットワークの中に「埋め込まれた個人」であること、を確認しておきたい。

以下では、弁護士に求められる、この関係的ニーズについて、より具体的に検討していくことにしよう。

（2）関係的リソースの結節点としての弁護士
①手段的関係資源の結節点

まず、何らかの問題に直面した個人が、その処理を求めて弁護士を利用する場合、その手段的側面において弁護士に求める関係的ニーズについて考えてみよう。

これまでの共同的ネットワークが強固であった状況では、そのネットワークをたどることで人々は必要なニーズ充足へのアクセスを得ることができた。しかし、そうしたネットワークが弛緩し、社会関係が機能的に再編される中で、さまざまな専門的機能の分化が生じ、それに伴って情報の専門化、複雑化も生じてきている。

一般の人々は、こうした複雑な専門システムの情報へのアクセスをもたず、またアクセスできたとしても理解は容易ではない。これに対し、弁護士は、法専門性をコアとして、それに関連するさまざまな情報とネットワークを有している。人々が弁護士に求めるニーズには、こうしたネットワークを活用して弁護士がその問題についてあらゆる側面から助言し問題克服への道筋をつけてくれることである。そこでは、単純な法的解決を超えて、弁護士が有する関係ネットワーク資源を有効に動員しながら、複合的なニーズに、よりきめ細かに応答することが求められているのである。

このような意味で、弁護士はまさに関係的資源の結節点としての役割を求められているといえよう。実際に、こうした側面に対応する動きを、現在の司法

改革や，弁護士自身による業務改善の方向性の中にも見出すことができる。
　例えば，司法書士，行政書士，税理士など，隣接職能と総合事務所を構え，クライアントのニーズにワンストップ・サービスを提供していこうとする動きもその一つの表れである。今後は，こうした隣接職能に限らず，例えば，知財や医療など，法外の一定の専門領域にわたるネットワークを保有しているかどうかが，弁護士にとって，競争環境の中でその特色をアピールしていく重要な要素になってくるだろう。また，法曹養成制度改革の要である法科大学院においても一定率以上の法学部以外の分野からの卒業生や社会人を入学させることが推奨されている。それによって，法専門性のみならず，他の領域での経験や知識，情報，そしてネットワークを弁護士のリソースの一つとして包含していこうとする動きが加速されると思われる。
　こうした動きは，まさに弁護士をさまざまな関連領域，専門領域との関係的資源の結節点として位置づけ，その役割を拡張していこうとする方向を示しているといえよう。また言い換えれば，それは先に指摘した日本の弁護士の「専門性の過少性」への一つの自省的応答ということができるかもしれない。
　②目的的関係資源の結節点：関係整序・構築の手がかりとしての弁護士
　さて，弁護士が関係的資源の結節点として機能するのは，こうした手段的側面には限らない。機能的で非人格的な関係性ゆえに，流動性は高いものの，統御メカニズムに欠ける現代の関係ネットワークにおいて，これを整序しようとすれば，専門的な秩序維持装置としての法および法専門家にその役割を求めざるを得ない。
　しかし，ここでも表面的には法的解決を求めているとしても，そこに含まれているのは，心理的・感情的葛藤への手当を求めるニーズから，関係の再構築（切断も含む）への手当を求めるニーズまで複合的である。人々の法への期待は，自前の法解釈を通じて，関係的側面をも含むより深い問題克服への期待となっており，好むと好まざるとにかかわらず，弁護士はそうしたニーズに直面せざるを得なくなっているのである。
　ここで，そうした役割は法律家の責務ではないとして切り捨てるのは容易である。かつてならばそれで他の共同的メカニズムが代替機能を果たし得ていた

かもしれないが，それが期待し得ない現代では，問題は法制度や法律家の方へ，信頼の喪失という形で跳ね返ってくることになろう。閉鎖的な自己完結的法専門システムが，従来のままに，狭い専門的機能の提供にとどまる限り，人々にとって非機能的な司法と法律家への信頼が生まれるとは考えられないからである。

近年のリーガル・カウンセリングやADRへの注目，弁護士会による業務改善は，ここでも，現実に弁護士自身が，そうした幅広いニーズへの応答の必要性を自覚していることを示していると考えられる。

そこでは，弁護士は，狭い法専門家の枠を超えて，社会関係が希薄化し流動化し，ともすれば脆く壊れやすくなった状況の中で，まさにその関係再構築のための結節点としての役割を担うことを意味しているのである。たとえ最終的には，関係切断に至るようなケースでさえ，ディスコミュニケーション状態に陥った関係を，法というメディアを通じて，再度つなぎ合わせることで切断を整序していくことは，一つの関係構築的な機能と考えられる。言い換えれば，それは先に指摘した日本の弁護士の「専門性の過剰性」への一つの自省的応答ということができるかもしれない。

Ⅳ　関係的市民社会と弁護士

共同的ネットワークの弛緩に代表される社会構造の変容は，相当の期間にわたって徐々に進行していくものである。しかし，それを受けて変貌する制度の側の変革は，比較的短期間のうちに急激に進行し，またそうして構築された制度はその後，長期にわたって存続することになる。それゆえにこそ，弁護士制度を含む司法の転換期に当たって，この転換そのものの意義を的確に理解しておくことが重要である。

曖昧で不透明な行政や共同的ネットワークによる秩序構成メカニズムの衰退は，ただちに「自律的市民による透明なルール・法を志向した社会規律」をもたらすのではない。権利意識の伸張や司法の機能増強は，そうした単純な意味において捉えられてはいけない。そうした表面的相貌の裏で，実は，機能化し，

非人格化した流動的関係性を，時に応じ手段的に活用し，あるいは目的的に再編成していく，新たな秩序形成へのモメントと主体が生まれてきているのである。それは流動化した変換可能な関係性の中で，なお，そのときその場での具体的関係の中に埋め込まれ，なおそこで戦略的に行動する関係的主体のあり方を示唆している。それはいわば，「自律的市民社会」とうより，「関係的市民社会」とでも呼びうるような社会のあり方である。

そして弁護士の役割は，そうした中できわめて重要な位置を占めるようになってくると思われる。ただし，それは法の専門家としてだけではなく，独自の秩序化機能を失い流動的になった社会的関係性の中で，その確固たる結節点として，関係リソースの動員や再構成を可能にする希有な存在としての重要性である。そこでは弁護士は，単なる法専門家であることを超えて，まさに関係的資源として，人々のニーズに応答していかねばならないのである。

注
(1) 日本の弁護士とリーガル・サービスをめぐる「縮小均衡」のメカニズムを解析した文献として，棚瀬孝雄（1987）『現代社会と弁護士』日本評論社。
(2) 弁護士像やそのあり方についての議論については，次の各文献所収の諸論稿を参照。日弁連（1997）『あたらしい世紀への弁護士像』有斐閣，日弁連（2000）『21世紀弁護士論』有斐閣，和田仁孝・佐藤彰一編（2004）『弁護士活動を問い直す』商事法務。
(3) このプロフェッション理念に基づく諸機構の現実的機能の問題点について，和田仁孝（1994）『民事紛争処理論』信山社。
(4) こうした人々の法の語りの意義について，棚瀬孝雄（2002）『権利の言説：共同体に生きる自由の法』勁草書房。
(5) こうした流動的アイデンティティに特徴づけられる主体像と，それによって構成される社会像について，和田仁孝（1996）『法社会学の解体と再生：ポストモダンを超えて』弘文堂。

第8章

刑罰をめぐる権利の言説
―― 市民たりえない個人 ――

河合幹雄

I 市民社会化

　日本人は，「市民」と成り得たのか。完成された市民という意味では答えは明らかであろう。それは，程遠い。しかし，手本であるかのようにいわれてきた欧米とて，完成された市民社会から程遠いこと，イラクからもたらされるニュースを聞くだけでも明らかであろう。刑事司法の現場における人権侵害も，実にひどい。EUは死刑廃止したが，フランスでは逮捕現場での射殺が増えたという。それも，狙った被疑者どころか，無関係の住民が射殺されて問題になっている。欧米の実態を無視した，追いつけ追い越せ論は卒業するべきである。日本に市民社会を形成するということを，欧米化とは別個のものとして考えたい。

　そのうえで，日本で近年起きている社会変化を，市民社会の形成という視点から検討してみよう。したがって，市民社会の定義は，歴史的なものではなく，抽象的にならざるをえない。簡略に，自由で責任を取ることができる個人が確立され，その個人が結集して，それぞれが住み良い社会を形成していることと定義しておこう。

　日本の社会変化すべてを検討することはできない。検討対象を，犯罪への対処に絞りたい。実態の変化を当然考慮するが，人々の意識変化にとりわけ注目したい。その理由は，そもそも，伝統的には一般の人々は，犯罪処罰にかかわってこなかったからである。そのため，犯罪処罰の実態だけ検討しても，人々の変化を捉えるには十分でない。

　日本の犯罪観の変遷を，制度と対応させながらスケッチしたうえで，極最近

の変化に焦点を当てて，その理解に努めたい。

II 日本の犯罪処罰と犯罪観の変遷

　伝統的日本社会から，その崩壊後のモデルへ，というもっとも単純な図式を提示したい。その意味で，歴史研究とは異なったアプローチをとる。とはいっても，歴史区分を全く無視するわけにもいかない。外国の読者のためにも，簡単に述べておきたい。
　ある一般的見方によると，明治維新以降の近代化が市民社会形成の始まりであり，それ以前が日本の伝統社会となる。しかし，私は，この見解はとらない。まず，日本の文化的伝統を語るとき，江戸時代はむしろ例外的であって，江戸以前にその精髄があるとみたい。したがって，江戸とそれ以前の中世は分けておきたい。明治維新後についても，第二次世界大戦後のアメリカの影響を，第二の維新とみる見方はとらない。伝統崩壊の分水嶺は，1970年代にあると考えている。そこに来て，いよいよ伝統社会は崩壊に向かったと考えている。1990年代後半から，犯罪被害者の権利について注目されるようになってきたが，変化が表面化してきたというように解釈したい。
　肉付けをしていこう。日本の犯罪観のもっとも深い層にあるのは，西洋風の罪と罰ではなく，穢れと浄化である。これは「ハレ」と「ケ」あるいは非日常と日常の二分法に連なる世界観である。犯罪は何よりも，穢れなのである。殺人事件を代表として犯罪が行われたり，行った人間が住んでいたりした家は，穢れを落とすために焼き払うことが最善とされていた[1]。現代においても，殺人事件や首吊りがあった家屋の不動産価格がどうなるか考察すれば，この伝統は真底において少しも揺らいでいないと考える。このような伝統の起源は，江戸ではなく，それ以前の日本である。このような日本文化の根本の成立は，実に古く，江戸時代の制度研究から，日本の伝統社会を語ることは危険である。
　明治維新は，日本にとって西洋近代との出会いであるとされる。西洋化については，未だにしていないという見方もありうるであろう。近代化という観点からは，その出発点として節目であることに異論はないであろう。刑事分野に

おいては，警察の誕生が大きい。刑務所は，江戸時代に長谷川平蔵が作った人足置場から連続性をもつが，警察は，維新政府が，全く新しく作ったものである。警察といえば，日本の古い体質を引きずっているイメージをもつ方もおられるかもしれないが，歴史を調べれば，近代化そのものの担い手であった。東京市の警視庁の邏卒は，当初全員，元薩摩藩士であり，占領軍の治安部隊の側面が強かった。全国各地の警察も中央国家主導で，江戸時代の人員を追放して作り直されたという。彼ら警察官達は，近代化を全国国民に浸透させるための末端担当者であった。[2]「オイコラ警察」という呼び名に象徴されるように，この時代の警察は，明確に庶民の上に立つ者であった。強圧的な警察に対する反発も強く，ついに日比谷事件のような警察署一斉襲撃事件が発生した。これに対して，警察は，住民に親しまれる警察像を打ち出し，交番の派出所の「おまわりさん」が住民に親切にサービスするということが行われ始めた。[3]警察と市民の関係という観点からは，ここは大きな転換点であった。

　他方で，この後，軍国主義の台頭があり，戦争中は，消防とも組んだ地域単位の警防団が組織され，いわゆる「国民総動員体制」の一つとして，警察が地域住民を「指導」する状況が一時的に生じた。第二次世界大戦敗戦後，GHGは，内務省を解体し，現在の警察組織を作る。現在の組織とは，官僚制化した行政組織，中途半端な地方分権，機能していない国家公安委員会，警察出身者の政界進出などを特徴とする。特高警察は強い非難の中，当然廃止されたが，冷戦が始まり，いわゆる逆コースへの転回の中，公安警察が再編される際に元特高警察員が多く雇われた。[4]このことは，GHQ指導の改革は，実は重要な節目になっていないことを如実にあらわしている。

　一般市民と警察の関係の変化ということでは，むしろ学生運動の経験のほうが大きいと思われる。まがりなりにも，「市民」と警察の対決があったからである。警察が市民の上に立つという権威主義の崩壊については，それなりの成果があったとみえる。学生運動家に，十分な市民としての責任感があったとはいえないことに対する批判は，日本においても海外同様であったろう。

　検察に注目した場合は，GHQ占領統治時代に，昭和電工事件等をきっかけに，捜査権限を与えられ，現在の特捜部がつくられたことは重要である。これ

は，後に，ついにロッキード事件等の疑獄事件で政治家の逮捕に成功する元となった。ただし，これは，まさに検察の活躍であって市民の活躍ではない。市民については，受身的に，エライ人々の権威失墜を経験したにすぎない。

　刑務所については，監獄法が百年以上も改正されなかったことに象徴されるように，終始一貫，制度的にも体質的にも，もっとも変化が少なかった。

　最近の変化については，制度上の変化ではない。新聞記事を検索して調べてみると，1995年の阪神淡路大震災と地下鉄サリン事件あたりから被害者に対する注目が高まり，治安に対する不安が現れている。現在では，犯罪学者以外のほとんどの国民は，日本の治安は悪化したと信じているようである。そして，被害者の名を借りた「厳罰化」が進んでいるようにみえる。この最後の部分を詳しく検討して，それが重大な変化であることを明らかにしていきたい。

III　安全神話の崩壊

　まず，もっとも単純に捉えてみよう。事実として，日本の治安は悪化していない。これは，公表されている統計データを精査すれば明らかである。表面的には刑法犯認知件数が急増しており，マスコミが報道で，治安悪化イメージを煽っているのが現状である。しかし，さらに詳しく検討すれば，興味深いことがみえてくる。

　そもそも，ある国の治安ということなら，普通の人が踏み入ることができない暗黒街が，どのような状況であるかを考えるべきである。日本においても，戦後しばらくは，新宿，渋谷，池袋といった繁華街で犯罪が多発していた。ところが，昨今は，女子高生が夜の渋谷を歩きまわれるぐらい治安は改善している。他方，郊外住宅街の治安について考えてみよう。かつて戦後間なしで治安が悪かった当時でさえ，真面目な市民は，夜の繁華街にでかけなかった。したがって，犯罪に出会う確率は低かった。現在は，繁華街まで遠くて出かけられない若者が，郊外住宅地のコンビニ周辺に屯している。住宅街で引ったくりや空き巣に遭う確率は，大幅に高まっていると考えられる。したがって，いわゆる「体感治安」の悪化には根拠がある。

安全神話について考えるとき，日本の治安は完璧でなかったにもかかわらず，それを一般住民が信じていたことに留意しなければならない。昼夜や，繁華街と住宅街のような境界で守られた中で，「自分は犯罪被害者とならない」と安心することができたことが神話の構造であろう。この境界が消滅してくると，日本全国どこにいても，どの時間帯でも犯罪に遭うかもしれないことになる。これが犯罪不安を起こし，安全神話崩壊を結果したと考えられる。

Ⅳ　境界と差別

　この境界による守りについてさらに検討してみよう。2003年，長崎で12歳の少年が，幼児を誘拐して殺してしまう事件が大きく報道された。犯罪に詳しいものにとっては，ありふれた事件にすぎなかったが，大騒ぎになったのは，被害者が，「普通」の子であったことである。みなが顔見知りの共同体において，被害者は無差別には選ばれない。弱いもの，それも社会的弱者が選ばれる。もしも，被害にあった幼児に，しっかりした親がいなければ，最悪，届出もなく捜査がなされなかった可能性すらある。このことは，かつては，犯罪に遭うものは「ある種の特性をもつもの」であったことを意味する。重要なのは，これは，同時に，普通の人々は，犯罪に遭わないことを意味することである。これこそ，「差別」を基にした境界にまもられているということであろう。確かに，昼夜や繁華街と住宅街といった境界よりも，犯罪に遭う人と遭わない人に分けてしまったほうが，明確な安心感が得られる。[9]

　被害者について述べたが，加害者に対して，穢れているという差別は，さらに強いはずである。実際，殺人事件を起こしたものが，刑を終えた後にふるさとに帰れるかを調査すれば，例外を除けば帰れていない。一般人の意識の問題としても，前科者と近所に住むことなど到底受け入れられないと考えている人が多数である。ところが，奇妙なことに，欧米先進国と比較して，日本の犯罪発生率が低い原因は，犯罪者の社会再統合の力が強いことであると実証されている。実は，刑事政策上の再統合は，完全に許されて元に戻ることではなく，再び逮捕されないことを意味している。元の共同体，これは，世間という言葉

でしばしば言い表されるが、犯罪者はそこには帰れず、その外部の特別な所に、いわば隔離されて生活させられてきた。その極端な例が非人に貶められて特別な職業につかされることであった。[10]

ここで注目すべきは、統制する側の人々も非人であったことである。穢れは非日常である。犯罪する側も、取り締まる側も、一般人にとっては非日常である。それら犯罪とかかわらない楽園の住人こそが、安全神話の享受者であったわけである。

V 厳罰化要求の正体

犯罪と無縁の日常を生きる人々と、犯罪者とその統制者からなる非日常世界の住人に、社会が二分されてきたことを前提にすれば、多くのことがみえてくる。中世以来、一般住民は、盗みは死罪というぐらいに厳罰化志向が強かった。これに対して中世には幕府の側が、撫民政策をとり、犯罪者を寛大に処することが行われてきた。これは現代でも、同じ構造をもつように思われる。例えば、窃盗初犯では、まず実刑判決はないが、一般人は、泥棒は刑務所行きであると信じている。アンケート調査しても、先進国中で、日本人の厳罰化志向はかなり高い。[11]

以上のことを前提すれば、被害者の名をかりた厳罰化要求は、これまで専門家におまかせして安心しきっていたことを止めただけという側面が強い。非行を犯すものには厳しくあたるべきであるという直感は、実はそう間違ってはいないと考える。民間人が、非行少年を叱りつけることについては、確かに厳しいほど効果があるであろう。しかし、現在の刑事政策における厳罰化は実刑を増やすことと量刑の長期化を意味しているが、犯罪者を抹殺してしまわない限り、いずれ出所して共存しなければならない。そのためには更生させるしかない。そして、更生させるには、なるべく刑務所にいれてはいけないし、長期にいれてはいけないことは経験則として確かめられている。したがって、現在押し進められようとしている「厳罰化」は完全に不合理な案であり、このようなことを主張することは、無責任の一語に尽きるであろう。

Ⅵ 共同体の崩壊と個人主義

　マスコミがどこか遠くでの凶悪事件を報道し，統計上の犯罪増加も報道されたとしても，それは，即座に犯罪不安には結びつかないはずである。自分の近所で，自分と同じような人が犯罪に遭うから怖いのである。逆に言えば，ミニコミによって，自分の近隣の安全についての情報さえあれば安心感は得られるはずである。したがって，匿名社会こそが不安の原因である。

　このように，防犯意識の高まりは，古いタイプの共同体の喪失を原因としているとみた場合，これは個人主義の発達と同一視できるかが問われなければならない。共同体主義の反対が個人主義と考えられがちであるが，両者は，単純な対概念ではない。例えば，被害者の名を借りた権利主張は，その責任感の乏しさから，到底，個人主義の発露とはいえない。[12]このところの日本社会は，共同体からの自由ばかりを追い求めてきたように思われる。

　ここで，日本人の個人を確立せよという結論を導き出せば，従来からの進歩的知識人による近代化主義，追いつき追い越せ論と重なってくる。それとの違いについて一言しておきたい。

　そのためには，フランスの現状と比較してみるのがおもしろい。フランスにおいても，できるだけ実刑と長期刑を避けたい実務家に対して，少年の保護主義が非行少年をのさばらせると非難する「世論」が優勢になっている。増えてもいない少年犯罪が大騒ぎされるなど，日本とほとんど同様の状況にある。[13]ここから幾つかのことがいえる。まず，どの国でも大衆は無責任であること，さらに，欧米を手本と考えることは，刑事司法については全くの誤りであることである。興味深いことは，無責任な大衆世論に，政治が振り回されている現象である。司法こそ，もっとも世論の影響を受けない部門であったはずであるが，立法を通してだけでなく，大きな影響をうける時代がやってきている。[14]

　この問題が世界中の国が直面している重大問題であるとすれば，この問題を乗り越えるための処方箋は，日本における，個人主義の確立ではすまないであろう。むろん，それに反対するわけではない。日本における個人主義の確立は，

責任ある高い地位にある人々が責任を取らない悪弊を駆逐することについて，大いに意義があると考えている。しかし，さらに，別の工夫がなければ，現状打開できないことが示唆されている。

Ⅶ　過剰な匿名化の阻止

穢れを中心とした秩序観によって，犯罪と無縁な人々が，「専門家」にまかせきって安心してきた構造がくずれるという現象がおきている。これは，中世以来の日本の伝統の衰退であり，その意味で，他の節目以上に大きな節目である。

1970年代以降のこの現象の鍵は，匿名社会化であると思われる。今後，匿名社会と共同体の関係が課題となるであろう。古い共同体からの個人の解放ではなく，共同生活を誰が，いかように支えるのか，再構築するしかない。互いに知り合わないままに，識別番号で認識して，監視カメラ等ハイテクを使った強力な統制システムが技術的には可能になりつつある。[15]そのような方向を目指さないならば，なんらかの形で匿名化を阻止する方向しかないと，私は考えている。

注
(1)　網野善彦・石井進・笠松宏至・勝俣鎮夫（1983）『中世の罪と罰』東京大学出版会，参照。
(2)　大日方純夫（2000）『近代日本の警察と地域社会』筑摩書房，参照。
(3)　同上書。
(4)　同上書。
(5)　魚住昭（1997）『特捜検察』岩波書店，参照。
(6)　河合幹雄（2000）「日本の犯罪被害者学と被害者運動の動向──人間性の回復」『犯罪社会学研究』第25号。
(7)　河合幹雄（2004）『安全神話崩壊のパラドックス──治安の法社会学』岩波書店，第一部参照。
(8)　東京家庭裁判所（1956）「東京（二三区）における非行少年の生態学的研究──昭和二八年度マッピング調査の分析」『家庭裁判月報』8巻8号，103-161頁。東京家庭裁判所（1958）「東京都における非行少年の生態学的研究──昭和三一年度マッピング調査の分析」『家庭裁判資料』58。原田豊（2001）「戦後わが国における実証的非行研究のルーツとその今日的意義」日本犯罪社会学会編『日本犯罪社会学会第27回大会報告要旨集』所収，3

第 I 部　市民社会の諸相

 -5頁, 参照。
(9) 河合幹雄インタビュー『朝日新聞』2003 年 7 月 25 日付オピニオン 15 頁「社会と犯罪変容を生んだ匿名社会」「三者三論　12 歳の事件を考える」。
(10) 前出, 網野善彦・石井進・笠松宏至・勝俣鎮夫 (1983), 参照。
(11) 法務総合研究所 (2000)『法務総合研究所研究部報告 10——第一回犯罪被害実態 (暗数) 調査』法務総合研究所によると, 先進国中, 日本人の厳罰化傾向は高いほうである。
(12) 前出, 河合幹雄 (2000) 参照。
(13) VAILLANT Maryse (1999) *La réparation : De la délinquance à la découverte de la responsabilité*, Gallimard, 裏表紙, 参照。
(14) アントワーヌ・ガラポン (2002)『司法が活躍する民主主義——司法介入の急増とフランス国家のゆくえ』(河合幹雄訳) 勁草書房, 参照。
(15) 前出, 河合幹雄 (2004) の第三部において論じた。

第Ⅱ部

政治と司法改革

第9章

法治と分権
――司法集権的構造の限界と三つの提案――

李　国運

I　法治主義とアイデンティティ（identity）

　民主化と法治主義をコインの両面であると理解するのは，昔から公法学者たちの習慣となっている。1987年以後の韓国社会の変化の過程においても，このような両者の関係に対して何ら疑問が提起されることはなかった。「人の支配」ではなく「法の支配」が原則とならなければならないというテーゼは，大衆にもすでに広く受け入れられた一種の常識となっている。はたしてこれは，正当なものであろうか。

　ここでは進歩と保守の二つの陣営に分かれ，やむことなく互いを激しく攻撃しあう罵り声がまずもって考えられる。法治主義とは結局のところ，野放しになっているこのような罵声を，法の審判場の公平な二つの席，すなわち原告と被告の席に引きずりこむことであるとわれわれは学んできたし，そう教えてもきた。しかしその後目撃されることといえば，そのような過程を経ながらも，さらに激しさを増す例の罵声のみである。また，私は私であり，あなたはあなたであるにすぎないという事実，そしてそれほど互いは異なるという事実，その事実が厳然たるものであることを確認することで満足するほかないという事実のみである。

　甚だしくは，互いに相異なるということを確認するにあたり，法治主義はむしろ面倒なだけである，という嘆きさえ聞こえてくるのが実情である。特に，民主化以前の社会を知らず，前近代と近代の区分がインターネットによってなされると考える新しい世代にとっては，こうした主張は想像以上に強い影響力をもっている。

まさにこの点から，近い将来韓国社会の法治主義が深刻な危機に陥るであろうという予想がなされる。亀裂はすでに最底辺においてみられる。人間と社会と歴史に対する総合的な知識への道を閉ざしたまま，常識以外のすべて知識を単なる偏執狂的なものとみなす唯我論的個人主義がそのエネルギー源であるとすれば，これを助長したり貶めたりする商業的マキャベリズムは，その触媒であるといえる。両者は，法治主義がこれを運営する人々に対しかなり高い水準の政治的訓練を要求する，という事実を全く無視している。その代わり，法治主義が，私とあなたの「差異」を保障する戦闘的自由と急進的平等の砦となることができないとすれば，あえて法治主義を選択する理由は一体何なのか，という常識主義的反問に執着するのみである。私とあなたとを支配する共通の規則をつまびらかに定めるという意味での法治主義など，状況と条件さえ許すのなら，いつ捨て去ってしまっても構わないのである。

　このような状況に対して，はたして公法学者たちはどのような代案を提示することができるであろうか。何よりもまず，現在の法治主義言説が，アイデンティティの問題を取り入れるには十分でないという事実を，謙虚に認めなければなるまい。そしてこのような現状認識から，次の二つの問いを導き出すべきであろう。すなわち，なぜこうなってしまったのか。そして，何をなすべきなのか，ということである。

　本章は，まさにこの二つの問いに答えようとする試みである。結論からいえば，長い間法治主義とは無関係なものとみなされてきた「空間的分権」の理念を前面に押し出すことで，この危機を切り抜けることができると主張したい。言い換えれば，それはアイデンティティの問題に関しては法治の単位を多元化・分権化することが唯一の代案であるということである。

　このため，以下，三段階に分けて議論を進めるものとする。はじめの課題は，韓国社会における法治主義の現在の形式である司法集権的構造がどのように形成されたのか，探究することである。次に二つめの課題は，いわば「差異の政治」に立脚した多元的民主主義がなぜ破産するほかないのか，論証することである。そしてその三つめは，アイデンティティの問題を取り入れる唯一の代案として，法治主義と空間的分権の理念がどのように連結可能であるか，提示す

ることである。また最後に，実践的次元において問題意識を喚起することができるよう，三つの具体的な提案をしたいと考えている。

Ⅱ　司法集権的構造はどのように形成されたのか

（1）嫉妬の渦

　現在，韓国社会における法治主義の形式として司法集権的構造を確認することができる。すべての紛争の最終的な解決は司法的方式でなされ，このための権力の集中は当然に望ましいこととみなされる[(1)]。韓国の憲政体制を自由主義的法治主義（liberal legalism）としてのみ解釈するとすれば，権力の司法的集中は当然の結果であるともいえる。しかし，憲政体制のうちに共和主義的立憲主義（republican constitutionalism）の脈絡を見出すことができるとすれば，韓国憲法の体制を自由主義的法治主義とのみ解釈することは，立憲自由主義（constitutional liberalism）という韓国の憲政体制の本領を無視したまま自由主義と司法主義の方向にのみ極端化した，一種の堕落形態として理解されなければならないであろう[(2)]。ここではまず，このような司法集権的構造が韓国社会においてどのようにして形成されるのかを明らかにしなければならない。

　グレゴリー・ヘンダーソン（Gregory Henderson）は，韓国政治を「渦巻き政治（the politics of vortex）」と表現したことがある（ヘンダーソン，1973）。同質性（homogeneity）と中央集権（centralization），エリートと大衆たちの直接的連繋，党派性と機会主義，そしてそれによる合理的な妥協の基礎喪失などがその洞察の核心であった。基本的にヘンダーソンの問題意識と共通するという脈絡から，私は20世紀の韓国政治を「嫉妬の渦」と表現したい[(3)]。この嫉妬の渦が作動する要は，「政治的不安定の制度化」である。既成の秩序と支配者たちの権威は，これまで常に疑心の対象にならざるを得なかった。彼らは一体いつから，また何をしたからそのように偉そうであるのか，という問いが後を絶たなかったのである。

　朝鮮王朝の儒教的政治体制が没落した19世紀後半以後，嫉妬の渦は韓国政治の根本を規定してきた。とめどなく押し寄せる西勢東漸の波の中で，もっと

も危うい処世術は，既成の秩序と価値体系を絶対化する態度であった。次の波が寄せればすぐさま古びてしまうものに対して，忠誠を捧げる理由などないからである。同時に，現実における敗北者たちは，次の波を的確に予測し備えることさえできれば，一瞬で情勢をひっくり返し，頂上に立つことが可能であった。このように敗者復活戦が制度化された社会において，安定はすなわち勝敗の固定化を意味した。そのため支配層がいくら「秩序」を強調しても，被支配層は常に「改革」を主張するのである。

　このような嫉妬の渦は韓国政治にはっきりとした痕跡を残すことになった。それがすなわちヘンダーソンも指摘していた「中央集権的構造」である。権力は常に渦の中心にあり，最末端ではけっして形成されることはない。このような中央集権的構造の単位として，国民国家または主権国家がそれほど深い疑いもなく受け入れられた。西勢東漸の波のなか，"あいつらにあるが，われわれにはない" という嫉妬の対象の代表的なものが，すなわち国民国家あるいは主権国家なのであった。[4] 独立運動と内乱の渦中においても，また経済開発と民主化の渦中においても，国民国家を単位とした中央集権主義は，常に変わることなく韓国政治を支配してきた。ある意味，これこそが韓国政治のもっとも重要な条件であった。

（2）小集団構造と法の動員

　問題は，「このような国民国家単位の中央集権主義が，なぜ比較的最近にいたるまで司法集権的構造の姿をとり続けるようになったか」ということである。

　韓国社会における法を説明するための核心概念として，崔大権は早くから「小集団構造」の重要性に注目していた。[5] これによれば，韓国社会の表面にあらわれた二次集団群の背後には，それぞれ独自の人間関係を通じて形成される一次集団群が存在する。これらは過去に法共同体として農村社会を支えていた社会構造の痕跡であるが，いまだ法共同体としての社会的基盤を備えることのできない都市社会において，全く異なる方式で作動するようになったものである。すなわち，韓国社会に独特な「小集団構造」が，情緒的連帯性の維持にあってはもちろんのこと，社会的利益追求と規範的正当性確保についても，核

心部分に存在する機制として機能するようになったということである。

　韓国社会におけるこのような小集団構造は，特に開発独裁のなかで政治権力に対する法的支持を動員する装置としてその強力な機能を発揮した。すでに述べたように，嫉妬の渦は，「敗者復活戦の制度化」を通じ韓国社会の構成員に，出世と不正蓄財を目指す飽くなき成長欲求を触発させてきた。個人のパーソナリティーにまで浸透したこのような成長イデオロギーは，小集団構造を通した政治的動員を可能にする条件となった。軍部独裁勢力は一つの戦略として，小集団構造を媒介に，統治エリートが管理する非公式の支配ブロックを形成することによって，根源的な正当性の欠如を補完しようとした。こうした非公式支配ブロックの内部では，最高権力者を含む統治エリートとの個人的な関係が核心的な変数となり，個人と集団は政治権力との非公式的な関係をもつことができるようになる。そしてこの過程において，権力の正当性に関する裏取引がなされてきたのである。

　赤裸々な暴圧と，過渡期的な状況論理に基づいた理念工作にもかかわらず，小集団構造を利用した政治的動員構造は，しかし1980年代中盤にいたって急激に瓦解しはじめた。その理由は，統治エリートが領導する非公式的支配ブロック内部において，それ以上個人と集団の成長欲求が充足されなくなったためである。各種試験の期数別に既得権を保障する体制は比較的合理的な外観を整えていたが，それはその内部にまで食い込んだ非公式的小集団構造の作用によって，急速にその正当性を喪失させられざるを得なかった。このような状況下，韓国社会における諸個人は，彼らが属する小集団を中心として，全面的に各個に躍進するようになる。この新たな嫉妬の渦から，立憲自由主義の憲政体制とそこでの法の動員が，以前とは異なる次元で重要性をもつようになったのである。

　このようにみると，1987年の憲法改正は，個人と小集団の間の利益紛争を解決する規範的枠組みとして，立憲自由主義の憲政体制の，その正当性を確認した出来事であったとみることができる。ただし，このような憲法政治への復帰が，司法集権的構造という一種の堕落形態に法治主義言説を歪曲させたことに関しては，さらなる説明が必要である。ポイントは，1987年の大統領選挙

とそれ以後の政治的変化を通じ，憲法政治の基軸とならなければならない立法過程が歪曲されたということである。市民たちの持続的な成長欲求は，主要な政治指導者の先導により小集団構造の媒介から地域主義として結集され，1990年の3党合党や1997年のDJP連帯のような地域連帯方式〔訳注：1990年には慶尚南北道および忠清道を地盤とする3党が，また1997年には全羅道を地盤とする金大中（DJ）と忠清道を地盤とする金鐘泌（JP）がそれぞれ連合し，選挙に対応した。〕を通して，政治過程を持続的に奇形化させたのである。このようにして正常な政治過程（立法過程）が行きづまれば，相対的に取引費用の小さい例外的な政治過程（司法過程）に一種の過剰な政治的負荷がかかるのは，当然の帰結であった。そして，新たに登場した憲法裁判所が，この過程において非常に重大な政治的役割を遂行しなければならなくなった。政治が変形するや，司法が政治・機能を代行するようになったのである（Kun Yang, 2000）。

III 多元的民主主義のディレンマ

（1）「差異の政治」

　現在，ある種の司法集権的構造の諸条件が，韓国社会においてはっきりと存在するという点は否認できない。独立した司法府を頂点とする憲法規範の存在や，公の議論についてこれを回避しない裁判官集団の存在もそうであるが，訴訟忌避文化をすでに廃棄したといえるほどの，訴訟意識あるいは権利言説の全面化は，1990年代の後半に入って後戻りできない程の水準に達した（金道玹, 2003）。さらに，エップが強調する「法的動員の支持構造（the support structure of legal mobilization）」の構成要素ともいうべき，広範囲で持続的な訴訟規模の拡大，継続的訴訟提起を可能にする専門訴訟機構，影響力を有する活動的な公益法律家，彼らに対する政治的・経済的インセンティブなどに関しても，韓国社会はすでにかなりの程度，体系的である（Epp, 1998）。

　このような権利言説の全面化に対する公法学者の態度は，概ね肯定的である。このことは一方では，長い間彼らの学問的実践の方向が，超法規的権力として君臨してきた政治権力と行政権力に対して，完結した司法的統制装置をもつも

のであったという事実と無関係ではない。また他の側面では，地域的覇権主義によって歪曲された正常的政治過程（立法過程）を矯正するにあたって，司法過程を強化することの以外に現実的な代案が見当たらなかった，という事情も考慮する必要がある。

　このような司法集権的構造の強化は，正常的政治過程（立法過程）において不利な位置を免れ得ない構造的マイノリティたちにとって，新たな政治的機会を提供する。なぜなら，欲望の意志的選択（voluntas）によって左右される立法過程が多数決の原則によって支配されるのに比べ，理性の意志的選択（ratio）により左右される司法過程は合理的論証の原則に支配されており，これらの人々としては後者を通じてより有利な立場から公的議題を公論の場に提起できるようになるからである。その上，いわば「考証責任の転換の戦略」をうまく利用すれば，立法過程においては想像することのできないほど大きな政治的成功を得ることもけっして不可能なことではない。したがってこれらの人々にとっては司法集権的構造が，「権利の政治（the politics of rights）」の上で魅力的な回路となるのも当然である。さらに，たとえ大きな政治的成功を収めることができなくとも，司法集権的構造はそれ自体，私とあなたの「差異」を明らかにし，公的に確認することから出発する「差異の政治（the politics of difference）」の現実的な脱出口となりうる。このような脈絡から，韓国社会の構造的マイノリティはより積極的に司法集権的構造を利用しようと試みている。例えば，女性・児童・在外同胞・外国人・性的少数者・良心的兵役拒否者などは，すでにその過程を経るか，あるいはそういったことが予定されている代表的な存在である。

（2）司法集権的構造の限界

　さまざまな理論化の試みにもかかわらず，「差異の政治」の本質については，いまだ憲法理論の次元において完成した理論が提出されておらず，ただ，代議制民主主義を（あるいは討議的民主主義までもすべて）「排除の政治」と規定した後，それに代わる政治のモデルにつき激しい議論が展開されているにすぎない[6]。韓国社会の現実をみるとき，「差異の政治」に追従する勢力の間で，自由

主義的法治主義を独特の形で擁護し，多元的民主主義の旗印の下に結集しようという，一種の理論的同盟が形成されていることに気づく。

　ここでいう多元的民主主義とは，すなわち二種類の理論的資源の連合体である（ヴィンセント，1991；Patrick Dunleavy and Brendan O'Leary, 1987：Ch. 2）。一つめは，原子論的個人主義と一元論的国家主義に抗して，社会集団の独自な位置を確保しようとした社会的多元主義の流れである。この立場は，自由を社会集団の多様性の中から追求しようとするもので，社会集団だけが中央集権的権力に対抗できると同時に，個人の自己発展を完成させることができると主張し，中央集権的主権論を攻撃して，権威と権力を多様な社会集団に分散するよう要請する。公共善の概念を利用しつつ道徳主権に変貌する危険性のある法的，政治的主権に代わり，社会諸集団の次元において多元化された主権を要求するのである。[7]

　しかしこのような社会的多元主義は，より積極的な意味において国家の位相を定立し得ないという限界をもっている。したがってこの流れは，歴史的に社会諸集団間の多様な利益葛藤を仲裁し，また解決してきた公正な審判者（fair referee）として国家を再定立する方式へ修正されることになる。これがすなわち政治的多元主義の流れである。この立場は，社会的多元主義が看過してきた国家の独自性を正当化することに焦点を絞り，社会的多元性を受容する政治的機制として，例えばポリアーキー（polyarchy，多頭制）のような体系的な政治秩序を提示する。[8] ここで重要なことは，この論理においてすべての紛争の最終的解決方式としての司法過程と，このための権力の集中が当然のこととされている点である。なぜならそのことこそが，多様な社会諸集団の利益葛藤と無関係で，公正なる審判者としての国家を象徴するものであるからである。

　このようにみたとき，現在の韓国社会における多元的民主主義は，社会的多元主義を通じ「差異の政治」の必要性を主張しながら，政治的多元主義を通じ司法集権的構造の不可避性を論証するものであるといえる。こうしたわけで，多元的民主主義すなわち自由主義的法治主義は，現在韓国社会において自然に司法集権的構造を通じた「差異の政治」を増幅させる結果を招く。このことは同時に，「差異の政治」がその立論の出発点である「同一性の政治」の弊害ま

でをも増幅し，踏襲することを意味する。代議的民主主義が（あるいは討議的民主主義までも）排除の政治に堕落するのは，中央集権的政治構造のなかでそれが（構造的）マイノリティの声を体系的に無視するからである。ところが「差異の政治」と司法集権的構造の同居は，結局マジョリティの声までも体系的に無視しうる政治的機会を提供することになる。

　ロバート・ダールは，多元的民主主義の強化すなわち利益集団—圧力団体の政治的活性化が，政治システム内部に，1)政治的不平等の固着化，2)市民意識の解体，3)公共議題の歪曲，4)最終的統制の譲渡などを惹起しうると指摘する（ダール，1992，64-78頁）。このような弊害は，「差異の政治」と組み合わされるとき，さらに深刻なものにならざるをえない。「差異の政治」は本質的に，社会的共通善を継続的に削減する傾向を有しているからである。したがって上記のような弊害においても，特に市民意識の解体は根深いものになる。なぜならこのことは，「差異の政治」に耐え，また持続する社会的資本の弱体化と表裏一体のものであるからである。さらに，例外的政治過程である司法過程を通じて重大な政治的決定が継続的に下されることは，最終的統制の譲渡という点からも根本的な問題となりうる。つまるところ民主的正当性の側面において，その正当性基盤が脆弱な法律家が最終決定権を独占することは，どのような立場からも正当化しづらいからである[9]。

　一つの可能性として，正常的政治過程（立法過程）の全面的な改革を通じ，例外的政治過程（司法過程）にかかる過剰な政治的負荷を軽減させるということがある。例えば競争的二大政党制のような政治的配置が早期に形成されれば，社会の共通善を掘り崩していく「差異の政治」の増幅は，司法集権的構造におけるよりも管理しやすくなる。しかし，このような政治改革が現実的に不可能であるとか，時間がかかるようであれば，より悲観的な展望は避けられない[10]。ここではわずかな共通善（thin foundation）のみでも民主政治が可能であると信ずる多元的民主主義者たちに，十分な共通善（thick foundation）があってこそ民主政治が実現されるという共同体主義者たちが鋭く対立することになる。また後者の一部は，共通善は多ければ多いほどよいという立場から，韓国社会が保有している具体的な伝統（例えば儒教主義）に回帰することが望ましいとす

る伝統主義者の主張に肩入れすることになるであろう。[11]

「差異の政治」に対立するこのような主張は，ついには韓国社会を，アイデンティティをめぐる激しい対決局面に導くほどの爆発力を秘めるものである。そうなることを予想してか，「差異の政治」を推進する陣営からは，最近になって普遍的価値の次元や共同体的連帯意識の次元自体を否定するさまざまな哲学的主張が，進歩主義の新たな理念として浮上してきてもいる。例えば，哲学的基礎づけに関するすべての負担を投げ捨て，根本も体系もない「リゾーム的思考 (the rhizomatic thinking)」を提案する「千個の高原」論の存在がある（ドゥルーズ・ガタリ，2001）。この立場は，「差異の政治」をより徹底しようとする一種の政治的遊牧主義 (political nomadism) であり，脱中心化・脱領土化された世界のなかで有意味な生の姿を，「遊牧」する世界市民間の非連続的な連帯において見出そうと努力するものである。国民国家の単位を超え，すでに世界は一つの帝国 (the Empire) として存在するという観点に立つ場合，このような試みが非常に魅力的な一面をもつことは間違いない。本質的にこのことは，多様な生の諸次元（千の高原）をさまよう能動的複数性としての大衆 (multitude) を，新たな構成的権力 (constituent power) の主体として組織するための哲学の出発点となるからである（ネグリ・ハート，2001）。

IV　多元から分権へ

(1) 多元的法制，空間的中心

ここでの問題は，「差異の政治」がこのように急進化する場合，法治主義とのつながりを全く放棄してしまう可能性が多分にあるという事実である。なぜなら近代法主義の基礎となっていた「大地のノモス」(der Nomos der Erde) が，それによってまるごと否定されてしまうためである（シュミット，1995）。もちろん純粋に理論的な面では，大地ではなく人間の身体それ自体に法治主義の基礎を確保してきた属人主義的法秩序を目的とすることも不可能ではない。しかし韓国社会の具体的な現実からみれば，このように純粋理論的な展望のみで法治主義の未来を構想することはあまりにも無責任なことではないかと思われる。

核心は，国民国家体制の瓦解という環境の変化に対応しつつ，「差異の政治」を適切に受容することのできる法治主義の単位の問題に集約される。ここでは法治主義とアイデンティティの問題を正面から取り上げることはできないが，こうした関心から法治主義の将来を展望する論議は随所で登場している[12]。しかしこのような試みは，すべて法秩序の機能的専門化に集中してその論議を展開するのみであり，ここでは空間的分権の理念は全く注目されないという共通点を確認することができる。このことは，自由主義的法治主義や「差異の政治」に対する代案として，けっして統一されることのない複数の差異によって世界を分割した後，複数の相異なる分配基準によって正義の問題を管理しなければならないという「複合的平等」（complex equality）論を提示しているウォルツァー（Michael Walzer）の場合にも同様である（Walzer, 1983）。

　私は，空間的分権の理念に注目し，多元的法制を複数の空間的中心に連結させる方式こそが唯一の代案であると考える。法治主義の実現にあって，アイデンティティの問題はけっしておろそかにできない。なぜならこの問題は，その上部に本質的に多様な諸価値を受容する土台的価値（foundational value）の問題とならざるを得ないからである。また，国民国家という既存の空間的中心が動揺局面にあるからといって，法治の空間的中心それ自体を否認することは，問題をさらに複雑化させるのみである。むしろ，国民国家の内外に複数の空間的中心を設定してから多元的法制をそれらに連結させるという方式によって，法治主義の新たな単位を摸索するということのほうが妥当である。

　このようにして形成される法治主義の新たなモデルは，次のように素描可能である。すなわちそれは，一方では，最小限の基本規範の下に国際社会が存在し，執行力をもつ中間規範の下に国民国家が存在して，生の意味を付与するより強い規範の下に地域共同体が存在するというものであり，他方，それらの地域共同体が国民国家の次元と国際社会の次元において専門化された法体制により，他の地域共同体と緊密なネットワークを形成するというものである。例えば，蔚山の地域共同体では労働が法治の主要なカテゴリーとなり，光州では芸術が，釜山においては海洋がそうなるであろう。大韓民国という国民国家の内部においても，これらの地域共同体は一定の共同体的連帯意識を共有するが，

それに加えて蔚山は豊田と，光州はヴェニスと，釜山は上海との緊密な相互連繋をもつことになる。家族の価値を重視する安東地域の住民は，同性カップルの多い首都圏のあるの地域の住民よりも，米国中西部の復古的な保守主義者に対して親近感を感じるであろうし，その首都圏におけるある地域住民にしても，より急進的なサンフランシスコ（San Francisco）のリベラルに親近感をもつであろう。[13]

このように空間的分権の理念に立脚した新たな代案は，ひとまず法治の根本的単位が国家ではなく社会であるという命題を受け入れ，それに立脚しつつ国民国家内外に自律性をもった法治の空間的単位を複数設定することによって，アイデンティティの問題を解決しようとするものである。これは，現在の国民国家体制に比較すればあまりにも生硬なシナリオであり，当惑させることになるであろう。しかし少なくともこの代案は，地域共同体という空間的中心を放棄しないという点で，人間の身体以外のすべての共通的準拠を廃棄する政治的遊牧主義とは区別されるものであり，その空間的中心を基礎として，多元的で分権化された新たな法秩序の構築を可能にするものである。比喩的に表現するならば，定住的遊牧民主義ないしは法的遊牧民主義（legal nomadism）ということになる。

（2）憲法ではなく諸憲法

韓国社会の現実においては，このような構想はヘンダーソン以来核心的な政治的課題となっている，多元主義と分権化（decentralization）の実現に寄与する（ヘンダーソン，1973, 13章)。「差異の政治」と司法集権的構造を温存させる偽善的な多元的民主主義に比べ，それは多元（plural）と分権（decentral）が根本的に互いを前提とし，また互いに強化する関係にあるという事実を前面に押し出す。さらに多元と分権のこのような相乗作用は，自由の諸空間を具体的に押し広げることになる。しかしこのような全面的楽観論は，新たな法治主義を正当化するための，より根本的な諸論拠を要請する。これはいわば新たな憲法理論への要求なのである。

この点に関してなによりもまず言及しなければならないことは，本章が指向

する空間的分権化の理念が，現在の憲法の枠内でも充分に確保可能であるという事実である。まず憲法はその発話の構図において，存在論的前提として主権宣言の相手方となる他の主権国家群の存在を想定しており，さらに他の主権国家群と結んだ約束（条約）を尊重し，その国民（外国人）の地位を保障している。また大韓民国と他の諸主権国家，そしてその構成員である人類によって構成された国際社会を一種の法共同体として認識しながら，一般的に承認された国際法規の効力を認定している（憲法前文および第6条）。その一方で憲法は，地方自治に関しても別途の章（第8章）を設け，経済（第9章）とともにそれが実に重要な憲法政策上の目標であることを表明している。つまり憲法は世界（global）／国家（national）／地域（local）を結ぶ法共同体の三重構造化を予定しているのである。

　このような憲法の態度は，大変意味深いものである。理論的次元において，憲法は自由の空間的次元に注目している。このことはすべての人間にとって三つの空間，すなわち「内部空間」，「歴史空間」，「超越空間」が同時に作用していることを認めるものである。そしてこの諸空間のうちどれか一つに他のものを還元することで，自由に対する空間的抑圧が始まるものであることを洞察している。実践的次元において，憲法は現実の「歴史空間」内部に「内部空間」と「超越空間」を確保しようとする。憲法制定過程において，国家の内外に地方自治団体と国際社会を確保する理由はそのためである。したがって，憲法的観点からみて正常な市民は，常にこの三つの権力空間に同時にあらわれるものと前提されている。市民は地域共同体の住民であり，大韓民国の国民であって，国際社会の市民であらねばならず，憲法に立脚しこの三種の政治的アイデンティティをバランスよく維持することではじめて，自由の空間を確保することができるようになる。このような点から憲法は，市民の自由を確立するための，空間的権力均衡の協約文書であるともいえるわけである。

　結論をいえば，空間的分権の理念に基づいた新たな法治主義のモデルは，有効であるのみならず合憲的なのである。ここで合憲的であるというのは，韓国の憲法が空間的中心を別にする他の憲法たちの存在を規範的に承認しており，さらにそれらとの重畳を許容し，またそれを助長もしているという意味におい

て，そうであるということである。国民国家と同じく地域共同体は，それ自体憲法的アイデンティティを生産することのできる自律的な憲法共同体である。したがってこの新たな法治主義のモデルを正当化するものは，単数の憲法ではなく複数の諸憲法である。すなわちこの複数の諸憲法間において力動的均衡を達成することができなければ，空間的分権の理念に基づく法治主義の新たな構想は水泡に帰することになる。

それでは，こうした複数の二者憲法間で力動的均衡を達成する市民たちは，どのように確保されるのであろうか。この問いこそが，「差異の政治」が憲法理論に投げかけるもっとも根本的な問題提起である。複数の諸憲法を共存させることは，カール・シュミット以降「友と敵の区分」としてのみ理解されてきた「政治的なるもの」（the political）の概念を，差異の認識と配慮の倫理の基礎へと転換させなければならないことを意味する。そしてこれにより，「敵のいない民主主義」を定礎しうる新たな憲法理論を開拓しなければならない。こうした根本的な方向転換のためには，国民国家を中心に法治主義を考えるといった住み慣れたサークルから飛び出し，同一者ではなく他者の方向から，正反対に憲法理論を再構成する必要がある。しかしこの提案はけっして「人格的相互承認」という最小限の規範のみによって，ただちに抽象的な世界国家の次元にまで飛躍しようというものではない。むしろ韓国社会においては，身体で感じられ，また視線が届くほどに具体的な「歴史空間」を，法治の単位かつ憲法共同体として再発見するという，まったく逆の努力が必要なのである。なぜなら，このような空間的中心においてこそ，多元的法体制のあちこちに出没する他者の顔に，肌が触れ合うほどの距離で出会うことができるからである（李国運，2003b）。

V 三つの提案

最後に，何らの実践的な方向を示したい。この負担を真正面から受け止めるために，例えば最近強まっている地方分権化の流れと関連し，憲法的観点から諸核心課題に言及することがありうる。ただし，こうした作業については別の

第9章 法治と分権

機会に譲るとして，以下においては，理論的次元の論議を実践的次元に転換させるため，相当なレベルにおいて，三つの具体的な提案を投げかけることで，まとめに代えることとしたい。[15]

（1）スクリーンクォーターの統制権限を地域共同体に与えよう！
　農民から勤労者までがすべて市場開放の被害者となっているにもかかわらず，韓国映画はその全盛期を謳歌している。要因としてはさまざまなものを挙げることができるものの，なかでも制度的保護装置としてのスクリーンクォーターははずすことができない。その重要性のためか，各種貿易会談において米国貿易代表部はこの制度の廃止を要求してきており，また自由な市場競争というモットーからそうした主張に同調する学者たちも少なからずあらわれてきた。その都度世宗路の交差点には自らの遺影を掲げた映画監督・俳優・製作者たちが韓国映画を助けようと叫びながら喪服で行進し，新聞とテレビは必ずこれを大々的に報道する。国民は愛国心から韓国映画を鑑賞し，それにより「シュリ」から「シルミド」にいたるまで忠武路神話〔訳注：ソウル市の「忠武路」には映画製作関連業者が集中しており，転じて「韓国映画界」を意味するようになった〕は長らえることとなった。

　ところで，問題はこの騒動から，映画の消費者である市民がつねに排除されてきたことにある。映画は企画から製作・配給・元金回収まで，常にハリウッドか忠武路でなされ，市民はただ観客または聴衆として動員されるのみである。そのような点から，毎年釜山で開催される国際映画祭が，はたして釜山市民の，釜山市民による，釜山市民のための祭典となっているかについて，真摯な疑問を提起するときがきている。ともすればこれは，ハリウッドやソウルの映画製作者たちによる地方巡業にすぎないのではないであろうか。

　こうしたことを解決する方法は至極単純である。すなわち，スクリーンクォーターという制度自体は維持するとして，その規制権限を地域共同体，特に地方議会に移譲すべきなのである。各地域にはそれぞれの文化的背景と社会的状況が存在するのであるから，彼ら自身によって選出された代表によってスクリーンクォーターの範囲を定めるほうがより合理的である。この場合，各地

205

域はスクリーンクォーターを利用して映画産業の誘致競争に乗り出すことになり，またそれにより映画産業の地方分権化にも転機が訪れることになる。ソウルのように地価が高く人件費も高い所が映画産業の立地条件として地方より勝っているという先入観は，勇気をもって捨て去る必要がある。それに映画は，アイデンティティの確認が何よりも重要とされるポストモダン時代の核心的メディアである。異質なものの包容は，その異質さの確認が先行してこそ可能である。自己を表現したいという欲望を，国民国家という単位にのみ託すことができると考えられた時代は，とうに昔のことである。

（2）司法試験を地方分権化しよう！

　次に，弁護士選抜権限の地方分権化を提案する。提案の核心は，弁護士資格試験をソウル・大田・光州・大邱・釜山の各高等法院の管轄地域別に区分し実施しようというものである。人口に比例して合格者数を配分するというのは，現在の定員制司法試験下においても制度変更の面からそれほど難しいものではない。各高等法院は試験科目と試験日時などに関する一定の自律権をもち，広域地方自治体・検察庁・弁護士会・法科大学連合会などの協力を得て，管轄地域の弁護士資格試験を主管する。受験者はどの地域で受験してもよく，また何度受験してもよい。ただし，司法研修院の研修と軍服務を終了後，少なくとも5年間は，当人が弁護士資格を得た高等法院の管轄区域内でのみ開業することができるという点を，法的拘束力をもつただ一つの制限事項としてつけておく（ただし，その期間内であっても訴訟代理および法廷弁論については，全国どこでも可能でなければならない）。そして5年後には全国的な弁護士資格を与え，ここから判・検事を任用するものとする。つまり，弁護士選抜は地方に，判・検事任用は中央にということである。[16]

　この提案が受け入れられた場合，もっとも素早い変化は，各地方の法科大学（あるいは法学専門大学院）においてあらわれるであろう。これらの学校における法学教授が，弁護士資格試験の実質的な主導権を握ることになるからである。彼らの講義に受講生は殺到し，彼らの学説には権威が付与される。5つの地域で司法試験が繰り返されることにより，法学教授は地域内外で熾烈な競争を継

続せざるを得なくなるし，これにより全国的な地名度を誇る新林洞〔訳注：司法試験や公務員試験などの「考試」対策の予備校や受験生の集中地域〕の予備校講師は，さらに忙しくなるほかない。いっそのこと，ソウル地域の司法試験にのみ集中するか，あるいは完全に大邱地域や光州地域に移動する予備校が出てくることもありうる。試験科目等に関する自律権がうまく運用されるとすると，各地域ごとに独自の選択科目が生じることは当然であろう。例えば，釜山地域では労働法と日本語，大田地域では国際取引法と中国語が選好され推奨されるということが考えられる。また光州地域では法曹倫理が強調され，大邱地域では法哲学が強調されるという現象が発生するかもしれない。

　このように各法科大学を中心として，各地方に一種の専門的法学共同体が形成されれば，それによって司法の民主化をすすめる市民社会の力は自然に蓄積されることになる。各法科大学は先を争って地域の中心部に法律相談所（legal clinic）を設置するであろう。各高等法院・地方法院の判決内容が地方新聞やインターネットにおいて頻繁に登場し，判・検事たちの決定性向に対する関心も次第に増して，司法に対する監視が日常化する。市民の脳裏には，自分たちを代表する判・検事が誰なのか知らなければならないという意識が目芽え定着することであろう。各法科大学（法学専門大学院）の在学生たちは，無料法律相談または司法監視運動を実習科目として履修することになり，修士・博士課程では高等法院判事らの決定性向を比較分析する学位論文が，次々と登場するであろう。

　こうした雰囲気の成熟は，家事・医療・労動・行政・租税などの分野において参審員を活用する裁判ブームを引き起こし，検察制度を中央検察と地方検察に二元化し，あるいは検察と警察の権限配分を改善した後，自治警察制度を本格的に実施しようという主張も登壇することになるであろう。判・検事の任用過程に市民の参与を保障すべしという運動が結実するのは，この頃ではないかと考えられる。一度従来の市・郡法院を改編し，少額の民事事件や軽微な刑事事件を地方判・検事の管轄として，彼らの任用過程において市民の参与を保障しようという立法請願が次々と起こる。さらに中央の日刊紙では司法的代議政治の観点から，大法院長の法官任命過程に同意権を行使する大法官会議の重要

性(憲法第104条第3項)を強調したり,または憲法改正時の憲政史の前例(1962年憲法)を考慮して,高位法官任命時には法官推薦会議の推薦を要求するよう制度化しなければならないといった論説が掲載されることもあるであろう。そうなれば,民主司法の精華ともいうべき陪審制度を,憲法改正を通して本格的に実施しようという主張が一般市民の共感を呼ぶようになるのは時間の問題である。

(3) 大法院と憲法裁判所を地方に移転しよう！

今日,地方の市民は,政治・経済・文化のすべての領域で劣っているという価値付与の代名詞となっており,数字の上でも次第に少数派になりつつある。ところで法律家が市民の司法的代表であると規定される理由は,彼らが司法代表機構を独占しているからであり,また彼らのみが解釈を通じた法発見の実質的担当者となるからである。法獲得の方法としての法発見という司法に固有の長所は,政治的にも弱者であり数字の上でも少ない「絶対的少数者(the absolute minority)」であっても,自身の論証の合理性(reasonableness)を立証することで,全体に対する規範的優位を確保することができるという点にある。したがって,司法は憲法的政治の面において,しばしば絶対的少数者の最終的避難所として機能するのである。そうであるとすれば,いまや絶対的少数者に転落する危機に瀕した地方の市民たちに対し,法と法律家がとらなければならない態度ははっきりしている。票を意識して行政首都を移すなどと数のゲームにうつつを抜かす政治家とはかかわりなく,法と法律家がまず積極的に少数者の側に移るというはどうであろうか。このように考えたとき,訴訟記録だけが送達されることになる二つの憲法的司法機関は閑静な古都に移り,地方市民に受け入れられる日が迎えられる。カールスルーエ(Karlsruhe)の故宮に位置するドイツ連邦憲法裁判所をみた者ならば,大法院が全州に,憲法裁判所が慶州に移ることが,けっして夢物語ではないということに同意してくれるであろう。

注
(1) これに関するもっともあからさまかつ顕著な例は,2004年に起こった「盧武鉉大統領に

第9章 法治と分権

対する弾劾審判事件」および「新行政首都特別法に対する憲法訴訟事件」である。前者では「棄却」，後者においては「違憲」がそれぞれ宣告された。
(2) 私は別稿において立憲自由主義という韓国憲法の立場を「自由主義的共和主義」という名称で言及したことがある（李国運，2001）。
(3) 私は「嫉妬の政治と法の動員」という題目で韓国社会の法に関する法社会学的な論究を準備している。その一端は別稿において部分的に明らかにしたことがあり，本章における叙述も基本的にはその要約であることを明らかにしておく（李国運，2003a）。
(4) 国民国家または主権国家こそが，近代西欧が他の地域に輸出した最高の政治商品であった。その発展過程に関する標準的な説明としては，（ポッジ，1995）を参照。
(5) これは頻繁にとりあげられる社会的ネットワークまたはネットワーク結鎖体にたとえることもできよう（崔大権，1983；金晋均，1983，351-362頁）。
(6) 差異の政治の理論化に関連したさまざまな試みに関しては，セイラ・ベンハビブ（Seyla Benhabib）が編集した *Democracy and Difference*（1996）に掲載された諸論文と，ほぼこの書の要約である李南錫（2001）を参照のこと。
(7) この立場の代表者はオットー・ギールケ（Otto Gierke）とハロルド・ラスキ（Harold Laski）である。
(8) これは互いに連携した制度として，1）選出された公職者，2）自由で公正な選挙，3）広範囲な選挙権，4）公職出馬権，5）表現の自由，6）複数の情報源，7）結社の自由を実際に運営する政治秩序を意味する。詳細な説明については（Dahl, 1989, Part. 5）を参照のこと。
(9) もちろん韓国社会の現実では，「差異の政治」を主導する諸集団が司法集権の構造を温存するという戦略を選んでいる関係から，法律家集団の統制を受けない権力の問題が，その憲法的重要性の割には，公論の場で注目を集めることができないでいるようである。状況がさらに深刻な米国の場合を挙げて，このような現象を指摘する代表的な著作としては，メアリー・アン・グレンドン教授の *A Nation Under Lawyers-How the Crisis In the Legal Profession is transforming American Society*（1994）を参照のこと。
(10) さらにこのような政治改革が成し遂げられたとしても，例外的政治過程（司法過程）に比べて正常な政治過程（立法過程）が強化されるのみであり，「差異の政治」の舞台である中央集権的政治構造それ自体には何らの変化もない。
(11) 例えば戸主制廃止に関する最近の論難は，すでにこのような状況を予告するものとみえる。
(12) 例えば，崔大権教授定年記念論文集『憲法と社会』（哲学と現実社，2003）に掲載された，以下の二論文を参照のこと（イン・スンピョ「共和国（社会諸システムの区分化）と諸システムの連結」；イ・サンドン「専門法 − 理性法の地域化された実践」）。
(13) 多元的法体制を空間的中心と連結させ「差異の政治」をうまく運営している例として，カナダの場合が頻繁に取り上げられる（Will Kymlicka, 1996）。
(14) なかでも私は，現在の三段階行政区域制度を1日も早く日本と類似した二段階のものに三編することこそを核心的な課題であると考える。
(15) これらの提案は，（李国運，2002a，2003b）においてすでに提起したものの簡単な要約である。
(16) 2004年10月の司法改革委員会の決定に従い法学専門大学院（law school）が設立されたならば，弁護士資格試験を同じ方式で行えばよいであろう（李国運，2003c）。

209

第Ⅱ部　政治と司法改革

参考文献

金道玹（2003）「韓国の民事訴訟の増加推移と原因分析」『法社会学研究』創刊号．
金晋均（1983）「韓国社会の構造的逆動性を分析するためのいくつかの概念について」ソウル大学校社会学研究所編『韓国社会の伝統と変化』法文社．
李国運（2001）「共和主義憲法理論の構想」『法と社会』第21号．
─── (2002a)「差別克復としての地方分権」『社会理論』春／夏号．
─── (2002b)「司法サービス供給構造の地方分権化」『法と社会』第23号．
─── (2003a)「司法改革の政治学」『ジャスティス』6月号．
─── (2003b)「現代憲法理論における他者の復権」『法哲学研究』6巻2号．
─── (2003c)「法学専門大学院の具体的設置方案──民主と分権の立場から」『釜山大学校法学研究』44巻1号．
李南錫（2001）『差異の政治──いまマイノリティのために』冊世上．
崔大権（1983）『法社会学』ソウル大学校出版部．
Benhabib, Seyla ed. (2006) *Democracy and Difference*, Princeton University Press.
Dahl, Robert A. (1989) *Democracy and Its Critics*, Yale University Press.
ダール，R.（1992）『多元的民主主義のディレンマ』（シン・ユンファン訳）プルンサン（Robert A. Dahl (1983) *Dilemmas of Pluralist Democracy : Autonomy vs. Control*, Yale University Press）．
ドゥルーズ，J.・ガタリ，F.（1994）『千のプラトー』（宇野邦一他訳）河出書房新社．
Dunleavy, Patrick and Brendan O'Leary (1987) *Theories of the State-the politics of liberal democracy*, Macmillan.
Epp, Charles R. (1998) *The Rights Revolution-Lawyers, Activists, and Supreme Courts in Comparative Perspective*, The University of Chicago Press, 1998.
Glendon, Mary Ann (1994) *A Nation Under Lawyers-How the Crisis in the Legal Profession is transforming American Society*, Harvard University Press.
ヘンダーソン，G.（1973）『朝鮮の政治社会』（鈴木沙雄，大塚喬重訳）サイマル出版会．
Kun Yang (2000) "The Constitutional Court and Democratization", in Dae-Kyu Yoon ed., *Recent Transformations in Korean Law and Society*, Seoul National University Press.
Kymlicka, Will (1996) "Three Forms of Group-Differentiated Citizenship in Canada", in Seyla Benhabib ed. *Democracy and Difference*, Princeton University Press.
ネグリ，A.・ハート，M.（2003）『帝国』（水嶋一憲他訳）以文社．
ポッジ，G.（1995）『近代国家の発展』（パク・サンソプ訳）民音社（Poggi, Gianfranco (1978) *The development of the modern state : a sociological introduction*, Stanford University Press, 1978.）．
シュミット，K.（1976）『大地のノモス──ヨーロッパ公法という国際法における』（新田邦夫訳）福村出版．
Walzer, Michael (1983) *Spheres of Justice : A Defense of Pluralism and Equality*, Basic Books.
ヴィンセント，A.（1991）『国家の諸理論』（森本哲夫監訳，岡部悟朗訳）昭和堂．

第10章

比較社会・文化的文脈からみた司法積極主義と司法消極主義
──一つの探索──

崔　大権

I　比較社会・文化的文脈，その意味と意義

　韓国の違憲法律審査を司法積極主義（judicial activism）として性格づけるとすれば，日本の違憲法律審査は司法消極主義（judicial passivism または restraint）として性格づけることができる。韓国のそれと比較する時，日本にはあたかも違憲立法審査が存在しないと思える程，消極的である。こうした違いのあらわれは，なぜそうであるのかという知的好奇心を喚起する。違憲法律審査制度を除き，韓国と日本が実に類似した法ならびに法制度を有していることから，特にそうであるともいえる。本章は，どのような要因がこの種の違いをもたらすものであるのか模索するものである。

　ところでこの解説にあたり，自然と浮かび上がってくる明らかな要因の一つは，司法審査に関する制度的差異からのものである。日本では最高裁判所を頂点として一般の裁判所が違憲法律審査権を有している。ところが韓国では大法院と別個の憲法裁判所がその権限をもつ。問題はこの制度の差異のみにより先の違いを十分に説明し尽くすことができるかという点である。畢竟そうはいえないと思われるが，その理由は韓国ならびに日本社会が司法審査制度を除き酷似した法制度・司法制度を有している上，法よりは社会的調和（日本で称するところの「和」，social harmony）を優先視するためか，多数決より全員一致（consensus）の意思決定を選好するというアジア共通の社会的・文化的特徴を共有しており，一般裁判所型であれ憲法裁判所型であれ，違憲法律審査制度に関してはそのいずれもが西洋から輸入されたものであるからである。

以下においては韓国と日本の，司法積極主義・司法消極主義の違いを説明するものとして，違憲法律審査制度の差以外の諸要因に関する検討を行う。このような比較研究は，両国間の比較法的・司法制度的研究ばかりでなく，社会・文化的な，単純な外形上の類似性ならびに差異の比較を越えて比較社会・文化の分析を要求するものであり，これはけっして容易なことではない。よって本章はあくまでその探索的な作業に終始することとなるが，上で確認した差異の説明に際し，積極的に持論を展開するものである。

II 韓国の司法積極主義と日本の司法消極主義

(1) 統計にみる積極性と消極性

それではまず，韓国の憲法裁判所がその誕生（1987年）以来，どのように機能してきたのかをみることにする。憲法裁判所が実際に司法審査の機能を遂行し始めた1988年9月から2004年12月31日現在まで，もっとも最近の大統領令に対する弾劾審判事件を含め，総1万772件の事案が憲法裁判所に届けられた（年平均634件程度）。このうち，憲法裁判所が実際に扱った1万171件中263件が，問題の法律または法律条項が違憲であるという判決を受け，79件が憲法不合致の決定（問題の立法を憲法裁判所が指定する一定の時点までに憲法に合致するよう改定することを要求し，できない場合には違憲・無効となる）を，48件が限定違憲の決定（その他の部分では憲法的に問題がない）を，28件が限定合憲の決定（その他の部分において憲法的に問題がある）を受け，217件の憲法訴願事件は憲法的根拠があるものと認容された（すなわち，憲法的に保障された個人の基本権が侵害されたという主張が，憲法的根拠があるものとして受け入れられた）。よって，全般的には問題となった立法は635件の事件において全体的にあるいは部分的に違憲決定を受け，836件の事件において合憲決定を，3385件の事件において棄却決定を，4905件の事件において却下決定を受けたということになっている。

日本の最高裁判所が違憲判決を下した数は，韓国の憲法裁判所が違憲決定を下した数とは全く比較にならず，半世紀の日本戦後史においてわずか5，6件

の違憲判決があったのみである。1973年の尊属殺人加重処罰違憲判決,1975年の広島薬事法距離制限規定違憲判決,1985年の森林法公有森林分割制限規定違憲判決,1976年の千葉衆議院定数配分規定違憲判決,1989年の衆議院定数配分規定違憲判決,2002年の郵便法損害賠償制限規定違憲判決などがそれである。このように二国間の司法審査に関する統計比較のみからでも,日本が司法消極主義であるのに比べ,韓国が司法的に相当積極的であるということがわかる。

(2) 司法積極主義／司法消極主義概念の使用に関連して

ここでは,政府の行為(立法など)が司法的に違憲決定を受ける場合を司法積極主義と定義し,合憲決定を受ける場合を司法消極主義と定義して,比較的機械的に司法積極主義／司法消極主義の概念を使用している。よってこうして定義するところの司法積極主義／司法消極主義については,政治的ならびに社会的・経済的自由(または進歩)主義対保守主義といった区分とは関連がない。司法積極主義は,数多くの決定例にみるように自由主義に奉仕もし,また保守主義に奉仕もする。司法消極主義もまたそうである。ゆえに司法積極主義は,議会は自由主義であるが司法府(憲法裁判所または最高裁判所)が保守主義である場合,もしくは司法府は自由主義であるが議会が保守主義である場合にあらわれるということになる。

司法積極主義・司法消極主義概念の使用と関連しては,もう一つの点を注意する必要がある。それは,政府の行為が外形的・司法的には合憲の決定を受けたものの,政府の行為の本来の,または実際の目標が,憲法解釈の方法を通じ挫折,統制または制約されるという決定の類型も存在するということである。上で述べた憲法裁判所の限定合憲,限定違憲などのいわゆる変形決定は,このような類型に属する決定の一例である。限定違憲決定は,制定法条項のうち分離されうる部分のみが違憲であり,その条項の他の部分は合憲である場合に下され,限定合憲の決定は違憲である部分のみが違憲と判定され他の部分は合法である場合に下される。したがって,制定法条項の分離可能性(severability)がここでは重要である。すなわち,条項の分離可能性がない場合には,その条

項は全体的に違憲か，合憲の判定を受けることになるのである。こうした変形決定の例においても，司法積極主義の精神を読みとることができる。もっとも，より優れた分析に資する比較研究においてはこのような諸事例も取り扱われねばならないが，ここでは便宜上，司法積極主義・司法消極主義の区分のみを用いることとする。

　非常に慎重に接近したとしても，また上のように精神的な積極主義の事例を含みつつ分析したとしても，韓国の司法審査が積極主義であり，日本のそれが消極主義である点に疑問の余地はない。いうまでもなく，司法積極主義が万能ということではない。ただ，憲法的に付与された司法審査の権限の行使において，韓国と日本との間になぜこうした違いがあるのかという知的好奇心の芽生えが，実に自然なことであるということだけである。立法に対する司法審査の点において，韓国と日本を分かつものとは一体何か。また，その政治的含意は何であろうか。

III　関連する政治的ならびに社会・文化的諸要因

（1）社会的調和と社会的動力

　日本の司法消極主義の原因を，政治においても浸透している社会的調和という日本社会の文化的特質に帰することは適切であると考える[11]。また社会的調和の別のあらわれとして，集団からの逸脱という，個人による自己意思の表明を困難にするといった特質を挙げることができる。集団からの「いじめ」現象はさらにまた別の表現形態である。日本社会においての政治的決定は多数決ではなく，多様な社会的・政治勢力間の調和（すなわち妥協）を形成する，全員一致によってもたらされる[12]。このような文化的特徴は，重要な変化の達成を困難なものとするが，一度立法府の全員一致による決定に基づき立法がなれば，こうしてすでにつくられた立法に対する挑戦は少ないか，ほとんどなされない。日本において法がよく守られているということは，必ずしも（西洋式）法治主義に奉仕するものではなく，むしろ法の背景となっている全員一致的な社会的合意に対する尊重によるものであって，そうした社会的合意に対する逸脱の難

第10章　比較社会・文化的文脈からみた司法積極主義と司法消極主義

しさのためである(13)。よって変化は長時間に及ぶ慎重な審理によってのみあらわれ，またゆっくりとあらわれる。日本のこのような社会・文化的特質が（立法に対する挑戦を減らすのみならず）日本の裁判官をして，立法にあらわれた社会的合意の，その破壊を忌避させるといった傾向をもたらすのである。

　内閣による下級裁判所裁判官ならびに最高裁判所裁判官の任命制度も，立法において達した調和（全員一致的合意）を，司法決定過程において尊重するよう仕向けるものである。内閣は，首相など内閣構成員と価値観やイデオロギーを共有する裁判官を，下級裁判所裁判官ならびに最高裁判所裁判官として任命するのである(14)。また昇進，転任ならびに10年任期後の再任命などの人事権の行使を通じ（最高裁判所事務総長を通じて）最高裁判所が有する下級裁判所裁判官に対する統制装置は，全国の裁判官を，意見の一致を保つ統一されたグループとして束ねることに寄与している(15)。

　いうまでもなく，（すでに確認したものと）類似した調和に基づく社会・文化的性格が韓国社会にも，そしてその政治的決定過程にも存在することは事実である。政府と執権党間の党政協議会，国会の議決に先立つ政党総務間の総務会議，政府・使用者・労働者間の労使政委員会などは，立法の前段階において，重要政策に関し，全員一致の意思を導くため準備された制度的装置の一例に過ぎない。しかしこうした事前合意の諸装置は，互いに対立する政党間の自然な全員一致的合意が成立し得ないがために，逆説的に政治合意があらかじめ導き出さなければならないという切実な必要性により意図的に発明されたものであるといえる。とはいえこれらは実のところ，うまく作動していないのである。

　またたとえ全員一致が立法政策の決定という形態をとったとしても，集団間の継続した軋轢ならびに不信のために，こうした合意が後に尊重されないということがある。自民党の長期集権に端を発する日本の驚くべき社会的ならびに政治的安定に比べ，政権交代を含む韓国の政治的変化は，韓国社会ならびに政治的動態現象に不可分な一要素であるといえる。韓国の過去独裁体制は，一時期韓国の強力な経済開発推進に必須な社会・政治的安定のための代用物であった。しかし産業化の成功が，独裁体制下において抑圧されていた集団，利益ならびに社会諸勢力の爆発的な動態現象を引き起こすことになる。このような諸

集団の爆発的動態現象は,韓国の民主化に寄与する要因としても作用した。今日の韓国社会は,社会的調和からではなく,政治的変化を含む諸集団の動態現象 (group dynamism) として究明されなければならない。韓国の司法積極主義は,このような社会に遍満する集団動態現象の一反映であると考えられる。急進的な変化を伴う,社会動態現象の産物であるところの変化は,今日韓国社会において否定し得ない要素となっている。韓国の憲法は,その制定以来すでに9回の改定を重ねている。違憲法律審査制度自体も,一時の独立した憲法委員会制度から憲法裁判所制度へ,次に日本のような,立法に対する審査権を一般法院がもつ一般法院型へ,さらに憲法委員会制度,そして現在の憲法裁判所制度へと変化してきた。2004年の大統領に対する弾劾訴追ならびに新行政首都特別法に対する憲法訴願は,韓国社会の動態現象のあらわれの一つに過ぎない。この二つの事件は,韓国社会に,その過程と結果において,激烈な政治的波紋を投げかけたのである。

(2) 司法制度改革,司法過程と社会・文化的,社会構造的特質

　日本のさまざまな司法改革の項目中,法学教育改革には驚くべきものがある。韓国は日本に比べはるかに以前から法学教育改革論議を真剣に行ってきた。しかし韓国では,いまだに法学教育の何をどのように改革するかということが論議されるばかりである。現在,これまでのような大統領諮問機関ではなく,大法院の傘下にある司法改革委員会が,ロースクール案を政府に答申しているという状況にある。こうしたことに関連して,「静態的な」日本社会に疑問を感じつつ韓国社会のダイナミズムをとらえる日本の学者もあり,さらには韓国の大統領制,すなわち政治的指導力と,日本の内閣責任制,政治指導力不在とを同一視する学者もある。法曹界の反対などの抵抗にもかかわらず,いわゆる日本型ロースクール制度の導入に必要な全員一致を日本が成功裡に導き出したことは,どのようにして可能であったのであろうか。日本のロースクール導入決定過程においては,ロースクールの導入に利害関係をもつ重要な諸勢力,また反対するグループ (例えば弁護士団体) までをも参与させ,ついには全員一致的な合意を引き出したとみることができる。その決定内容からはこうした合意

第10章　比較社会・文化的文脈からみた司法積極主義と司法消極主義

のための徹底した妥協の様子が窺い知れるのである。すなわち日本では韓国の全経連にあたる経団連が支持をし，政府が主導することで法学教育改革が成し遂げられた。韓国の場合，政府には反対グループまでを包容するリーダーシップがなく，また韓国経営界の法学教育改革に対する要求は弱く，組織的でもなかった。日本における法学教育改革に関する決定，その速度ならびに経緯ははたして一般的な例であろうか，それともその例外を示すに過ぎないのであろうか。

　ところでよくいわれる大統領制政府形態と政治的指導力との間の等式は，実に誤ったものである。自身の重要政策を推す社会的合意を導きだすことに成功できなければ，大統領の政治指導力は弱まることになる。大統領は単純過半数の支持を得て，はじめて自身の重要政策を国会において立法として通過させることができるのである。しかしその立法は，すぐに反対党からのさまざまな試練にさらされる。[19]朴正煕大統領政府下，二年制司法大学院が1961年に導入されたということがあるが，法曹界の反対に屈服し，それは論議も特になされないまま1971年には現在の司法研修院に代置される。金泳三大統領ならびに金大中大統領も，1995年と1998年に法学教育改革をはじめとする司法改革を試みるがやはり法曹界の反対に遭い，法学教育改革の意志は挫折して，それはまたしても成し遂げられなかった。こうしたことを経て盧武鉉大統領政府下の2003年には大統領と大法院長の合意に基づき大法院傘下に司法改革委員会が設立され，この司法改革委員会が2004年に一年間の活動を終えて，ロースクールの導入を中心とするさまざまな司法改革案を政府に建議することになる。[20]これにより，計画案を実現する司法制度改革推進委員会が大統領傘下に設置されて，活動を開始したのである。

　日本の司法消極主義の重要な一要因として挙げた日本社会の調和（social consensus）と（それに至る）全員一致的な意志決定形態（pattern）が日本社会の支配的な社会・文化的特質であることは，日本の司法過程においてあらわれる民事訴訟事件における高い調停事件（mediation）割合からも明らかである。日本の場合に比して，韓国社会においては民事訴訟事件数に対する調停事件数は非常に少ない割合にとどまっている。[21]こうした司法過程の違いをどのように

説明すべきであろうか，またこれは司法消極主義／司法積極主義の違いとどのように関連しているのであろうか。つまるところ，韓日間の司法過程の違いも，社会的調和と社会的動態（social dynamism）という両国間の社会・文化的ないし社会構造的特質の差異と密接に関連している，というのがわれわれの考えである。韓国社会において，訴訟にまでいたったケースについては裁判によって決着をつけることが当然であり，調停に応じて妥協しようとする見解あるいは傾向は，弱いかあるいはないと思われる。これに比べ日本社会においては，訴訟にあくまでこだわる個人的様態に対しては，社会的な調和を破るというか，あるいはこれを真っ当でないとする目にみえない社会的な圧力が作用し，より調停に応じさせるようにすると考えられる。判事の姿勢にも社会的調和ないし合意を尊重する傾向が強くあらわれているとみられる（このことが司法消極主義をもたらすのである）。訴訟事件に関し，韓国より日本において長く時間がかかるということは常識である。民事事件数に対する調停事件数の高い割合には，訴訟事件の遅滞，訴訟事件の暴走という要因も作用すると考えられる。こうした諸要因が調停による紛争解決に拍車をかけることになる。また同時に，日本の判事があらわす社会的合意ないし全員一致の決定に対してもつ（後述するような）独自性（autonomy）の欠如もここでは作用するものと思われる。なぜなら，支配的な社会的合意ないし全員一致に達する結果を判事に対し期待することが相対的により難しいためである。

　これに比べ，韓国社会の社会的動態現象と，独自性が明らかな韓国の判事の姿勢を勘案するとき，韓国において調停事件数が相対的に非常に少ない理由を解することができると思われる。要するに，司法消極主義／司法積極主義と調停事件の割合の差は，各社会の社会・文化的ないし社会構造的差異に根ざしているものであるといえる。そして，司法消極主義ならびに調停が日本社会の社会的調和・全員一致の社会・文化的ないし社会構造的特質に基づいている限り，司法消極主義ならびに調停が，社会的主流（the main stream）に立ち入ることのできない社会的少数者（the social minority）に，不利に作用する傾向があり得るという点も容易に感知することができる。よって憲法的に，社会的少数者の保護にあたり，どの国の司法府がより有利に働くか判断することは難しいこ

とではない。司法審査制度は行政府・立法府の決定(すなわち立法)を正当化する機能であるばかりでなく,それに劣らず少数者の保護といった機能を遂行するものとされる制度であるからである。(24)

(3) 司法権の独立に関する認識 (perception)

おそらく司法権の独立が,韓国においては日本とは異なる形で認識されている。韓国では,司法積極主義は司法権独立の一側面でしかないと考えられている。何よりも,司法府と法務部(省)間の人的交流が,日本においてとは異なり,韓国においては存在しない。韓国では,判事が法務部に派遣され職員として勤務し,再び判事として復帰する,そうした人事交流制度や慣行はない。司法権の独立とは,司法府ならびに個々判事の外部指示からの独自性,特に政府からの独自性を意味するものである。(25)このように認識されている司法権の独立は,日帝時代の否定的司法経験からのものとともに,判事たちの脳裏に強力に刻まれている。そしてこうした認識は1948年以来,韓国の独裁体制下において一層強化されたのである。

日帝に抵抗した民族運動家らを弁護した代表的民族主義法律家の一人である初代大法院長金炳魯は,新たに独立した国,特に新たに設立された司法府につき,司法権独立の範を立てた。すなわち,李承晩大統領時節(1948-60),憲法委員会(金炳魯はその委員長であった)は,立法の違憲性に対する司法審査の権限を行使した7度の機会において,2度もの違憲判決を下している。(26)また別の1度の機会では,外形的には合憲決定を下したものの,憲法解釈の方法を通じ,政府の意図を挫かせた。(27)朴正煕政府の前半部(1962-1972)においては,大法院が日本の最高裁判所のように,最終的に違憲法律審査権をもつというアメリカ型の制度が存在していたが,1971年のある判決においては,別個のものである二つの法律を同時に違憲であるとする判定が下されている。(28)この違憲判決は,さらに権威主義へと変化する朴正煕大統領政府後半期(1972-1979)の招来に,決定的に寄与した要因の一つであった。

韓国の司法史には,判事が,特に若い判事が,例えば政府に非協力的な判事の何人かが些細な容疑事実をもって起訴される場合(29)に,あるいは政府に非常に

協力的であった人が大法官として任命されようとする場合[30]に，司法権の独立が政府によって侵害ないし威嚇を受けたと感じ，政府に対しあるいは大法院に対しても集団的に抗するという，司法波動と呼ばれる諸事件がある。こうした事件においては，権威主義政府も結局は措置を撤回することとなり，司法権の独立が確認されることになった。また最近の司法波動における進歩的な判事は外部の進歩的な弁護士ならびに市民団体と連携し，大法院の保守主義をターゲットとして，進歩的な大法官ならびに判事任命の要求を含む司法府改革を目指していたが[31]，広く明らかとなったこうした進歩的判事の姿は，司法府内の伝統的な調和と統一性からすると，これまで存在することのなかった逸脱現象であるといえる。

　事実相当な程度，韓国の司法府は，大法院を頂点とする官僚的位階秩序内の調和ならびに統一性といった諸要素を日本の司法府と共有している[32]。大法院の立場と異なる個々の下級判事らが明らかにした立場や意見については，昇進など彼らの人事に不利な要因として作用する傾向がある。権威主義時分には，政府が政府に順応する法律家を大法院長に任命し，彼を通じ（下級）判事が独立的に行動しないようにしていた。政府に対し独立した立場をとるか，大法院の立場に同調的でない判事の多くは，地方転出など左遷を余儀なくされた。そうして左遷された判事が辞職して開業し，人権弁護士となったのである。今日，政府からの司法権の独立は，過去ほどには問題とならない。しかし進歩的非政府団体が代弁する社会的勢力からの司法権独立の問題は，今や深刻な関心事となっている。ごく最近の司法波動においては，弁護士会の代表ばかりではなく幾人かの進歩的判事も大法院長ならびに大法院に対し，そして彼らの判事昇進政策に関し非常に保守的であると公に批判して，進歩的大法官任命の要求とともに司法改革を要求した[33]。近年大法院が追求している司法改革においては，こうした一連の司法波動もその背景に位置している。司法府内では，改革性向の強い若い判事によって構成された「われらの法研究会」が活動を行ってきた。これら判事たちは，外部言論に対する公開には消極的であるが，司法府内では彼らの先輩法官に，特に大法院に対し批判的で，多様な司法改革案を積極的に明らかにしている。こうした活動のために彼らが不利益を被るということはな

第10章　比較社会・文化的文脈からみた司法積極主義と司法消極主義

い。

　以上において示そうとしたことは，一般的に韓国の判事が日本の判事よりは（自国の）大法院あるいは政府に対してより独立的ではなかろうかという点である。韓国の判事のこうした独立性は，韓国史上長きにわたる言官制度の伝統に由来するものかもしれない。先に引用した研究によれば，韓国の臺諫（臺官・諫官）は中国の臺官と比べても治者に対しより果敢に挑み，また独立的であった。日本の判事の間では，司法体系のなかで，あるいは政府に対して，韓国の判事よりも調和が重んじられる。比較可能なこうした諸性向が，自然と，韓国の司法積極主義，日本の司法消極主義にそれぞれ投影されているのである。

（4）立法過程の特徴

　立法が，韓国の立法過程においてよりも日本の立法過程において一層慎重に行われることには疑いがない。韓国では，法が非常に拙速に過ぎると嘆く人は多い。韓国の動態的集団構造がそうした拙速立法の一つの原因と考えられる。すなわち，立法においては，多数党が押し切る傾向にあるということである。日本では政治において，そして社会において形成された調和が立法過程に投影され，立法を大変慎重に行うようになった。韓国では，過去権威主義政府が違憲的な法条項を含め，多くの誤った立法を生み出したが，そもそも独裁というものは，自身とは異なる意思を受容できず，自身の意思を強行する体制の別名に過ぎない。それで，権威主義政府が作った多数の立法ならびに条項は，憲法裁判所によって違憲決定を受けることになったのである。日本では，内閣法制局が高い評価を受ける政府機関の一つであり，優秀な人材が集まるという。しかし韓国の法制処は必ずしもそうではない。このような立法における慎重さの違いが，対照的とされる韓国の司法積極主義と日本の消極主義の相違にまた連関していると考えられるのである。

Ⅳ 制度的諸要因

（1）憲法裁判所型と一般法院型

　アメリカ式司法審査制度と憲法裁判所制度という制度的差異が，日本の司法消極主義と韓国の司法積極主義の差異に多分に影響を与えている。多くの大陸法系国家における特別憲法裁判所は，国家の判事は「一般意思」(the general will)であるところの立法府が制定した法を適用するのみで，法を変更ないしは創造しないという大陸法系の伝統に従い，あくまで違憲審査のため作り出されたものであるということが広く知られている。大陸法系判事のこうした伝統は，権力分立の原理ならびに英米法系の先例拘束原則の不在とかかわるものである。無論，こうして創設された憲法裁判所は，主に制定法の違憲性に対する司法審査の特別機能を遂行するよう考案されたものである。憲法裁判所において裁判官は，その違憲性の問題が提起されるとき，制定法の違憲性可否をどの方向であれ判断しなければならず，そこで司法積極主義的決定が下される可能性は一般法院型の場合より大きいといえる。

　憲法裁判所とは異なり，大法院（最高法院）を含む一般法院は，憲法的争点以外に，元来通常の民事，刑事その他諸事件を裁判するよう考案されている。よって，立法の合憲性可否審査の権限を付与されているといっても，憲法的争点が提起されたときに通常の主要機能に対し，付随的にその違憲審査の機能が遂行されるのみである。したがって，政治的あるいはその他かなりの程度敏感な憲法的争点よりは，はるかに容易な民・刑事他の争点を中心として事件を処理しがちである。そのうえ判事らの考えの中に溶け込んでいる大陸法系の伝統が，同時に難解ないし論議の余地が多分にある憲法的争点よりは，それら事件を民・刑事その他争点に基づき処理するという傾向をもたらしていることを確認することができる。こうした状況は，日本の司法審査において実際にあらわれており，あるいはアメリカ式一般法院型が韓国において選択されていたならば，多少は異なっていたかもしれないが，おそらく同様にあらわれていたであろうと思われる。

第10章　比較社会・文化的文脈からみた司法積極主義と司法消極主義

（2）裁判官任命方法の差異

　韓国も大陸法系の伝統を共有している。司法積極主義・司法消極主義の比較についてより対照的に説明するため，まずは上で挙げた政治的・社会的調和とダイナミズムの諸要因につき，次に韓国における大法官任命方法ならびに他の憲法裁判所裁判官任命方法について論じることとする。第一の要因を勘案するとき，たとえアメリカ式ないし日本式違憲法律審査制度が採択されていたとしても，韓国の判事は司法審査権限を行使することにおいて，今の憲法裁判所裁判官には及ばないかもしれないが，日本の判事よりは司法積極主義的であったと思われる。こうした推定は，朴正煕統治前半期（1962-1972）において，韓国の下級法院および大法院が明らかにした司法審査の実績から十分に証明することができると考える。

　韓国では，憲法裁判所裁判官9名は6年の任期を有し，大統領によって任命されるが，このうち3名は国会の推薦により，そして他の3名は大法院の推薦によって大統領が任命する。すなわち国家の三部がともに9名の裁判官任命に参与するということである。任命時，地域的な按配も一つの考慮対象であることが通例であり，また今日においては，女性問題も一つの考慮事項となっている。国会が推挙する3名の裁判官候補については，院内の与党・野党など，諸団体も各期1名ずつ推薦の機会をもつという慣行がある。大法院の場合，大法官として任命される資格は十分にあるものの大法官任命において脱落した，そのような判事を大統領に憲法裁判所裁判官として推薦する慣行を有している。こうした憲法裁判所裁判官の任命方法は，裁判官間の多様性を確保するためのものであり，その多様性は，多数意見，少数意見ならびに反対意見などといった形で憲法裁判所の決定に反映されることになる。

　韓国の憲法裁判所と関連し，ここで憲法訴願制度について言及せざるを得ない。韓国においては，いわゆる抽象的規範統制制度は採択されなかった。しかし，具体的規範統制制度とともに，憲法裁判所に対する憲法訴願制度が採用されている。知られているように，すべて市民は通常の司法手続上，訴訟戦略の一つとして民・刑事その他法の争点とともに憲法的争点（終局的には憲法裁判所に提起される）についてもその判断を法院に提起する権限を有する。これに

は通常の法院に係留された訴訟事件の当事者である必要はなく，自身の憲法的権利が公権力によって侵害されたとき憲法裁判所に直接憲法訴願を提起することができる。よって個々の市民は，通常の法院に提起し遂行する訴訟の一環としてのみ憲法的争点を提起することができるときに比べ，自身の憲法上の権利を守る上ではるかに良く，またはるかに迅速な機会をもつようになるのである。

また憲法訴願制度とともに，憲法裁判所における憲法争訟手続は，立法の合憲性可否の司法審査を促進し，確実に司法積極主義をも促進するものである。立法の合憲性可否の問題を含め憲法的争点が一般法院の争訟手続においてのみ争われるとすれば，その最終判決（決定）は地方法院から大法院にいたるまで，憲法裁判所の争訟手続よりもはるかに長い時間が必要となる。[41] 時間の遅滞によって，最終判決（決定）が出る前に憲法的争点の鮮度が落ちることもありうる。つまり，当初憲法的争点を喚起していた事件の事実関係が大きく変わり，その事件に対する最終判決が大法院（最高法院）によって出されるという時点になると，すでに憲法判断が不必要なものとなっていることがありうるということである。韓国の憲法争訟においては，法律上憲法裁判所は，事件が受領された日から180日以内に最終決定を出さなければならない。ただしこの審判期間の制限は，命令規定としてよりは訓示規定として取り扱われている。いうまでもなく韓国における憲法訴訟については日本においてよりもはるかに時間がかからない。このように，憲法争訟手続期間が短いという要因も，司法積極主義を促進する要因の一つとして作用するものであると想定される。

V 社会的動態現象／社会的調和，それぞれの選択

本章では，韓国の司法積極主義と日本の司法消極主義について，比較政治的ならびに社会・文化的文脈においてみてきた。こうした比較政治的，社会・文化的研究はけっして容易なものではなく，そのため本研究は多分に探索的なものとならざるを得ない。

日本においては，関連事項を中心として形成された全員合意に基づき立法を含む政策の決定がなされている。全員一致の合意に到達するまでに時間は長く

第10章 比較社会・文化的文脈からみた司法積極主義と司法消極主義

かかるものの，一度全員合意が達成されれば日本は社会的調和を重視する社会であるがゆえに，そこから逸脱することは受け入れられないという傾向が顕著である。比較的にみれば，韓国においても当為的には社会的調和と全員合意的意思決定をやはり重視するものの，実際には社会的動態現象が支配的である。個人の個性と独自性が，日本より韓国において際立っているようである。韓国においては全員一致の合意に到達することが，日本においてよりかなり難しい。また全員合意がなされたとしても，韓国においては日本のようにそれは強く個人あるいは集団を拘束するものではない。そこから社会的動態現象が生じる。韓国と日本の判事は，それぞれ自国の社会・文化的諸特徴を体現するものであり，このことがさらに自国の司法積極主義，司法消極主義に投影されている。韓国の判事は司法体系において，あるいは政府に対する関係において，日本の判事よりも独自性を有し，また独立的である。

　韓国／日本という二つの国の社会的動態現象／社会的調和といったそれぞれの社会的・文化的諸特徴に関連して，立法に対する司法審査における制度的差異は，司法積極主義ならびに司法消極主義として対照されるモデルに大きく作用している。憲法裁判所制度は憲法訴願制度を含み，市民に対しアメリカ式一般法院型司法審査制度よりも直接的で幅広く，またより迅速な憲法訴訟への接近を許容する。韓国がアメリカ式司法審査モデルを採択していたとすれば，韓国における司法審査も現在よりは司法積極的でなかったと思われる。アメリカ式モデルにおいては，最終段階として大法院（最高法院）へと行き着いて立法に対する司法審査を受けるようになるということで，実に時間がかかることが普通である。大法院は，民事，刑事，労働ならびにその他すべての事件の最終審でもあり，憲法的争点は，通常の民事，刑事，その他事件の訴訟に付随して提起される。大法院しかり，一般法院にあっては，事件を政治的に敏感な憲法に基づいてではなく，民・刑事法などの法（実体法ないし手続法）に基づき処理することの方がより容易である。

　司法審査における司法積極主義ないし司法消極主義は，それ自体としては良し悪しの問題と関係がない。観察者の価値選好により司法消極主義が社会的安定，静体あるいは保守主義を意味しうるとすれば，司法積極主義は社会的不安

定，動態現象あるいは進歩を意味しうる。韓国の司法積極主義ならびに日本の司法消極主義が，二つの国が大陸法系の伝統や東アジアの文化的遺産など多くを共有するという事実にもかかわらず，それぞれの法，社会ならびに政治において互いに対照となる諸特徴を反映していることは明らかである。司法積極主義は韓国社会ならびに政治動態現象に不可分の，一部分に違いない。また司法積極主義は場合によっては権力の行き過ぎを牽制もし，場合によっては（社会ならびに政治の）変化をもたらしもする。日本の司法消極主義は日本の社会的調和，政治的安定（自民党の長期集権を含む）ならびに全員一致に基づく政策決定方法に奉仕するものである。日本社会のこうした社会構造的特徴が，全員合意過程において排除される社会少数者に大変不利に働くということは明白である。

注
(1) 2004.5.14 決定　2004 憲ナ 1。
(2) 『憲法裁判所公報』第 96 号，8 頁（2004.9.20）。
(3) 英文で紹介された日本の憲法判例集としては Lawrence W. Beer and Hiroshi Itoh. (1966), *The Constitutional Case Law of Japan, 1970 through 1990*, Seattle : University of Washington Press, pp. 143-170 参照。
(4) 同 Beer and Itoh, *The Constitutional Case Law of Japan*, pp. 188-199 参照。
(5) 同 Beer and Itoh, *The Constitutional Case Law of Japan*, pp. 327-345 参照。
(6) 同 Beer and Itoh, *The Constitutional Case Law of Japan*, pp. 355-375 参照。
(7) 同 Beer and Itoh, *The Constitutional Case Law of Japan*, pp. 394-405 参照。
(8) 最高裁判所判決　平成 14・9・11　民集 56 巻 7 号 1439 頁。
(9) 崔大権（2001）「憲法裁判所決定の政治的意味」ソウル大学校『法学』，42 巻 3 号 1-27 頁，特に 14 頁以下。例えば，進歩的立法とされたいわゆる土地公概念に立脚した諸立法は，憲法裁判所によって私有財産権保護という保守的理由により違憲決定を受けた。
(10) 韓国動乱休戦直後の 1953 年 10 月 8 日，韓国の憲法委員会が下した一つの決定（1953 憲審 2）がその代表的な例である。本決定は，視角によっては日本の憲法判決の類型である合憲限定解釈，適用違憲あるいは違憲判断回避の一例となりうる。日本の憲法判決の類型に関しては樋口陽一（1998）『憲法 I』東京：青林書院，523-529 頁；芦部信喜，高橋和之補訂（2002）『憲法（三版）』東京：岩波書店，357-359 頁参照。三つの類型に区分される日本の諸判例は，もし問題となる事件の違憲性判断が韓国の憲法裁判所によって行われたとするならば，おそらくは限定合憲あるいは限定違憲の決定類型としてあらわれたであろうと考えられる。
(11) 日本の司法消極主義の一つの要因を，日本社会の社会的調和という文化的特徴から解説す

第10章 比較社会・文化的文脈からみた司法積極主義と司法消極主義

る学者は多い。伊藤正己（1993）『裁判官と学者の間』東京：有斐閣, 116-121, 132-133頁など。また Herbert Bolz (2003) "Judicial Review in Japan : The Strategy of Restraint," in Kenneth L. Port and Gerald Paul McAlinn, *Comparative Law : Law and the Legal Process in Japan*, Durham : Carolina Academic Press, p. 331 ; John Owen Haley (1991) *Authority Without Power : Law and the Japanese Paradox*, Oxford : Oxford University Press, 特に p. 169 以下。さらに Chie Nakane (1970) *Japanese Society*, Berkeley : University of California Press, 参照。

　社会科学的説明要因として社会文化的要因（法文化）を利用することによりそれはともすれば科学ではなく, 常に印象主義的観察へと陥る危険性が存在することは確かである。しかし, 例えば集団からの逸脱（deviation）を困難にし, 集団の決定においては全員一致的形態をとって, またこれに対し訴訟など異議の提起を困難にするといった, 観察しうる具体的行為（behavior）を包摂する概念として社会的調和（和）という日本文化の特質を用いる場合, 事物（日本の司法消極主義現象）に対する社会科学的理解はかえって進捗すると考えられる。韓国社会の司法積極主義を説明するため導入した韓国社会の動力（social dynamism）という文化的要因を鑑みても事情は同様である。もし, こうした文化的要因を使用することができないとすれば, 主題（司法積極主義／消極主義）に対する理解がどの程度貧弱なものとなるか想像に難くない。社会科学的説明道具としての法文化に関しては, 崔大権（1991）『英米法』改定増補版, ソウル：博英社, 311-315頁, 参照。

　一方, 日本の「和」を創られた伝統であるとする hobsbawm の命題に関してそれが創られたにせよすでに存在していたにせよ, 日本社会の社会・文化的性格を「和」（社会的調和）と規定することには支障がないと思われる。ここでは, 今現在の日本社会について性格づけるものである。Ito Kimio (1998) "The Invention of *Wa* and the Transformation of the Immage of Prince Shotoku in Modern Japan," in Stephen Vlastos, ed., *Mirror of Modernity : Invented Traditions of Modern Japan*, Berkeley : University of California Press,, pp. 37-47 ならびに Eric J. Hobsbawm and Terence O. Ranger, eds (1983) *The Invention of Tradition*, Cambridge : Cambridge University Press, 参照。

(12)　Robert A. Scalapino and Junnosuke Masumi (1962) *Parties and Politics in Contemporary Japan*, Berkeley : University of California Press, 特に p. 6, 145。

(13)　上で引用した Haley, *Authority without Power*, 特に p. 186 以下, p. 197 以下。

(14)　J. Mark Ramseyer and Frances MacCall Rosenbluth (1970) *Japan's Political Marketplace*, Cambridge : Harvard University Press, p. 142 以下, また J. Mark Ramseyer (1994) "The Puzzling (In) dependence of Courts : A Comparative Approach," *Journal of Legal Studies*, v. 23, p. 721 以下；J. Mark Ramseyer and Eric B. Rasmusen (1997) "Judicial Independence in a Civil Law Regime : The Evidence From Japan," *Journal of Law, Economics, and Organization*, v. 13 no. 2, pp. 259-286; J. Mark Ramseyer and Eric B. Rasmusen (2003) *Measuring Judicial Independence : The Political Economy of Judging in Japan*, Chicago : University of Chicago Press, 参照。選挙により政権交代が生じる国家においては裁判所の独立が維持され, 一党が長期執権を行う国家においては裁判所の独立が生じないという命題がつとに知られている。選挙によって政権の交代が生じる国家における裁判所の独立については, 政権をとった場合には利益が少ないかもしれないが, 政権を失ったときにはその損害を

減らすことができる。

(15) Setsuo Miyazawa (1994) "Administrative Control of Japanese Judges," in Philip S. C. Lewis, ed. *Law and Technology in the Pacific Community*, Boulder : Westview Press,, pp. 263-281 ; John O. Haley (1995) "Judicial Independence in Japan Revisited," *Law in Japan*, v. 25, pp. 1-18 参照。

(16) 憲法裁判所の棄却決定により終了した。上で引用した憲法裁判所 2004 年 5 月 14 日決定（2004 憲ナ 1）。

(17) 憲法裁判所は違憲決定を下した。憲法裁判所 2004 年 10 月 21 日決定（2004 憲マ 554）。

(18) 1995-96 年のロースクール導入に関して，大統領諮問教育改革委員会（1996）「世界化・情報化時代を主導する新教育体制樹立のための改革方案（II），第 3 次大統領報告書」，ソウル，57-59 頁；権五乗（1996）『司法もサービスである』ソウル：未来メディア；(1996)『国民のための司法改革』ソウル：博英出版社などを参照。また，1998-1999 年のロースクール導入議論に関しては，大統領諮問新教育共同体委員会(1999)『法学教育制度改善研究』：「学士後法学教育」の導入」，「大統領諮問新教育共同体委員会法学教育制度研究委員会報告書」ソウルなどを参照。一方，ロースクール導入に反対しつつも基本的には現体制の改善を内容とし法学教育改革を唱える司法改革推進委員会，（2000）『民主社会のための司法改革：大統領諮問委員会報告書』ソウル，391-430 頁参照。

また，Dai-Kwon Choi (2000) "How is Law School Justified in Korea ?" *Seoul Law Journal*（ソウル大学校『法学』），v. 41 no. 1, pp.25-59; Dai-Kwon Choi (2001) "Proposed Legal Education Reform in Korea: Toward Professional Model," *Ritsumeikan Law Review*, no. 18, pp. 93-112（March 2001）；崔大権（2004）「変化する法曹の世界：韓国の経験を中心に」，ソウル大学校『法学』，45 巻 1 号，1, 16-22 頁；崔大権，南裕恵訳（2004）「変化する法曹の世界──韓国の経験を中心に」，『立命館法学』，293 号，355, 366-371 頁；崔大権（2003）『法学教育・法学方法論』ソウル：博英社などを参照。

(19) その代表的な例はすでに引用したごく最近の新行政首都建設のための特別措置法の違憲決定（2004.10.21. 2004 憲マ 554-556）である。

(20) 建議された司法改革案に関しては，司法改革委員会「司法改革のための建議文」（2004.12.31）参照。

(21) 申請に基づく調停ならびに強制調停を含み，日本の場合には制度の違いによる増減はあるものの調停事件数はおおよそ民事訴訟事件数の 40％以上を占めているが，これに比べ韓国の場合にはそれが 5％未満であるという事実がこれを劇的に示している。ゆえになぜこうした違いがもたらされたのかという疑問が提起されるのはもっともである。日本司法統計年報ならびに韓国司法年鑑の関連統計を参照。

(22) Dan Fenno Henderson (1965) *Conciliation and Japanese Law : Tokugawa and Modern*, Tokyo : University of Tokyo Press, II, p. 243 以下，特に pp. 253-254 参照。

(23) 社会的合意・全員一致決定からの逸脱が困難であり，そのことが調停に対する選好ないし調停に対する依存度の増大にあらわれているが，これは必ずしも少数者の保護に有利に作用しないのではないかとみなされうる。同時に後述するように訴訟事件の激増については韓国の場合のほうがより顕著であるという事実にも注意する必要がある。韓国においては大法院側の奮起にもかかわらず必ずしも調停事件数の増大としてあらわれていない。前掲，Hen-

derson, *Conciliation and Japanese Law*, Ⅰ, 特に pp. 10-12, p. 178 またⅡ, p. 223 以下, 特に 229 以下参照。共産主義中国における調停の実情も興味深く見守る必要があると考える。Stanley Lubman (1967) "Mao and Mediation : Politics and Dispute Resolution in Communist China," *California Law Review*, v. 55 no. 5, p. 1284, 特に p. 1351 以下参照。

(24) 崔大権 (2001)『憲法学講義』増補版, ソウル:博英社, 414-416 頁;Jesse H. Choper (1980) *Judicial Review and the National Political Process : A Functional reconsideration of the Role of the Supreme Court*, Chicago : University of Chicago Press, 参照。

(25) 崔大権 (1992)『法と社会』ソウル大学校出版部, 123-157 頁。韓国における司法権の独立は, 司法府の政府ならびにその他からの独立に劣らず個々判事の司法的独自性を意味する。Haley "Judicial Independence in Japan Revisited," 参照。日本において個々の判事が(司法府内で)独自性を享受しているかについて Haley は疑問を提起している。

(26) 憲法委員会決定 (1952.9.9.1952 憲審 1);憲法委員会決定 (1952.9.9.1952 憲審 2)。

(27) すでに引用(注10)した憲法委員会決定 (1953.10.8 1953 憲審 2)。

(28) 司法的に積極的であったと思われる 1971.6.22 の大法院判決 (70 タ 1010) 参照。この判決において大法院は, 別個の二つの法律条項, すなわち国家賠償法第2条第1項但書(軍人にこの法律上の賠償請求権を否定している条項)と法院組織法第56条第1項但書(違憲判決にあっては大法官在籍三分の二以上の出席と出席した大法官の三分の二の賛成を要求している)を違憲であると判じた。はじめの条項については違憲判決に関し9対7に分かれ, 次の条項においては違憲判決に関して11対5に意見が分かれた。二つめの条項の違憲決定がなかったとすれば, はじめの条項の違憲決定は法的に不可能であった。

(29) これがいわゆる第一次司法波動の重要な争点であった。第一次司法波動に関しては, 金哲洙 (1972)『憲法学』下, ソウル:志学社, 940-953 頁;イ・ホンファン (1997)「韓国司法史に照らしてみた 1971 年の司法波動」『法と社会』, 15 号, 127-140 頁;イ・ジョンゴン (1997)「司法波動と『応えのないこだま』(上)」『市民と弁護士』, 36 号, 172-181 頁ならびに同 (1997)「司法波動と『応えのないこだま』(下)」『市民と弁護士』, 37 号, 179-188 頁などを参照。

(30) 1988 年の第二次司法波動においてはこの争点が介在していた。第二次司法波動については法院行政処 (1995)『法制史』ソウル, 1051-1055, 金石基「少壮法官の挑戦 司法府波動」, 月刊京郷, 1988 年8月号, 134-145 頁などを参照。

(31) 各 1993 年, 2003 年ならびに 2004 年に起きた第三, 第四ならびに第五次司法波動の顛末を参照。これら司法波動においては進歩的な政府の登場, 「保守的」な大法院・大法院長・「政治色に染まった」判事に批判の矛先を向ける進歩的な若い判事, 弁護士団体の進歩的弁護士と市民団体の市民代表勢力, 女性問題, 司法改革の要求, 法務部長官, 憲法裁判所裁判官ならびに大法院大法官の任命などさまざまな諸要因が介在していた。第三次司法波動に関しては, チョン・ジョンチュ「終わらない第三次司法波動」『社会評論/月刊道を探す人』1993 年8月号, 134-139 頁;チョン・ジョンソプ (1993)「韓国法院の危機, 状況と法院改革の方向:第三次司法波動に対する分析」『民主社会のための弁論』, 2 号, 15-43 頁などを, 第四次ならびに第五次司法波動に関しては http://www.kinds.or.kr/ から新聞記事を参照。

(32) 前掲, 崔大権『法と社会』149-154 頁参照。

(33) 司法府内の若い進歩的判事と司法府外における弁護士会の進歩的構成員ならびに諸市民団

体のこうした声と影響力は,それまで類例のなかった 2003 年の憲法裁判所女性裁判官ならびに 2004 年の大法院の女性大法官任命においても相当な程度感じることができる。彼女らの任命については,従来の司法体系内の序列が無視されたために,保守的な法曹界人士により政治的ならびに社会的勢力からの司法権の独立を危ぶむ声が上がった。

(34) イ・ソンム(2000)『朝鮮の不正腐敗 どのように防いだか:臺諫・監察・暗行御史』,ソウル:チョンア出版社。またキム・ギョンス(2000)「『言論』が彩った朝鮮王朝 500 年」,ソウル:カラム企画,参照。
(35) 前掲,イ・ソンム,「朝鮮の不正腐敗 どのように防いだか」,33-39 頁。
(36) 前掲,伊藤正巳『裁判官と学者の間』125-127 頁参照。
(37) 憲法裁判所の 1989.7.14 の決定(88 憲カ 5,8.89 憲カ 44)ならびに 1989.12.18 の決定(89 憲マ 32,33)はそうしたいくつかの例である。
(38) John Henry Merryman (1985) *The Civil Law Tradition: An Introduction to the Legal Systems of Western Europe and latin America*, 2nd ed., Stanford: Stanford University Press, 特に pp. 34-38 参照。また,Mauro Cappelletti (1971) *Judicial Review in the Contemporary World*, Indianapolis: Bobbs-Merril, 特に pp. 53-66 参照。
(39) 崔大権(1993)「憲法裁判所の政治学:その構造と機能を中心に」ソウル大学校『法学』,34 巻 1 号,106-127 頁。
(40) 前掲,伊藤正己『裁判官と学者の間』127-129 頁;前掲,Bolz,"Judicial Review in Japan," pp. 332-333。
(41) 司法手続の遅滞が日本の司法審査が消極的であるという理由の一つとみなされている。前掲,伊藤正己『裁判官と学者の間』110-112 頁;前掲,Bolz,"Judicial Review in Japan", p. 332。

第11章

市民社会の展開の中の日韓司法改革
―「司法の民主化」と「開かれた司法」の間―

馬場健一

I 日韓司法改革の同時進行

　日韓両国は，1980年代の後半より現在に至るまでともに司法改革という課題に取り組み続けている。またそこで取り上げられる課題も，法曹人口の増大，司法試験・法曹養成制度改革，民事・刑事・行政等々の裁判手続改革，裁判官制度改革，弁護士の法的サービスの向上等々きわめて広範にわたるとともに，共通項が多い。両国間の司法制度の類似性と，グローバリゼーションの波をともに受けているという時代状況を勘案しても，これだけ大規模な統治機構の改革が両国でほぼ同時並行的に進められるという事態は，特筆すべき政治現象・社会現象ではないかと思われる。さらにまたこの改革動向を子細に見ると，ある局面では韓国が先行し，別の局面では日本が先んじるといった具合に，あたかも両国で競いあうような様相を呈している部分が多く，一方が他方の後を追うとか模倣するとかといった単純な先後関係の問題では捉えきれないように思われる。とすればお互いの改革の実状を比較してみることは，双方にとって有益な示唆をもたらしうるであろう。

　他方また，両国の司法改革における主要論点や改革方向，利害関係者や社会の反応等には，相当に大きな差異もみられる。両国の置かれた歴史的・政治的・経済的諸条件の違いを考えれば，当然のことといえるであろうが，そうした差異の比較も，それをもたらしているこうした背景的諸条件と合わせ比較対照することで，自国の改革の現実さらには，自らの政治や社会のありようまでをも相対化し，見つめ直すことに役立てうるであろう。

　以下このような問題意識から，日韓両国の司法改革の流れを概観するととも

に，改革の焦点のうちから，裁判所・裁判官制度改革，法科大学院導入問題，市民の司法参加という三つの論点を取り上げ，それらを比較検討し，両国が独自にまた共通に抱える課題や，広くは現代司法一般が抱える課題がどういうものであるかをそこから考えていきたい。

なお筆者は韓国語に通じておらず，また韓国研究の専門家でもない。それゆえ韓国の司法改革の動向についての情報は，日本語で参照しえた範囲にとどまる。

II　司法改革の経緯（1）——韓国

韓国の現在の司法改革の起点は 1987 年に遡る。いうまでもなくこの年は軍事政権が民主化運動で終焉を迎えた年であり，現在の第六共和制憲法が国民投票を経て制定され，大統領の直接選挙制が実施された歴史的な年だからである（徐・韓，2003，1-37 頁；丁，2003，39-60 頁）。それはまた他のアジア諸国の民主化運動や東欧ブロックの崩壊といった，歴史的な転換とも呼応した変革であったという意味でも世界史的意義をもつ事件であった。韓国の司法改革は，出発点においてこうした政治体制の大きな変革，その民主化の一環をなすものであったという点に特色がある。

体制変革後の司法改革の動きは早くから生じ，また特徴的といえるのは，当初は議論の焦点が法院（＝裁判所）制度改革に置かれ，その後対象領域が拡大していくという経過をたどることである（沈，2003，284 頁；尹，1998a，111-118 頁；兪，2001，31-55 頁；尹，2002，8-11 頁；朴燦運，2003，42-47 頁；尹，2004，52-55 頁；飯，2004，17-32 頁）。1988 年には少壮判事らが司法制度刷新意見書を公表し，また大法院長（＝最高裁長官）が改革姿勢を示す（韓，2003，141，150-151 頁）。1990 年には法官（＝裁判官）人事委員会や法官会議の設置等，関連する若干の機構改革が行われている。しかしこれらの改革の動きは皮相的あるいは保守的であると内外から批判を受け，1993 年にはソウル民事地方法院少壮判事 28 名が当局に「司法府改革意見書」を提出（尹，1998a，111-112 頁；韓，2003，150-151 頁）。旧体制下の司法の責任追及と官僚司法の徹底改革

を要求する。同年，旧体制下の行動が批判されていた大法院長が不動産投資を理由に辞職に追い込まれ，後任新大法院長の下，法曹人，法学教授，言論人など32人で構成される「司法制度発展委員会」が設置され，「国民のための改革」と「司法権の独立」を基調に29の案件を審議。ちなみにこれら案件はすべて裁判業務や司法府内部の問題にかかわるものであった（沈，2003, 281, 285頁；飯，2004, 18頁）。本委員会は翌94年に詳細な改革草案を提出，そのうちいくつかは同年中に法律が制定され実現の運びとなり，行政法院・特許法院の新設等を含む重要な機構改革が進む（民事裁判制度研究会，1996, 49-54頁）。ついで1995年の金泳三文民政権のもとで，規制緩和，法的サービスの向上といった視点が大きな位置を占める「世界化推進委員会」が，法曹人7名と教授，言論人など約20名とを構成員として発足（沈，2003, 280頁）し，法院制度改革から司法試験制度，法曹養成制度に論点が移行・拡大する。ここではロースクール構想は頓挫したものの，司法試験合格者現行300人を将来的に1000から2000人にまで増やすという大幅な法曹人口増が合意された（2001年以降合格者1000人を達成）。さらに1999年の金大中政権のもとで，法曹スキャンダルが直接のきっかけとなり「司法改革推進委員会」（構成員は法曹人8名非法曹人11名）が設置（兪，2001, 38頁；尹，2003, 214-215頁；飯，2004, 20-21頁）され，翌2000年，報告書「民主社会のための司法改革」が策定される。本報告書は，①公正迅速な権利救済，②法律サービスの質的向上，③法曹の合理化・専門家・近代化，④法曹養成制度の改善，⑤法曹非理（＝不祥事）の根絶，⑥世界化潮流への対応，の6点からなる包括的なものであった。その後盧武鉉政権の下，2003年に大法院に「法官人事改善委員会」が置かれ，同年法官人事制度についてかなり踏み込んだ改善案を提言，実施の方向である（飯，2004, 21-25, 29-31頁）。また同年大統領府と大法院が合意して21名の多様な委員構成をもつ「司法改革委員会」が設置され，実質的議論が進展し，大法院改革，順次の法曹一元化，ロースクール設置，国民の司法参加制度の導入などが実現または実現の見込みである（尹，2004, 54-57頁；飯，2004, 26-31頁）。

　こうした経過を振り返ってみると，韓国の司法改革の原点には87年の政治体制の民主化が位置し，それゆえ法院や法官（また検察等）といった体制に対

する批判とその改革とが改革運動の核となっている。そのためもあって法院内部に少壮裁判官グループといった批判勢力も存在し、法院の側も内外の批判に比較的真摯に対応し（尹, 2002, 10-11 頁, 2004, 54-55 頁；飯, 2004, 39 頁）、率先して自己改革を進めている（そうせざるをえない）場面もまま見られるようである。それゆえ法官・法院改革は比較的早期に進み、また顕著な成果を上げているように思われる。また改革の拡大と深化とは、文民大統領の誕生、さらに政権交代による野党出身大統領の誕生といった政治領域の民主化と歩調を合わせて進んできており、こうした経緯のためであろう、司法改革を求める強力な市民運動も存在し（曺, 2001, 147-153 頁；洪, 2001, 154-158 頁；尹, 2002, 11 頁, 2004, 57-58 頁；飯, 2004, 38-39 頁）、一般世論の関心も日本と比べて相当に高く、またその多くが改革を支持している模様である。他方でロースクール構想は紆余曲折を経て実現が遅れ、市民の司法参加に関しても改革は出遅れている印象を受ける（沈, 2003, 277-301 頁；工藤, 2004, 57-58 頁）。

III 司法改革の経緯（2）——日本

　日本の現在の司法改革の源流も韓国同様 1980 年代後半に遡る（渡辺・葛野・和田・上田, 2000, 217-239 頁）。しかしその発端が、こちらでは法曹人口増というマイナーな問題だったことは示唆的である。当時合格者 500 人の司法試験はあまりに難化が進み、また特に検察官任官者の不足が深刻化していた。また規制緩和の国際圧力と経済の国際化を進める経済界からの要求をも受け、法曹人口の増大が課題となった。当初弁護士側が消極姿勢をとる中、紆余曲折を経つつ徐々に増員は進み、司法試験合格者数は徐々に増加し、法科大学院発足の 2004 年には 1500 人に達し、2010 年には 3000 人となる予定である。

　90 年代半ばまではこの法曹人口問題が議論の中心であったものの、その他の動きもみられた。1985 年に就任した矢口洪一最高裁長官は、弁護士から裁判官への任官の推進を提唱し、また最高裁内部で陪審制度の研究をさせるなどリベラルな姿勢を示し関係者を驚かせた。矢口は 1970 年前後に最高裁事務総局人事局長の地位にあって、当時裁判所の管理統制と官僚機構化を押し進めた

張本人と目されていたからである。また同じ時期，日本弁護士連合会（日弁連）は，外国人弁護士の国内活動や弁護士広告の解禁等，規制緩和問題に直面していたが，90年代にはいると，中坊公平会長のもと，弁護士自身の自己改革をも視野に入れた，現実路線に立つ司法改革を提唱するようになる。

90年代前半までの以上の動きはしかし，あくまで司法の内部問題にすぎないものであった。そうした状況を大きく変えたのは，バブル経済の崩壊であった。94年以降経済界から司法改革の必要性が，経済的苦境脱出のための構造改革・本格的規制緩和の一環として唱えられるようになる。「透明なルールによる社会運営」，また「官から民へ」といったスローガンのもと，法律家と司法の重要性が唱えられ，行政の事前規制を司法による事後規制に代えることが唱道された。また裁判所の体質も「役所的」だと批判され，従来は反体制派弁護士のお題目にすぎなかった法曹一元論まで経済界が口にするようになり，法曹界に衝撃を与えた。97年には与党自民党までもがこの流れに乗り，法曹一元を「検討課題」と述べ，さらに「国民にわかりやすい司法」の観点から陪審・参審の「議論」の必要をもいうに至る。

こうした経緯を経て，1999年に内閣のもとに司法制度改革審議会が設置される。本審議会は，13名の委員のうち法律実務家は3名（弁護士，元裁判官，元検察官），残りは法学教授と各界代表という構成であった。ここに至って，司法の問題は基本的に法曹三者を中心に議論することとした従来の体制は，本審議会を中心に広範な利害関係者が関与する仕組みへと大きく転換する。本審議会は二年の審議の後，2001年に「意見書」を内閣に提出。多岐にわたるその改革案の代表的ポイントは，①「裁判員」制度ほか国民の司法への関与の強化，②法曹の大幅増員，③法科大学院の設置，④法曹三者の改革，⑤司法制度の利便性の強化，⑥裁判機能の充実などである。次いで同年，内閣に司法制度改革推進本部が設置され，そのもとの11の「検討会」で審議会意見書の具体化のための方策と法案作成等が議論され，順次法案が作成，可決，実施されてきた。周知の通り2004年より法科大学院が開設され，また2009年には裁判員制度が開始される予定となっている。

以上の経緯を韓国のそれと比較してみると，日本の司法改革には韓国に見ら

れるほどの大きな政治体制の変動はかかわっておらず，韓国の司法改革が民主化運動と連動して80年代後半から法院という統治機構の改革を中心に順次進められていくのに対して，日本の司法改革は，当初は司法内部のマイナーな問題に止まり，経済界や政府自民党が経済の建て直しを真剣に模索する中で，初めて本格的な政策課題となっている。すなわち日本の場合，韓国の民主化と比肩するような意味で司法改革の推進に決定的に作用したのは，政治要因ではなくバブル崩壊という経済的要因だったのであり，政治的には旧来の自民党を主力とする連立政権下で進められたものであった。他方日本では改革のスタートこそ出遅れるものの，その後の進行は韓国と比べて比較的順調に見え，かなり広範にわたる改革が進められ，法科大学院や裁判員制度といったそれなりに思い切った改革も導入されつつある。

しかしながら，両国の司法改革の展開のあり方や差異は，こうした政治的・経済的事件といった大きな背景要因に規定されているだけではなく，そこには問題領域ごとに他のさまざまな事情もかかわっているようにも思われる。そこで以下，裁判所・裁判官制度改革，法科大学院導入問題，国民の司法参加の順で代表的な改革課題を取り上げ，その改革動向を個別に含味していく中で，より子細に問題の諸相を比較検討していきたい。

Ⅳ 裁判所・裁判官制度改革

韓国の裁判所・裁判官制度改革はめざましいものがある。87年憲法による憲法裁判所の設置は，それ自体大改革であった（本制度につき，許，1996，145-149頁；森下，1998，53-54頁；申，1999，52-53頁；鄭，2003，61-135頁；朴，2004，63-93頁）が，本裁判所は設置後19年間の2006年10月末までに，各種の違憲宣告を計440件，限定合憲を28件出すという活発な活動を行っている（http://www.ccourt.go.kr/home/english/stat_eng.jsp 2006・12・1 アクセス）。それだけ旧体制下の違憲法令等が多かったともいえるが，具体的規範統制を通じた憲法保障が実効的に機能しており，また思い切った違憲判断を出せる政治的社会的環境にあることをも示しているというべきであろう。このように司法が活

第11章 市民社会の展開の中の日韓司法改革

躍する民主主義体制は，日本も含むアジア地域においては歴史的事件というべきであろう。なお2004年春には，本裁判所は国会による大統領の弾劾訴追の審査をも行い，最高権力間の争いにも分け入っている。なお9名の憲法裁判所裁判官は，大統領が任命し，うち3名ずつを国会と大法院が指名した者を据えることになっているため，司法機関とはいえ大法院からも一定の独立性をもつ（その背景として，鄭，2003，63頁）。「第四権」ともいわれる（鄭，2003，132頁）所以であり，実際大法院との間ではその管轄をめぐって激しい論争があるとのことだが（三満，1996，83頁；鄭，2003，115-119頁；尹，2003，189-190頁），司法の独善化の防止機能という点からも注目しうるように思われる。

　その他の裁判所・裁判官制度改革としては，①大法院長・大法官（＝最高裁判事）の任命に国会の同意を要件としたこと（1987年），②法官の人事運営等のための法官人事委員会の設置（1992年），③法官会議の設置（1993年），④勤務評定の制度化，⑤職級の簡素化，⑥行政法院・特許法院の新設（以上1994年），⑦2年間の試用期間ともいうべき予備判事制度の発足（1999年）（民事裁判制度研究会，1996，52-54頁；許，1996，139-140頁；尹，1998a，114頁；加藤・李・金，1999，44頁；兪，2001，38頁），⑧大法院長・大法官の任命に際しての国会の聴聞手続の制度化（2000年），⑨法官任用・再任審査過程への外部委員の参加（2003年），⑩大法官に国民の意思を反映させるための大法官提請諮問委員会の設置（2003年）と，この委員会に外部からの候補者推薦を認める改革（2004年），⑪本人の希望で10年間一定地域のみで勤務できる地域法官制の部分的導入および現職法官の20％がこの地域法官とされたこと（2004年）等が挙げられる（車，2001，167-172頁；朴元淳，2003，307-308頁；尹，2003，201-202頁；尹，2004，54-56頁；飯，2004，25，28-31頁）。なお⑫2006年から新規法官の10〜20％を法曹経歴5年以上の弁護士および検事から任用し，2012年には新規任用法官の50％，最終的には新規任用法官のすべてを弁護士や検事から選抜するという法曹一元化案を，「司法改革委員会」が2004年に確定したとのことである（尹，2004，56頁；飯，2004，30-31頁）。

　大法院改革（①，⑧，⑨）や人事異動問題（⑪）など，日本では全くあるいは不十分にしか実現していない論点が多く印象的である。⑤については法律上

237

の職級は日本より簡素化されたとのことであり（許，1996，139-140頁，ただし，尹，2003，203頁；李・加藤，2003，42-44頁），関連して俸給や評価制度の改革も継続している（飯，2004，30-31頁）。また⑫が実現されていくのなら画期的というべきである。なお大法院実施の調査でも，法曹一元に賛成する法官が74％に達していることにも驚かされる（尹，2004，56頁）。

その他検察改革（韓，2003，138-139，172-173頁，2004，44-49頁；沈，2003，282-283頁；尹，2002，11頁，2003，215-216頁；朴燦運，2003，44頁），集団訴訟のための特別手続法制定に向けての検討（金洪奎，2001，164頁，ただし，朴元淳，2003，313-315頁），行政訴訟における行政側敗訴率の高さ（金，1997，155頁）なども，注目される。

一方日本の裁判所改革においては，最高裁裁判官の国会承認手続その他最高裁の機構改革問題についてほとんどみるべきものが存在しない。他方，①下級裁判所裁判官指名諮問委員会を設置し，一般裁判官の再任時にその審査を経ることとされた。本委員会は中央の委員会に加えて全国8カ所に地域委員会も置かれ，外部委員も相当部分を占めており，対象裁判官についての情報を外部からも取り入れることなどが定められた。韓国の法官人事委員会が中央のみに置かれ，その委員が当初は法官の中から大法官の任命で選ばれるものだったことと比較すると，分権性と外部からの参加・公開性に一定配慮した仕組みになっている。次に②裁判官の人事評価が制度化された。韓国でも上述の通り勤務評定は検討されたが，それが10年ないし5年に一度要旨が本人に開示されるべきとされたにすぎない（民事裁判制度研究会，1996，52頁；飯，2004，25，31頁）のに対し，日本の制度は求めれば毎年本人開示がなされることと，不十分ながら不服申立手続も設置された点に特色がある。さらに③判事補に弁護士事務所勤務等を義務づけたこと，④裁判所運営に国民の声を反映させるため，地方裁判所委員会・家庭裁判所委員会を設置または充実させたことも挙げられる。

両国の裁判所・裁判官制度改革を比較してみると，大幅な機構改革や，裁判官の独立や司法の民主的正統性の確保・向上を名目とした改革は韓国が進んでおり，日本は外部や裁判官本人への情報開示，外部との接点や外部からの参加保障の拡大等，透明性や客観性の確保を鍵とした改革を一定進めることに成功

したといえそうである（徐・韓，2003，33-34頁；朴元淳，2003，308-309頁）。こうした差異はやはり，出発点を軍事政権下の司法からの脱却という点にもち，「司法の民主化」という言葉が現実的重みと社会の支持を得ており政権交代も行われる韓国の状況と，そうした用語が使い古された政治的スローガンとして回避され，また裁判所の現状に対する批判も必ずしも広範な世論の支持を得ているとはいいがたく，決定的な政権交代もない日本の状況との差異を反映するものであろう。逆にいえば，日本の戦後司法は総じて保守的・官僚的であったとしても，韓国の軍事政権下の司法に匹敵するほど改革の必要性が感じられることはなく，そのため決定的な組織改革は免れたものの，逆にそれゆえ，民主化をバネに一気に改革を進めている韓国に，相当部分で追い越されつつあるともいいうるように思われる。

V　法科大学院

　韓国でロースクール構想がクローズアップされるのは日本よりも4年ほど早いが，その実現は日本が先んじる。また韓国での議論は紆余曲折を経ることになるが，日本では比較的スムーズに開校にこぎつけている。こうした差はどうして生じたのであろうか。

　韓国では，先述の通り1995年の「世界化推進委員会」からこの問題が本格的に論じられ始める（金，1996，19-20頁；尹，1998b，62-71頁；加藤・李・金，1999，46-50頁；宋，1999，143-151頁；趙，1999，86-97頁；梁，2000，87-93頁；金敬得，2001，60-61頁；沈，2003，286-293頁）。ここでの改革案は，既存の法学部を廃して少数のロースクールを設立するという，アメリカ型を目指すものであった。これに対しては世論と政府は支持したものの，大法院，法務部，大韓弁護士協会が強硬に反対し，法曹界対非法曹界という対決構図となる。結局本委員会と大法院が合意に達しえず，その後議論の場は「教育改革委員会」に移るも，結局実現をみずに終わる。1998年には教育部（文部科学省に相当）の下の「新教育共同体委員会」が検討を開始し，翌年に最終案が公表される。これは学部での法学教育は残しつつ，「法学大学院」も設置し（ただし後者に移行

した大学は前者は廃止する)，司法試験受験資格をいずれかの教育を受けた者に限り，法学大学院卒業者には一次試験まで免除しようとするものであった。また司法研修院は長期的には廃止の方向とされた（この案は，以上の点に違いがあるものの，後に実現する日本の法科大学院に近いものとなっている)。他方本案の公表直後に，同年設置の「司法改革推進委員会」が，司法試験の受験資格として一定の法学科目の単位取得を要件とし，さらに司法研修院を国立の「韓国司法大学院」に改組するという全く別の案を出し，両案の並立状態が続いていく（韓，2000，57頁；兪，2001，44-52頁；石本，2004，45-48頁)。こうした経緯を経て2003年の「司法改革委員会」では本件が主要議題の一つとされ，大法院の提出したロースクール（法学専門大学院）導入案を採決した。2009年開校予定で，現行司法試験制度は2013～4年頃廃止予定とのことである（尹，2004，56，58頁；石本，2004，48-56頁；許，2006，74-76頁；中央日報（日本語Web版）2006/7/1)。

一方日本で法科大学院構想が表に出てくるのは1997～8年頃であり，経済界や自民党の規制緩和論と絡めた司法改革論の中にロースクールの文字が顔をみせるようになるとともに，リベラル派の一部弁護士・弁護士会や法学者もその導入を提唱し始める。教育関連機関の側でも1998年に文部省（当時）の諮問機関である大学審議会が，高度専門職業人養成のための「専門大学院」設置を提言。それを受け翌99年2月に文部省は，「法学教育の在り方に関する調査研究協力者会議」を立ち上げ，司法制度改革審議会発足に先駆けて法科大学院構想について検討を始めている。ついで同年6月の司法制度改革審議会発足直後から，全国の大学法学部のほとんどが次々と法科大学院構想を発表するという，やや異常とも思われる状況が現れる。これらを受け司法制度改革審議会においても，法曹の量と質とを上げるため，司法修習を残しつつ，法科大学院を「新たな法曹養成制度の核」と位置づけることに，2000年4月という比較的早い時期に合意を見，文部省に制度設計を依頼。同じ年の夏に新制度のもとで2010年の司法試験合格者を3000人とする大幅増員についても合意されたため，流れはさらに決定的なものとなる。同年秋には日弁連の総会において，紛糾したものの法曹人口増と法科大学院設置を認める決議が可決され，強硬な反対派

を抱える弁護士会も同調。こうして一部の反対論・消極論はくすぶり続けるものの，法科大学院設置の方針は既成事実化していく。その後，制度設計をめぐって現実主義的妥協がなされ，また設置認可や教員人事異動，入試等をめぐる悲喜劇を経て，2004年開校にこぎつけている。

　韓国でロースクール設置までに時間がかかっているのは，先駆者として暗中模索せねばならなかったという事情もあろうが，他にもいくつか原因があるように思われる。第一に韓国の場合，ロースクール構想は司法試験合格者が年300人の段階で提案されており，本構想と法曹人口増とが同時に議論されている。他方日本において法科大学院構想が出されてきた90年代後半には，司法試験合格者増は既定路線となっており，徐々にではあるが実際の増員も行われつつあった。その意味で，法律実務家のショックと拒否反応は韓国のほうが大きかったであろうことは，容易に想像される。関連して韓国の初期の構想は，設置数も定員数も絞り込んだ上で，学部教育としての法学部も司法研修院もともに廃止するという急進的なもので，法曹界や法律家をその意味でも驚愕させるものだった。日本の場合，設置数を最初から絞ったり司法修習をなくしたりすることを前提とせず，設置については各大学に期待を抱かせ続け，「走らせ続ける」戦略が採られるとともに，最高裁には司法研修所の維持を，法務省には司法試験の管理を任せるよう保障することで，彼らの合意も取り付けている。自己改革と人口増を受け入れざるをえない日弁連にとっても，法科大学院は正面切って反対しにくい改革構想であった。他方大学側の事情としては，大学進学希望があまりに強すぎて問題となっている韓国と，少子化と大学数の多さとがたたって，大学経営の危機までが叫ばれている日本，という違いも大きいのではなかろうか。日本では，法科大学院を設置できなければ生き残れないという恐怖感が，私立国公立を問わず多くの大学法学部を覆ったのである。

　さらに基本的には，法曹人口増やロースクールの設立は，韓国の司法改革の基本精神である「司法の民主化」と必ずしも結びつかず，むしろ規制緩和や法的サービスの向上の問題であることも，韓国において裁判所改革のようには順調に改革が進展しない理由かもしれない。司法の民主化には賛成の法律家や法学者が，この問題に反対することは大いにありうるであろう。他方日本におい

ては，経済界や政府自民党等がこぞって規制緩和論を支持する中，法曹人口増や法科大学院に反対する者は，既得権にすがる守旧派とみなされがちであった。

最後に韓国の場合，初期のロースクール構想の議論を経た後，司法試験制度や司法研修院の教育システムがかなり思い切って変わっている印象をもつ（金，1996，16-18 頁；尹，1998b，67-69 頁；宋，1999，133-135 頁；加藤・李・金，1999，48-49 頁；趙，1999，74-76 頁；韓，2000，58 頁；朴，2001，22-26 頁；金敬得，2001，61-63 頁；尹，2003，194-201 頁）。ロースクール導入回避の意図があったわけではなかろうが，こうした対応の柔軟性が，結果的に大改革を先延ばしにする効果が幾分かはあったのかもしれない。

しかしたどった経緯と時間に多少の差異はあれ，この問題については結果的に類似の制度が両国に導入されつつあるように思われる。相互に議論や制度設計を参照しあったということであろう（崔，2004，369-371 頁）。

Ⅵ 司法への市民参加

陪審，参審など司法への市民参加制度は，韓国の司法改革においてはつい最近まで議論の存しない分野であった（沈，2003，278 頁；朴元淳，2003，302-329 頁；工藤，2004，57-58 頁）。日本ではこうした参加制度は，権威主義司法・官僚司法から脱却し，「司法の民主化」を進めるものであるとも語られてきたことを考えると，やや不思議なことにも感じられる。

韓国で陪参審の紹介と必要論が提唱され始めるのは，1990 年代半ばからである。しかし他方，例えば司法改革と司法監視の強力な市民運動を展開している「参与連帯」でさえ，「陪審制の導入だけで司法民主化が成し遂げられるというのは，あまりに楽観的」として，「このような理想的制度が施行される土台を作」ること，すなわち「徐々に導入可能性を研究」することを提唱している（沈，2003，296-297 頁）。また陪審導入積極論者の人権派弁護士でさえ，韓国の人々は「裁判は当然，専門法官によりなされるべきで，その過程に一般市民が参与して事実認定をなしうるという可能性自体，考えたこともな」く，「『官尊民卑』の思想に浸っており，権利意識と憲法意識が欠如して」いると

して、「正しい判断が下されるのかは疑問の余地」があり、また「政治に対する恐れと漠然とした反共主義に洗脳されてきたので、政治的に敏感な事件や国家が関連した事件などで、いかなる圧力もはねのけ、公正で独立した判定を下すことができるのだろうかという疑問が残る」として、陪審導入は「ほとんど革命的発想」であると論じている（朴元淳、2003、309-313頁）。

　他方、政府側で市民参加制度について触れたのは、金大中政権下の「司法改革推進委員会」が2000年に出した報告書「民主社会のための司法改革」の中においてである。しかしそこでの扱いも、次のように消極的なものであった。「議論過程：司法の民主化を確固とし、法院と国民の間を狭めるため、国民の司法参加を拡大しなければならないという点については、異見がなかった。しかしながら、陪審制と参審制については、その理論的優越性に比べて現実的な問題があまりにも多く、我々の現実に合わないという指摘が多かった。……地縁・血縁・学縁が重要な意味を持つ状況下において、市民の裁判参加が、短期的に裁判を受ける当事者の呼応を得るのも難しいという指摘があった。……結論：陪審制、参審制……などの国民の司法参加方策は、憲法改正問題などと連係して、すぐに導入するのは難しいが、司法の民主化を高める方策として望ましいものであるので、中長期的には肯定的に研究・検討する課題である」（沈、2003、298-299頁；キム、2001、141頁）。好ましい制度だが問題点が多く現実にあわず、「中長期的な研究課題」にとどまるとして、文面だけからすれば事実上の棚上げである。しかしその後議論は急展開し、「司法改革委員会」での議論や調査、公聴会、模擬裁判などを経て、2004年11月、「司法参与制」の導入を全員一致で採択するに至る。制度の細部は未定ながら、陪審参審の混合形態で、一般国民から選出された5〜9名の者が重罪刑事事件に参加する制度という点で日本の裁判員制度に似ているが、被告人の選択権を認めるものらしい。2007年から、まずその意見が裁判官の判断を拘束しないものとして試験的に導入し、2010年に検証を経、2012年から裁判官への拘束力をもつ制度として本格導入を目指すとのことである（工藤、2004、68頁）。

　他方日本においては、周知の通り、重罪刑事事件に一般市民が裁判官と同一の資格で参加する「裁判員制度」の導入が決定された。未だ実施には至ってい

ないものの，こうした制度改革が行われること自体画期的である。

　議論の経過は次の通りである（飯，2001, 1-28頁）。そもそも司法制度改革審議会の審議事項の中には「国民の司法参加」が含まれていたところ，実際の審議では，一方の消費者・労働界系委員や日弁連元会長等在野側の陪審制導入論と，他方のできる限り参加制度の導入を阻止したいと考えていた最高裁側委員など保守派とが両極となり，その間に，陪審には懐疑的だが最高裁ほどまで参加制度一般に拒否的でない経済界や法学者が入るという構図で進行した。本案件は対決事案であって厳しいやりとりがなされたが，まず審議開始後比較的早い時期に，刑事事件を念頭に置き，広く一般国民が，裁判官と責任を分担しつつ実質的主体的に関与する制度の導入が必要との取りまとめがなされ，なんらかの新制度の導入自体は行うことが決定された。その後具体的な制度設計において，参加する市民が職業裁判官と同じ権限をもち，被告人に選択権がない点などでは参審的であり，他方有権者から無作為抽出され，一つの事件だけを担当するという点などでは陪審的である制度構想が固められていく。ただし裁判官と裁判員の比率については，陪審的に裁判員を多くする意見と，逆に参審的に少なくする意見との間で決着が付かず，審議会解散後の制度設計に委ねられた。しかるにそこでは当初，裁判官3人に対して裁判員2人程度のものとされかねないと危惧もされたが，意外にも徐々に裁判員の数を増やす方向に動き，最終的には連立与党の公明党の意向も受けて，裁判官3裁判員6を原則とし，裁判当事者の合意によって裁判官1裁判員4という構成もとれるものとする，とすることで決着した。最高裁の強硬な消極論も強かった中，相当な改革を進めたものというべきである。なお2004年に「裁判員制度法」が成立，2009年から実施予定である。

　さて「司法の民主化」そのものともいえ，刑事司法の現状を大きく変えるこうした市民参加制度の導入が，日本で進み韓国では出遅れた原因はどこにあるのだろうか。

　まず日本においては，刑事法学者や弁護士等を中心とし，一般市民も加わった，陪審など市民参加制度の導入運動が，地道ではあるが長い歴史をもっていることを指摘すべきであろう。日弁連も市民参加に肯定的立場をとり続けてき

第11章　市民社会の展開の中の日韓司法改革

たし，学界その他での議論も盛んで，制度紹介はもちろん，導入是非論その他の議論の蓄積も多い。またこうした議論や運動の背後には，日本の刑事司法が憲法や刑事訴訟法の理念を離れて形骸化し，さまざまな問題を抱えているとする批判的な問題意識があった。すなわち裁判への市民参加は，単に「司法の民主化」の一環として理念的に唱えられるだけでなく，現実の裁判が抱える具体的な問題を解決するための有用な方策として提唱されてきたのである。他方，保守勢力を含む多くの政党が刑事司法への市民参加へ関心を寄せたことには，近年の被害者運動など，国民の声を刑事司法に反映させるべきだとする別方向からの主張や，各種重大犯罪の発生や，近年の社会不安の高まりも寄与していた可能性も考えられる。また日本においては，検察審査会や最高裁裁判官の国民審査という参加制度がまがりなりにも半世紀以上の歴史をもってきた，欠陥の多いものだったとはいえ1928年から1943年という時期に陪審制度を導入していた経験もある。それゆえ陪審はともかくとして，参審程度ならそれほど抵抗なく導入しうる環境が整いつつあったということができるかもしれない。

　他方，韓国では，要するにこうした条件が近年まで十分に整っておらず（丁，2003，59頁），立憲民主制の確立や国民主権原理の徹底という意味での国家権力の民主化は進められているものの，一般市民が直接に裁判にかかわる必要性といった点にまでは，社会的理解や改革提唱者の合意が進んでいなかったのであろう。ただしここにはいくつか留保が必要である。

　まず韓国の場合，制度化された市民参加制度に代わる役割を果たしている機構や運動が存在していることを指摘しておく必要がある。例えば検察の不起訴処分に対しては，憲法裁判所が取り消す道が存在しており，検察審査会の機能を代替している（鄭，2003，104-105頁）。また陪審や参審のように直接に法官の活動をチェックする制度は存在していないかわりに，韓国には日本には存在しない，司法を監視する強力な市民運動が発達している（車，2001，167-172頁；朴元淳，2003，321-327頁）。こうした機構や運動は，本来の参加制度に代替するものとまではいえないにせよ，ユニークで重要な機能を十二分に果たしているものと感じられる。

　第二に，韓国ではここ数年で状況が劇的に変化しており，上記の通り市民参

加制度を日本に先駆けて導入しかねない勢いもある。また韓国では大法院が，日本の最高裁のように参加制度導入に強力には反発せず，むしろ調査や検討に当たってかなり前向きの態度をとっている。このように参加制度導入が短期間に決まり，法曹界も総じて導入に協力的である背景には，圧倒的多数の国民が司法への市民参加制度に賛同しているという，世論調査の予想外の結果があった（尹，2004，56-57頁；工藤，2004，63-67頁）。「『官尊民卑』の思想に浸っており」「裁判は当然，専門法官によりなされるべき」ものと考えているとするエリートたちの国民観は覆され，司法民主化の流れおよび現在の司法不信の深さに彼らが危機感を募らせたことが，急転直下の市民参加制度導入の直接的背景であるといってよい。他方，その制度構想や実現時期をみると，日本の裁判員制度導入論議の間接的な影響も，見出しうるようにも思われる。

VII 建設的競合と相互参照の時代へ

以上，日韓両国の近年の司法改革の流れを概観するとともに，裁判所・裁判官制度改革，法科大学院導入問題，市民の司法参加問題を素材に，簡単にではあるが比較検討を行った。大きくいって，裁判所・裁判官制度改革では韓国が思い切った改革を進めつつあるように思われ，法科大学院構想では両者が競い合うような関係にあり，司法への市民参加制度の実現では日本がややリードしているといってよいのではなかろうか。またこうした違いの背後には，大きな体制変革の中で，改革派が社会的支持を受けつつ，民主化を押し進める政治的情熱をもって旧体制を批判し，新しい政治制度を築いてきた韓国の状況と，経済的苦境からの脱出の処方箋を求める動きと司法をより国民に開かれたものとしようとする地道な努力とが結びついた日本の司法改革との差異があるように思われる。とはいえグローバリゼーションの進展の中，双方が共通に抱える課題も多く，さらに一方の改革の強みが他方の弱点となっているような点もまま見受けられるように思われる。例えば日本の改革においては，最高裁判所や司法行政の機構改革にメスが十分入れられなかったため，この先こうした旧体制が残存し問題が残る危険があるかもしれない。また司法改革全般に対する社会

的関心もそれほど高くないため，裁判員制度をはじめとした諸改革がこの点でも中途半端に終わってしまう可能性も払拭しきれない。他方，韓国の場合，民主化という政治的情熱が今後も持続し社会の支持を受け続けられるのか，この先ある時点で政治的反動が生じて改革にブレーキがかかることがありはしないか，また議論の蓄積の十分にない中での市民参加制度の急激な導入決定などは，なにかしらの困難や副作用を生じさせはしないか，などが気にかかるところである。とはいえ司法の権威主義の打破や憲法原理の実現を真剣に模索する韓国の司法改革運動のありようは，市民革命と民主主義の原点を確認させてくれるものでもある。

ともあれ司法改革は両国においてなお進行途上であり，状況は流動的でその成否も未だ定かでない。その意味でもこうした比較から双方が学びうるところは，今後も大いに違いない。

参考文献

車炳直（2001）「韓国の人事聴聞会と参与連帯の役割」『民主法律』247号．
崔大権（2004）「変化する法曹の世界」『立命館法学』293号．
曺喜昖（2001）「進歩的市民運動と参与連帯」『民主法律』247号．
趙炳宣（1999）「韓国での法学教育・法曹養成制度の改革に関する最近五年間の論争についての一考察」『奈良法学会雑誌』2号．
丁海亀（2003）「一九八〇・九〇年代　韓国の政治変動」大久保史郎・徐勝編『現代韓国の民主化と法・政治構造の変動』日本評論社．
鄭宗燮（2003）「韓国の民主化と憲法裁判所」大久保史郎・徐勝編『現代韓国の民主化と法・政治構造の変動』日本評論社．
韓忠洙（2000）「韓国における司法制度改革論の現況」『ノモス』11号．
韓寅燮（2003）「現代韓国と刑事司法」大久保史郎・徐勝編『現代韓国の民主化と法・政治構造の変動』日本評論社．
―――（2004）「韓国の検察改革　現状と展望」『法学セミナー』599号．
胡文赫（1993）「韓国の司法制度」小島武・韓相範編『韓国法の現在（上）』中央大学出版部．
許祥洙（1996）「韓国の裁判制度」『比較法学』30巻1号．
洪日杓（2001）「『二つの三角形』で構成される参与連帯――参与連帯の会員，組織，運営」『民主法律』247号．
許淑娟（2006）「韓国の法曹養成制度」『法律時報』78巻2号．
李均龍・加藤新太郎（2003）「韓国司法事情と韓日司法交流」『判例タイムズ』1116号．
飯孝行（2001）「裁判員制度の生成過程」『早稲田大学法研論集』99号．
―――（2004）「韓国の法官制度改革」『司法改革調査室報』第4号．

第Ⅱ部　政治と司法改革

石本伸晃（2004）「韓国におけるロースクール導入に関する議論状況と給費制についての関係機関の見方」『司法改革調査室報』第4号.

加藤新太郎・李東遠・金炯枓（1999）「韓国の司法事情の現在」『判例タイムズ』1000号.

金道昶（1997）「韓国における新行政争訟制度一〇年と憲法裁判所制度七年の回顧」（尹龍澤訳）『創価法学』27巻1号.

金洪奎（2001）『韓国司法制度入門』信山社.

キム・ジュウォン（2001）「韓国における司法改革論議」『自由と正義』52巻6号.

金敬得（2001）「韓国の法曹制度」『比較法研究』63号.

金聖男（1996）「韓国における法曹養成の問題点とその将来」『自由と正義』47巻11号.

工藤美香（2004）「韓国司法改革委員会における国民の司法参加論議について」『司法改革調査室報』第4号.

民事裁判制度研究会（代表：李時潤）（1996）「1994年韓国民事司法改革の概要」『判例タイムズ』910号.

三満照敏（1996）「大法院と憲法裁判所の確執」『ジュリスト』1093.

森下忠（1998）「韓国の憲法裁判所」『判例時報』1624号.

朴洪圭（2001）「韓国人からみた法曹養成制度改革」『月刊司法改革』17号.

朴鐘普（2004）「韓国憲法裁判所の成果と課題」（青木清訳）『南山法学』28巻2号.

朴元淳（2003）「市民の司法参与」大久保史郎・徐勝編『現代韓国の民主化と法・政治構造の変動』日本評論社.

朴燦運（2003）「韓国の司法改革は　今」『法と民主主義』378号.

沈義基（2003）「一九九〇年代　韓国の司法制度改革の動向と展望」大久保史郎・徐勝編『現代韓国の民主化と法・政治構造の変動』日本評論社.

申在均（1999）「韓国の憲法裁判諸制度の歴史と憲法裁判所の役割」『法律文化』11巻4号.

申榮鎬（1997）「韓国の現行法制の成立と司法改革の動向」『ノモス』8号.

徐勝・韓寅燮（2003）「現代韓国の法・政治構造の変動」大久保史郎・徐勝編『現代韓国の民主化と法・政治構造の変動』日本評論社.

宋相現（1999）「韓国司法改革の現状と展望」（大塚浩訳）『神戸法学雑誌』49巻2号.

渡辺千原・葛野尋之・和田真一・上田寛（2000）「資料解説　司法制度改革の経緯と到達点」『法律時報増刊シリーズ司法改革Ⅰ』.

梁建（2000）「韓国における専門職ロースクール構想の展開」（大塚浩訳）『神戸法学雑誌』49巻3号.

俞珏根（2001）「韓国の司法制度と法学教育の改革」『熊本法学』99号.

尹大奎（1998a）「韓国における最近の司法アクセス改革」（大塚浩訳）『神戸法学雑誌』48巻1号.

───（1998b）「韓国の法曹養成制度の問題点と改革内容」『神奈川法学』32巻2号.

尹龍澤（1993）「韓国における憲政史の悲劇と現行憲法の特色について」小島武=韓相範編『韓国法の現在（上）』中央大学出版部.

───（2002）「韓国の司法改革」アジ研ワールド・トレンド77号.

───（2003）「韓国の法曹制度」広渡清吾編『法曹の比較法社会学』東京大学出版会.

───（2004）「韓国の司法改革の特色と内容」『法学セミナー』599号.

第12章

韓国における「ロースクール」論議

金　昌禄

I　揺れる「ロースクール」論議

　2005年3月末現在，韓国においては「韓国版ロースクール制度」である法学専門大学院制度の導入をめぐり，非常な緊張感が漂っている。全政府的なものとして構成された国家機関が制度の導入の具体化を推進している一方，弁護士団体と法学教授団体はそれぞれ異なる見解からその問題点を指摘している。また各大学は，制度の導入に伴う変化を考慮しつつ，これに対応するさまざまな準備に追われているという状況にある。

　韓国の法律家社会を取り巻くこうした緊張感はもっともなものである。1945年の終戦以後60余年間，司法試験と司法研修を中心軸とする法律家養成制度を運営してきた韓国において，アメリカのロースクール制度をモデルとする法学専門大学院制度を導入するということは，すなわち法律家養成制度の基本枠を改変するということを意味するからである。法学専門大学院制度は導入されるのか，また導入されるとすればどのような形で導入されるのか，それ如何によっては韓国の法律家社会の性格はもちろん，韓国社会そのものが大きな変化に晒されることになる。

　そもそも，韓国において事態がここまでいたったのは何故であろうか。そして，これから事態はどのように展開するのであろうか。本章では，これまでの韓国における「ロースクール」をめぐる論議の過程を辿り，こうした質問に対する「ひとつの」答えを探し出すこととする。

Ⅱ 韓国法律家養成制度における問題状況

韓国における「ロースクール」論議は，一方では韓国の法律家養成制度が内包する問題点を解決し，他方，制度の外側から提起される新しい要求に対処する方策を模索するものとして展開されてきた。

（1）法律家養成制度の総体的機能不全

韓国における法曹の資格は，統一的な国家試験である司法試験に合格し，大法院に設置された司法研修院における研修を修了した者へ付与される。制度上，司法試験には受験制限がなく，その結果司法試験は大学における法学教育と断絶することになる。また司法試験は，あらかじめ定められた合格者数に基づく定員制を採用しており，[2] 司法研修は国家の費用負担によって法曹三者の区別なく画一的になされている。

このような国家主導の画一的な法曹養成制度下，極端に低い司法試験合格率のため多数の若者が数年間にわたって暗記中心の試験勉強をせざるを得ず，国家的な人力浪費のため，人員（確保）の不足が深刻である。大学の法学教育は一方で司法試験の受験教育へと転落し，他方で法曹養成とはかかわりのない教育とみなされ，二重の意味で正統性を確保し得ないでいる。加えて，受験資格を要求しない司法試験に非法学部生も大挙して集まり，全大学の予備校化が進んでいる。暗記式の試験準備に有利な予備校が繁盛し，予備校における試験技術の習得にのみ没頭した受験生が法曹となるため，豊かな教養に基づいた問題解決能力を有する法曹は養成されることがない。またその性質上，自営業者となる弁護士の数を制限することの合憲性と，弁護士の研修費用までも国家が負担することの妥当性が問題視されている（尹龍沢，2003，194-201 頁）。

（2）外圧

このような諸問題を抱えている韓国の法律家養成制度は，量と質の両面において水準の高い法曹を提供できないものとして，長い間国民の不信と不満の対

象となってきた。また，国際化と法化の進展は，多様な分野において良質の法律サービスを提供しうる能力を備えた法律家を養成しなければならないという必要性を否が応でも高めることとなった。1990年代に押し寄せた国際化の波は，国際競争力のある法律家の養成を急務とする国家的課題を生み出し，法律市場ならびに教育市場の開放圧力は法律家養成制度の根本的な再考を要求した。以前には法外的な方法により解決されあるいは放置されていた諸問題が，特に1987年以後急激に進展した民主化の流れの中でより一層裁判所に集中し，質の高い法律家を求める社会的要求はますます高まっている。

III 司法改革委員会以前の論議

(1) 世界化推進委員会

「ロースクール」論議は，「世界化」を国家的課題として掲げた金泳三政権が1995年1月21日に設置した官民合同委員会である「世界化推進委員会」(以下，「世推委」とする)によって始められた。同年2月24日，世推委は「法律サービスならびに法学教育の世界化」のための推進計画を明らかにし，その大統領報告を契機に本格化した議論は，言論と市民団体，また国民の絶対的な支持の中で推し進められた。しかしながらそれはすぐさま法曹界の大々的な反発に遭い，結果3月18日には世推委が大法院と共同で法曹改革を推進することに合意したと発表されるにいたる。世推委と大法院は以後論議を重ね，4月25日には，「300名水準の試験による法曹選抜人員を，原則的に1996年には500名，1997年600名，1998年700名，1999年800名とし，2000年ならびにそれ以後において1000-2000名の範囲内で増加」させるといった内容の「法律サービスならびに法学教育の世界化方案」を共同で発表したが，法律家養成制度に関しては各々3名ずつ，計6名の専門家により「法曹学制委員会」を構成の上，継続検討課題とされた。しかし，世推委と大法院は1995年12月1日，ついに「ロースクール」制度導入を含む法律家養成制度の改革に対する合意を見出せないまま，「法学教育制度の改編は……大学教育改革の次元において法学教育界が必要とする改編を自律的に推進するように」と述べるにいたったの

である(世界化推進委員会,1995,9-124頁)。

　以後,「ロースクール」論議は「教育改革委員会」によって続けられるが,大法院の強力な抵抗のため,挫折することとなる。また,専門大学院制度の導入を推進していた教育部により,法学教育改革に関する方案を整えるため設置された「法学教育委員会」(法学教授4名,弁護士1名;1996)における論議も,当初から大法院の強力な抵抗に遭って挫折するに及び,結局1995年の論議は実りなく終結してしまう。一方,1995年の論議過程においては,「ロースクール」の導入といった主張に対抗するものとして,2＋3案(法学部における教養教育2年＋法学専攻教育3年),2＋4案(法学部における教養教育2年＋法学専攻教育4年),4＋2案(法学部4年＋法学大学院2年),3＋3案(大学3年＋法学大学院3年)など,多様な提案が法学教授らによって唱えられた(權五乘,2000,112-114頁;權五乘,1996)。

(2) 新教育共同体委員会 (1998.6-1999.9)

　論議の再開は1998年7月24日,金大中政府により「教育改革」のための大統領諮問機関として「新教育共同体委員会」(以下,「新教委」とする)が構成されてからのことであった。「大学入試地獄」問題の解決のための画期的な教育改革事業を大統領選挙の公約として掲げていた金大中政府は,法学部の廃止を通じて大学入試問題の解決を図るという観点から「ロースクール」制度に注目した。11月に新教委傘下「大学委員会」のもとに結成された「法学教育制度研究委員会」は,世推委の構想を発展させ,1999年8月に最終報告書を提出したが,その中で,「多様な専攻の学部卒業者を対象とする大学院レベルにおける専門法律家養成ならびにより高度な学問研究のための法学教育を施行」する機関としての「法学大学院」の設置を核心内容とする「学士後法学教育」の導入を主張することとなった。「新教委案」の概略的な内容は下記の通りである(法学教育制度研究委員会,1999,1-110頁;宋石允,2000)。

　　・法学教育の基本軸を学士課程の法学教育から専門大学院法学教育へと転換する。
　　・「学士後法学教育」へ転換する既存の学士課程の法学教育単位(法学部,

法学科など）は廃止する。
- 専門大学院体制へと転換しない学士課程法学教育の位相と方向を新たに模索し，必要な範囲内において特性化する方向へ誘導する。
- 学生数は学年あたり200名以下とし，専任教授対学生比率は1：12を超えなければならず，専任教授の最少人員は学生規模とかかわりなく25名以上でなければならない。
- 入学資格は学士またはこれに準ずる資格とし，入学試験は学部成績，外国語，社会経歴ならびに社会奉仕実績，その他専門大学院が定める事項とするが，同学校の学部卒業者が60％を超えず，学部において法学を専攻しないものの比率が30％超えるものとする。
- 授業年限は，6学期（3年）とし，履修単位数は96単位以上とする。
- 教授要員は，博士学位所持者以外に法曹としての実務経歴のある者から充員し，その比率は各専門大学院が定める。判検事などの教授充員にあっては派遣教授制度の導入を考慮する。
- 主管機関として，教育部傘下に「法学教育委員会」を設置し，専門大学院設置基準の具体的な内容の設定，設置基準の充足可否審査，専門大学院の数と定員の調整などを担当するものとする。
- 司法試験の受験資格を学士課程において法学を専攻した者ならびに専門大学院卒業者に制限し，専門大学院卒業者には司法試験1次試験を免除する。
- 司法研修院の一般法曹養成機能はこれを廃止し，実務研修は各職域別に実施する。

　一方，こうした「新教委案」に対しては，これに反対する法学教授の集まりである「法学教育改革共同研究会」によって，法学部修了後3年間の法律大学院を修了するものとする「法律大学院案」などが代案として提示された（法学教育改革共同研究会，1999）。

（3）司法改革推進委員会（1999.5-1999.12）

　新教委による作業が継続中であった1999年5月7日，法曹汚職事件により法曹界全体に対する国民の不信が爆発したことを契機として，大統領諮問機関，

「司法改革推進委員会」(以下,「司改推」とする) が設置された。法曹人 8 名を含む総 19 名の委員で構成された司改推は,「市民の司法参与」までをも包含し,広範囲にわたる司法改革の諸課題について論議した。しかしながら,司改推は 2000 年 5 月に提出した最終報告書において,「さまざまな満たすべき条件に対して適切な対応方策を探すことができず……現実的に困難である」という理由で「新教委案」,「ロースクール導入案」などを排し,代わりに司法研修院を「大法院が管掌する独立法人形態の『韓国司法大学院』(仮称)」へ改編することで,もって「実務教育と学問教育とを並行実施する」という「改善」案を提示するにとどまった (司法改革推進委員会,2000,393-430 頁)。この案はほどなく,施設ないし教授の確保といった問題に関連して現実性に乏しいだけでなく,国家中心から市民社会中心へといった時代の思潮に逆らう「時代錯誤的,法曹士官学校的発想」といった非難を受けることとなる。[3]

Ⅳ 司法改革委員会以後の論議

(1) 司法改革委員会 (2003.10-2004.12)[4]

二つの政府が三個の委員会を構成し論議したにもかかわらず結論にいたらなかった韓国のロースクール論議であったが,盧武鉉政権の誕生後,2003 年 10 月 28 日には大法院傘下に「司法改革委員会」(以下,「司改委」とする) が設置され,再開されるようになる。司改委は,2003 年の大法官人事問題により司法改革に対する要求が強く提起されたことを契機として,大法院長が大統領と協議し,大法院規則の「司法改革委員会規則」に基づいて設置された機関である。委員は 21 名,そのうち 12 名が法曹出身委員であり,その他法学教授が 3 名,言論人 2 名,女性・経済界・国会・教育人的資源部を代表する委員が各 1 名という構成であった。

司改委は,大法院長が提議した 5 個の案件 (大法院の機能と構成,法曹一元化と法官任用方式の改善,法曹養成ならびに選抜,国民の司法参与,司法サービスならびに刑事司法制度) を中心として司法改革全般にわたる審議を行ったが,このうち「法曹養成ならびに選抜」は,2004 年 1 月 5 日の第 5 次会議における

基調報告により論議がはじまって以来，もっとも鋭く意見が対立する案件であった。大韓弁護士協会を代表する諸委員が「ロースクール」に強く反対する中，迷走を繰り返していた論議は，司改委を主管する大法院が9月6日の第19次会議において「法学専門大学院導入案」を提出して以降急速に「ロースクール」の導入へとその方向を変え，ついに10月4日には法学専門大学院制度の導入を建議するという結論に達する。

　10月4日の司改委第21次会議は，まず「改善の基本方針」に関する決定手続にとりかかり，大法院が提出した「法学専門大学院案」と，大韓弁協が提出した「現行制度維持・改善案」，そして委員1名が提案した「国立法律大学院案」に対する表決を行い，13：2：0，棄権1の結果をもって，3分の2以上の賛成を得た法学専門大学院案を採択した。続いて諸委員が大法院案の具体的な内容に対する修正意見を提示し，そのそれぞれについて賛成者が3分の1以上とならない場合には大法院案のまま可決され，3分の1以上となる場合には多数意見あるいは少数意見として認められたものとして，各修正意見に対する表決を行った。こうした過程を経て最終的に決定された内容は，10月18日の第22次会議において，「建議文」として確認・採択されたが，その内容は以下の通りである。

　①はじめに
　現在の司法試験制度は，優秀な法曹人の養成という機能を相応に遂行してきた。しかし一回の試験結果に依存する現制度は，変化する時代状況が要求している望ましい法曹人を選抜することに，多くの問題点と限界を露呈している。
　21世紀の法治国家を支える将来の法曹人は，国民の期待と要請に呼応する良質な法的サービスを提供するために，豊富な教養，人間と社会に対する深い愛情と理解ならびに自由・民主・平等・正義を志向する価値観に基づき，健全な職業倫理観と複雑多岐にわたる法的紛争をより専門的・効率的に解決することのできる知識と能力を備え，また法律市場の開放に対処し，国際的司法体系に対応することのできる世界的な競争力と多様性を身につけなければならない。
　こうした法曹人を輩出するため，多様な専攻を基盤に専門的な法律理論ならびに実務教育を担当する法学専門大学院を設置し，その教育課程を充分に履修

した者が法曹人として歩み出す，新しい法曹人養成ならびに選抜制度の導入を建議するものである。
　②具体的な建議案
　ア）法学専門大学院の設立
　・法学専門大学院は一定の設置基準を満たし認可を受けた大学に限り設立でき，法学専門大学院を設立する大学は，法学士学位取得課程（法科大学，法学科など）を廃止しなければならないものとする。
　・公正な設置審査のため，教育人的資源部長官の傘下に政府関係者，法曹人，法学教授および公益代表などで構成する仮称法学教育委員会を設置し，法学専門大学院の認可審議を経た後，教育人的資源部長官が認可するといった一連の方針が整えられなければならない。
　イ）設置基準
　・充実した教育を担保する責任ある法学専門大学院を設立するため，専任教授比率など人的，物的与件に関する最小限の諸基準が設置基準に含まれる必要がある。
　・教育人的資源部長官は，設置基準を設定するにあたり，法院行政処長，法務部長官，大韓弁護士協会長，韓国法学教授会長などと協議を行う必要がある。
　・充分な数の専任教授が確保されなければならない。専任教授の最少人員は20各以上でなければならず，専任教授対学生比率が少なくとも1：15以下でなければならないという意見が諸委員の多数を占めたが，これより厳格に，専任教授の最少人数が25人以上，専任教授対学生比率を少なくとも1：12以下に定めることが望ましいとする少数意見もあった。
　・法曹人養成課程において，多様な実務教育の重要性に照らし，法曹実務経歴者が相当な比率をもって専任教授に任用されることが望ましいと考えられる。実務教育をより充実させるために，専任教授のうち20％以上を5年以上の法曹実務経歴者に充て，長期的に法曹実務経歴者の比率を高めていく必要があるというのが諸委員の多数意見であったが，専任教授中30％以上を5年以上の国内外法曹，国際機構，政府機関，市民団体その他法

律関係機関における実務経験者に充てるといった少数意見もあった。
・法律専門図書館，模擬法廷，セミナー室，情報化施設など，専門教育のための施設が充分に整えられなければならない。

ウ）法学専門大学院の入学定員
・国家人力の効率的運用のため，法学専門大学院の総入学定員を適正水準により制限する必要がある。
・法学専門大学院の総入学定員は，法曹人力の需給状況などを考慮し，適正水準により維持することが望ましいと思われる。初期制度の施行段階においては，制度の変化に伴う社会的衝撃を緩和するため，施行当時の司法試験合格者数を基準にして法学専門大学院の定員を定めることが望ましいとするのが諸委員の多数意見であったが，法曹人力の需給状況などを考慮し，適正水準を維持すればよいとする少数意見もあった。
・適正な入学定員を定めるにあたっては，教育人的資源部長官が法院行政処長，法務部長官，大韓弁護士協会長，韓国法学教授会長などと協議し，入学定員を決定するという方針を整える必要がある。

エ）入学者の選抜
・法学専門大学院の入学資格を学士学位以上所持者とし，学士課程における成績，語学能力，適正試験の成績，社会活動ならびに奉仕活動の経歴などを総合し，入学者を選抜するといった方策が採られなければならない。
・過度な競争の弊害を防止するために，法学専門大学院の受験回数を制限する必要がある。
・法学専門大学院の入学生の多様性ならびに専門性を確保するために，学士課程における法学専攻者ならびに当該大学の学士課程卒業生の選抜比率を一定比率以下に制限することが望ましいと思われる。

オ）教育課程
・法学専門大学院の最少授業履修学期は，原則的に6学期（3年）以上とすることが望ましい。
・大学の学士課程における法学教育を修了した学生に対する単位の認定可否は，これを各大学院において自律的に定めることが望ましい。

- 具体的な教科課程は，各法学専門大学院が自律的に決定するものとし，基本的には選択科目の幅を広げ，各分野別に特化した法律家が養成されるようにすることが望ましい。

カ）経済的弱者に対する配慮

- 教育費増に伴い，経済的弱者が法学専門大学院へ入学することが困難なものとならないよう，各法学専門大学院は教育費に関して支援対策を講じ，国家も財政的支援方案を整える必要がある。
- 学校の財政状態，奨学金制度などを認可審査の対象に含め，経済的弱者が法曹人となるにあたり障害をなくすための方策が採られなければならない。

キ）第三者評価

- 認証評価機関を別途設置することによって法学専門大学院に対する厳格な事後評価を実施するものとし，これによって適正な教育水準が保持されなければならない。
- 認証評価機関の構成員を法曹人，法学教授，市民代表などとし，大韓弁護士協会傘下に設置するという方案を検討する必要がある。
- 事後評価においては，設立基準の維持可否，入学試験の公正性，学事管理の厳正性，公平性の確保のための努力などを総合的に評価し，事後評価の結果をもとに，是正命令，定員縮減，認可取消などの制裁措置を建議できるようにすることが望ましい。

ク）弁護士試験

- 現行司法試験を資格試験である弁護士試験へと転換し，法学専門大学院修了者にのみ受験資格を与え，受験資格も制限することが望ましい。
- 弁護士試験は，法律家としての基本素養ならびに資質を評価する試験として，法学専門大学院の教育課程を充分に履修した場合，比較的難し過ぎず合格可能な試験とする必要がある。
- 現行司法試験の受験生が不当に不利益を被らないよう，法学専門大学院制度が施行されてから約5年間は現行司法試験を存置させることが望ましい。しかし，法学専門大学院制度の成功的な定着ならびに適正な法曹人数の維持のため，司法試験合格者はその数を漸次減らしていく必要がある。

ケ）実務研修
・弁護士試験の合格後，原則的に各職域別に実務研修を実施すべきであると考えられる。

コ）施行時期
・法学専門大学院制度の導入に伴う準備期間と，新しい制度に対する社会的要請を考慮するとき，2008年度に最初の法学専門大学院入学生を選抜することを目標とし，推進することが望ましい。

③おわりに

新しい法曹人養成制度としての法学専門大学院制度が韓国の司法制度の基礎として定着するためには，以後多くの論議と社会的合意が必要となる。特に具体的な設立基準の内容，人間と社会に対するより深い理解と健全な価値観ならびに専門的な法律知識を整えうる教育内容また教育方法，大学院適正試験と弁護士試験の内容ならびに評価方法など，法学専門大学院制度の細部内容について，学界，法曹界，行政府など関係当事者のすべての協力と相互理解に基づくより深い研究と意見の収斂が要請される。以降も積極的な意志と知恵を集め，新しい法曹人養成ならびに選抜制度が韓国の法律文化の発展ならびに法治主義の確立のための礎とならんことを祈念する。

（2）司法制度改革推進委員会（2005.1-現在）[5]

上記のような司改委の建議を受けた大法院長は，大統領に対しこれを提出すると同時に後続する推進機構の設置を建議し，大統領がこれに同意したことで2005年1月18日には司法制度改革推進委員会（以下，「司改推委」とする）が発足する。大統領令「司法制度改革推進委員会規定」によって設置された司改推委は，国務総理ならびに大統領が委嘱する民間委員を共同委員長とし，関連行政各部の長と民間委員18人で委員が構成され，司法改革の推進と関連する基本計画の樹立，法令の制定あるいは改正作業，推進状況の点検・評価，部署間の意見調整などに関する事項を審議する機構として，その傘下に次官級委員会である実務委員会，調査・研究機関である企画推進団をおくものである。

司改推委は，法学専門大学院制度の導入を最優先の課題として設定し，2005

年9月までに法律案と設置認可基準案を整え，12月までには総入学定員を確定し，2006年3月に認可申請を受け付け，この認可を10月までに確定して後相当準備期間をおき，最終的には2008年を期して制度をスタートさせるとする日程に従い，この具体化作業を推進している。

V 「韓国版ロースクール」，その評価と展望

　司改委が法学専門大学院制度導入の基本方針を定め，司改推委がそれに則り具体化を推し進めるということで，1995年以後10年にも及ぶ韓国の「ロースクール」論議における，「ひとつの」目処が立ったといえる。

　司改委が提示した法学専門大学院制度は，学部課程において多様な知識と経験を積んだ人々を対象として3年間の専門法学教育を実施し，その教育を履修した人にのみ資格試験を通じて弁護士資格を付与するというものであり，アメリカ式ロースクール制度をそのモデルとするものである。また，法学専門大学院を設置する大学の学部法学教育単位は廃止され，法学専門大学院を経ない弁護士資格取得の方法はその一切が排除されて，画一的な司法研修も同様に廃止されるといった点からも，日本の法科大学院制度よりはアメリカ式モデルに近いといえる。

　しかしながら，司改委の建議においては，アメリカの「原形」にはもちろん，日本の「変形」にもない独特な要素が盛り込まれている。法学専門大学院の総入学定員を，事前に一定数により統制するというのがそれである。司改委の建議が発表された直後，韓国のメディアは「施行当時の司法試験合格者数を基準に法学専門大学院の定員を定める」とする「多数意見」に従い，2008年の司法試験合格者数を現在の1000名として想定し，司改委の論議過程において出てきた法学専門大学院卒業者の80％以上の弁護士資格試験合格という基準を適用して，「法学専門大学院の総定員は1200-1300名」であると報道したが，その後これが既成事実のごとく受け止められているという状況にある。

　だがいうまでもなく，総入学定員をあらかじめ明らかにする数により統制することは，大学の主導する「競争と自律」に基づく法律家養成という「ロース

第12章　韓国における「ロースクール」論議

クール」制度の趣旨に反する。それは，設置基準を満たすか満たさないかということに関係なく，「政治的」考慮により，少数の大学に「ロースクール」という名の特権を与えることに過ぎないのである。

　韓国の「ロースクール」論議におけるこうした「歪曲」は，司改委が，法曹が主導する「司法サービス供給者委員会」であったために生じた結果である（李国運，2004）。法律家養成制度をめぐる問題状況が日増しに深刻化し，国民の不信と不満，そして世界化や法化といった外圧がますます増幅するといった状況において，既存の論議過程において，基本枠の転換をはかる方向性として比較的優位な「ロースクール」制度を導入するというところまではとりあえずたどりついたわけであるが，韓国の法曹が「職域利害」という頼みの綱を放すことは最後までなかった。総入学定員を統制しなければならない理由として提示された「初期制度の施行段階における制度変化に伴う社会的衝撃」は，「弁護士数の増大に伴う法曹の衝撃」以外の何物でもない。

　総入学定員の統制という韓国「ロースクール」制度に特殊な「歪曲」こそが，現在韓国における法律家社会を覆う緊張感の根源であり，制度の導入にあたって具体的な準備を急ぐ韓国社会の足かせとなっているのである。法学専門大学院制度の導入を推し進めるために構成された法学教授の組織である「法学教育改革のための全国教授連合」は，弁護士輩出数が1000名を超える事態になれば「ロースクール」に反対するという大韓弁護士協会の頑迷な主張への対応に追われており，法律家すべてが知恵を出し合って具体化しなければならないはずの設置基準，入学試験，教育内容，教育方法，弁護士資格試験，事後認証評価などに関する論議は進捗していないという「非正常的」な状況が現出している（金昌禄，2004.6；金昌禄，2004.12）。

　韓国の「ロースクール」論議は，依然現在進行形である。10年間にも及ぶ論議の代償として得た「ロースクール」の，この方向性が撤回される可能性はそれほど高くない。しかしながら，「韓国版ロースクール」である法学専門大学院が最終的にどのような姿をとるかについては俄然流動的である。それは，つまるところ，韓国の法律家がどのように考え，どのように行動するかにかかっているのである。

第Ⅱ部　政治と司法改革

[追記]

　本文作成後1年5カ月を経た2006年8月末現在，韓国の「ロースクール」論議はいまだ進行中である。司改委は2005年5月16日に「法学専門大学院設置・運営に関する法律案」（以下，「法律案」とする）を議決し，同10月27日には政府がそれを法律案として国会に提出したが，現時点まで「法律案」は国会においてなお「継続審議中」である。

　法学専門大学院制度の導入の遅延は，「法律案」そのものに起因する側面が強い。「法律案」は，司改委の建議を受け入れる形で，教育人的資源部長官が法院行政処長・法務部長官・大韓弁護士協会長・韓国法学教授会長などと協議して法学専門大学院の総入学定員を認可審査以前にあらかじめ定めることとし，さらに大韓弁護士協会に法学専門大学院に対する事後評価を独占させただけでなく，その評価結果に基づいて制裁措置を建議する権限まで与えている。「ロースクール」という新しい制度を導入するとしながら，「法曹による統制」という，古い枠は捨てようとしないでいるのである。このような「法律案」に法学教授のグループが反発することは当然である。法学教授たちは，能力と意思をもっているすべての大学が法学専門大学院を設置できねばならず，総入学定員は少なくとも3000人以上とすべきであると主張している。対して，大韓弁協を中心とする弁護士らは，現在の年間司法試験合格者数を基準として，総入学定員は1200人を超えてはならないと主張している。「法律案」そのものには数字が明記されていないのにもかかわらず，こうした「数字」をめぐる葛藤が，政治圏の諸葛藤とあいまって，「法律案」の国会通過を遅らせているのである。

　一方，大学側は「バスに乗り遅れるな」と，法学専門大学院の誘致競争に余念がなく，施設投資の費用だけですでに2000億ウォンを支出し，なおも1737億ウォンを支出する計画である。制度の枠が定かでない中，教育内容や教授法の開発は後送りにされている。また大韓弁協も1200という数字を繰り返し叫んでいるばかりで，制度の具体化のための提言はもちろん，自ら担当するように予定されている事後評価に関しても何の提言もなしえないでいる。

　韓国の「ロースクール」論議は，2006年9月1日から始まる定期国会でクライマックスを迎えることになると予想される。与野党間の政治的諸葛藤を避けて「法律案」が通過するとすれば，大学側は甚大な混乱に陥ることになるが，ともかく法学専門大学院制度は急ピッチで導入されるであろう。反面，来年には大統領選挙をひかえ，現大統領の任期中実質的な最後の定期国会となる今次定期国会においても「法律案」が通過されないとすれば，現大統領の任期中には法学専門大学院制度が導入される可能性はないというのが支配的な観測である。しかしな

第12章　韓国における「ロースクール」論議

がら，そうなったとしても韓国の「ロースクール」論議が終わるわけではない。なぜなら，問題はますます深刻になっており，代案はほかにはないからである。

(2006. 8 .31)

注
(1) 本章では，判事・検事・弁護士集団を指す場合には「法曹」，これに法学教授・法学者を加えて指称する場合には「法律家」とあらわす。
(2) 法務部長官は試験を実施するごとに，司法試験管理委員会の審議意見，大法院ならびに大韓弁護士協会の意見を入れて選抜予定人員を定め（「司法試験法」第4条），これを公告するものとされている。
(3) 以上，1990年代の論議に関する分析としては，沈義基（2002）参照。
(4) 以下，本文の内容は，大法院のホームページ（http://www.scourt.go.kr）に依拠している。
(5) 以下，本文の内容は，司法制度改革推進委員会のホームページ（http://pcjr.go.kr）に拠っている。

参考文献
・韓国語文献
大法院（http://www.scourt.go.kr/）
司法制度改革推進委員会（http://pcjr.go.kr/）
大韓弁護士協会（http://www.koreanbar.or.kr/）
法学教育のための全国教授連合（http://www.bky.or.kr/）
権五乗（1996）『司法もサービスである』未来メディア．
─── (2000)「生活の質向上と法律サービス」『法と社会』18.
金昌禄（2004.6）「韓国における法学教育制度改革の現況と展望」『嶺南法学』（嶺南大）．
─── (2004.12)「法学専門大学院をどうするか」『憲法学研究』（韓国憲法学会）10-4.
法学教育制度研究委員会（1999）『法学教育制度改善研究──'学士後法学教育'の導入』．
─── (1999)『法学教育ならびに法曹養成制度の改革方案』．
司法改革推進委員会（2000）『民主社会のための司法改革──大統領諮問委員会報告書』．
世界化推進委員会（1995）『法律サービスならびに法学教育の世界化主要資料集』．
宋石允（2000）「法律家養成制度改革の基本方向」『法と社会』18.
沈義基（2002）「1990年代司法制度改革の動向と展望」『人権と正義』308.
李国運（2004）「司法サービス供給者委員会の限界」参与連帯司法監視センター『司法改革委員会活動評価ならびに今後の司法改革を展望する』．
・日本語文献
尹龍沢（2003）「韓国の法曹制度」広渡清吾編『法曹の比較法社会学』東京大学出版会．
宋相現／宮沢節生監訳・大塚浩訳（1999）「韓国司法改革の現状と展望」『神戸法学雑誌』49-2.
梁建／大塚浩訳（2000）「韓国における専門職ロースクール構想の展開」『神戸法学雑誌』

263

第Ⅱ部　政治と司法改革

　49-3.
　尹大奎／宮沢節生監訳・大塚浩訳（1998）「韓国における最近の司法アクセス改革」『神戸法学雑誌』 48-1.

第13章

陪審員の意思決定過程に関する実証研究
―― 韓国初の模擬陪審裁判の事例分析 ――

金　尚遵

I　模擬陪審裁判に向けて

　韓国司法改革委員会は，国民の司法参加について検討することを主要5大改革課題の一つに盛り込んだ。同委員会は現在，制度導入の可否とその形態に関して議論を続けているが，この途上であった，2004年8月26日午前，ソウル中央地方法院大法廷にて韓国初の模擬陪審裁判を試演したことがある。また，同日午後には区議会の推薦を受けた参審員を招請し，実際の事件と同じシナリオによる参審裁判を試行した。筆者はこの模擬裁判の企画の実行に関する責任を負っており，3カ月間にわたって裁判準備作業に関与した。本企画，準備作業はハード的な側面とソフト的な側面をすべて網羅したものであり，同時にそれはまるで一つの映画を作り，興行するようなものであった。主要な準備事項として，①事件シナリオの作成，②裁判の手続きに関する規則と方式の決定，③参加者の確保と演習，④陪審員候補者の選抜と処遇，⑤法廷施設の検討，⑥評議過程の分析方針の設定，⑦広報方針などがあった。

　初めての模擬裁判であったからか，準備過程で生じた障害は一つや二つではなかったものの，進行にしたがって次第に，従来の専門裁判官による裁判のみではわからなかった未知の世界が，目の前に広がっていくことを感じることができた。模擬裁判に関する一連の行事をすべて終えた後の感慨と反省的教訓は，簡単に言い尽くすことができないほどであった。この模擬裁判に関する国民的関心と世論の反応は実に大きく，また友好的なものであった。不十分な点があったにもかかわらず，愛情を受けとめてくれたことに対し，この場を借りて感謝を捧げたい。

ところでこの過程においてもっとも関心が集中した部分は，証拠調べ終了後に陪審員が行う評議（deliberation）過程と，その内容であった。というのも，韓国に陪審裁判を導入すべきではないとする反対論者たちが，韓国社会と韓国人の陪審制度の受容能力に対して，非常に懐疑的であるからである。よって，模擬裁判に招請された人々が，はたしてどのように評議を行うのか追究することは，単純な好奇心の次元を越えたものであった。韓国人は裁判に臨んで，アメリカ人やヨーロッパ人などと比較したときに，合理的判断を下すことにおいてどのように異なるのか。あるいは韓国の陪審員は，ともすれば裁判過程で提示された証拠の内容を理解できないまま，分析的な思考をなしえず性急な結論を下すのではないか。また，討論の文化に慣れず，互いに自己主張のみを繰り返した挙句，結論を出すことができないのではないか。さらには感性に頼りすぎて，冷静な判断を下せないのではないか，などが主要な関心事としてあがった。ともかく，陪審員が繰り広げる評議の内容とその質的水準は，今後この制度を導入する上での論議の方向性をうらなう，重要な検討課題の一つであった。

 今回，模擬陪審裁判の準備段階において，無作為に抽出・発送された模擬裁判の招請状に応じた市民は，あわせて37名であった。模擬裁判の前日に進められた陪審選抜過程は，この人々を対象として行われ，結局陪審員12名と予備陪審員2名を選抜した。陪審員として選抜されなかった人々全員については次の日陪審法廷の傍聴席に来るものとし，二つの陪審員団（一種のshadow jury）を構成した。そのため結果的には合計36名の陪審員（1名は裁判過程には参加せず，正式陪審員団の予備陪審員2名は陪審員Bチームに加わって評議を進行した）が三つのグループに分かれ，同一の事件に対して評議を行うこととなった。8月26日の正式な模擬裁判に先立って事前準備を兼ね，7月20日，8月10日，8月20日の合計3回にわたり，同一のシナリオを用いて実際の裁判と同じ方式で演習模擬裁判を行った。これらのときの陪審員は，8月26日の陪審員とは異なる市民によって構成されたが，年齢，性別，学歴，社会的・経済的地位などが平均的になるようにした。ちなみに8月20日には二つのグループの陪審員団を組織した。よって結果的には，今回の模擬裁判準備および実演過程において，あわせて7つの陪審員団をマネジメントしたことになる。

すべての評議過程は事前に了解の上すべてビデオによる撮影を行い，モニタールームにて主として裁判官によって構成された実務準備チームと心理学者が，リアルタイムで進行する評議過程を見守りつつ，分析作業を行った。陪審裁判への参加の前後において，一連の設問調査も実施した。

本章は，こうした陪審員団の評議過程に対する分析結果を整理し，後日の論議の参考となることを主目的とするものである。

II 模擬陪審裁判における評議過程に対する分析

（1）2004年7月20日模擬裁判の事前練習における陪審評議とその後の準備過程

模擬裁判実行チームは2004年5月末初会合を経て基本準備方針を明らかにし，続いて6月中には模擬裁判シナリオの対象となる事件の選別作業を行い，同月末から本格的に準備作業に入った。実行チームについては，8月26日の正式な模擬裁判に先立ち，模擬裁判演習を3回にわたり行うこととした。まず7月20日に施行した演習裁判は，法廷において裁判が進行するものでなく，また証人に対する問答式尋問過程が省略されたため，正式な裁判の形式を備えるものとはならなかったが，参加した12名の陪審員は，みな真摯に1時間余にわたって討論に臨んだ。

評議の方式に対しては事前に何らの方針も与えられず，話し合って代表者を選出するように指示されただけであった。評議過程において疑問がある場合，この代表者を通して，書面質問書を提出するものとした（実際には2件の書面質問があった）。この場合では，最初に代表者を選出しようと提案した人が，自薦他薦によって結果的に陪審員代表となったということで，必ずしも年長者が代表者となったということではなかった。この点は以後他の陪審員団についても同じであった。評議の前に事前設問調査を行い，各自が証拠説明を受け，自らの結論を明示するようにしたところ，無罪が10票，判断保留が2票であった。評決方式については，大変苦心したようであったが，陪審員代表者の提案に各自の意見を加えて評決する方向でまとまった。争点に対する事前の討論がなく，意見を先に述べる方式により評議がなされたこと（verdict-driven deliberation）は少し残念であったが，その後の討論は，主に証拠を分析し（evidence-driven deliberation），裁判長の指示事項と証拠法則を再検討することに集中した。

　この日の模擬裁判演習では，証人の証言の要旨が叙述的に朗読され，個別の証言の信憑性と妥当性を直接比較検討する機会がなかったわけであるが，特に検察側証人に対する弁護人の反対尋問が，問答式ではなく弁護人主張の要旨という形で述べられたということで，それが陪審員たちにそのまま受け入れられてしまったのではないかと考えられる。そのため検察側証言の価値が評価されなかったことも，相対的に無罪判断を容易にしたように思われた。シナリオの対象となった原事件とは異なり，警察における被告人の自白，警察実況調査書，許しを請う姿勢（原事件では証拠能力がないということで，有罪・無罪の判断において考慮の対象とはみなされないものであるが）などを目のあたりにしないという点なども総合的に作用して，比較的容易に満場一致による無罪評決へといたったようである。

　もっとも，実際の法廷における攻防であれば，陪審員の判断が，ある一方に傾くという現象は弱まると予想されるものの，やはりシナリオの補強が必要なように思われた。そこで，実際の事件との連関を考慮してシナリオの基本内容は変えずに，証拠の信憑性の強度を視聴覚的に補強することとした。追加事項は，①被害者の娘の目撃供述に基づいて犯人のモンタージュ写真を作成し，これを法廷で実際に見せる（ただしあまりにも被告人に酷似してはいけないので，被告人役を務める人物の写真と他の20代男性4名の写真を合成し，モンタージュ写真を作成した。裁判において弁護人が他の男性4名の写真を見せて，反論することを想定した），②ラインアップ過程をあらかじめビデオに撮影し，これを法廷で実際に見せる，③被害者の娘による犯人の声の特徴に関する陳述と，実際の被告人の音声の特徴を相互比較できるよう声紋分析の専門家の所見を用意する，④被告人の家で押収されたジャージに血痕が検出されない点に関連して，現在の血痕反応調査の世界的水準や，血痕鑑定不能の意味，本事件における血痕鑑定結果などに関する専門家の所見を用意すること，などであった。

(2) 2004年8月10日第二次模擬裁判演習における陪審評議とその後の準備過程

　第二次裁判演習は，実際の裁判と同じ方式で行われ，検事と弁護士役には6人の弁護士があたった。証人も何回かのリハーサルを行い多少素人じみたものではあったものの，よく役割を果たしてくれた。法廷では映像資料としてモンタージュ写真が提示され，ラインアップ過程を撮影したビデオも上映された。このラインアップシナリオの主なプロットは，目撃者である被害者の娘が被告人を犯人と認めはしたものの，ラインアップの手続きと過程に問題が潜んでいるものとして構想された。このため目撃者とラインアップを行った警察官の間の微妙な心理的交錯が暗に表現される必要があった。有名な映画監督であるキム・サンジン氏の指導を受け，まる1日をかけて，わずか1分余りのラインアップ場面を撮影した。

　裁判の終了後，評議開始の前に実施した調査では予想通り，有罪無罪の分布の様子が第一次演習裁判とは多少異なり，無罪意見6，有罪意見3，判断保留3であった。有罪・無罪の鋭い対立により，その後の評議過程が注目されたが，ここで意外なことが起こった。陪審員代表を務めた50代後半の陪審員が，有罪意見を繰り返す若い陪審員に対して，「物証がないから無罪である」ということばかりを繰り返すのみで，証拠の価値に対する細かい分析を行わないのである。本格的な評議を始めて30分が少し過ぎた後，帰宅時間である午後6時となった。これほど立体的な証拠を提供したにもかかわらず，陪審員たちは全く証拠の内容に対して言及をする様子をみせなかった。それどころか驚くべきことに，陪審員の代表は，事件外の状況によって他の意見の陪審員を説得しにかかったのである。「どっちみち多数が無罪意見を主張してるんだ。これ以上討論しても無罪意見が有罪を上まわることはできないであろう。これは実際の裁判じゃなくて模擬裁判なんだ。これくらい討論をしたことだけでも，模擬陪審員としての役割を果たしたことになるだろう。もう家に帰ろう」。すると状況が一転した。有罪意見を固守していた陪審員たちは，それ以上何も言えなくなってしまったのである。こうして，第二次裁判演習の陪審員は満場一致で無罪評決を出したのであった。

われわれは、第二次模擬裁判での陪審員団への動機づけに問題があることに気づき、反省した。実際の事件ではないことにより生じる心理的な弛緩は、甘受する他ない。しかし、誠実な評議が重要であると強調する過程が、第二次裁判演習の陪審員において省略されていたことは問題であった。また、評議時間を十分確保する必要もあった。第二次裁判演習は午後3時に始まったが、3時間の裁判を経て、午後5時になって初めて評議室に入ることができたのである。そのため第三次裁判演習は午前に開始し、午後の時間を評議過程として十分利用することができるよう日程を調整することとなった。

　さらに、陪審員の個人的性向と集合的陪審討議の質的水準との間に関連性があるかについても検討するものとした。翰林大学校心理学科趙恩慶教授のアドバイスに従い、認知的終結欲求に関する事前設問調査を行い、その結果を参考として8月20日の第三次裁判演習では陪審員団を二つのチームに分け、一方を終結欲求の強いグループ、もう一方をその欲求が弱いグループとして構成し、陪審員団で評議の違いが現れるのかどうか、検討してみることにしたのである。

(3) 認知的終結欲求 (need for cognitive closure) とは

　認知的終結欲求とは、クルグランスキー (Kruglanski, 1989) の理論に基づくもので、認知的過程に影響を及ぼす動機は何かという問題関心から提案されたものである。ひとは、認知的終結によって発生する利益と費用を分析して、認知的な終結の追及や回避を選択するが、このため多くの研究が、終結欲求を誘発するさまざまな状況を設定して行われている。時間的に追われている場合や (Kruglanski and Freund, 1983)、遂行しなければならない課題の関心度が低い場合 (Webster, 1993)、騒々しい状況下で判断課題を遂行する場合においては、ひとはより強い認知的終結欲求をもつことで、自身の仮説と一致しない情報に耳を傾けようとはしなくなり、与えられた判断課題を終了させようとする。他方、公開的な評価の場のように、自身の仮説に対する妥当性に関心が高まる場合や (Kruglanski and Freund, 1983 ; Peri, Kruglanski and Zakai, 1986)、正確な意見形成の重要性が強調される場合 (Webster, 1993)、そして判断課題自体が興味深く、それを終わらせたくないと考える場合には、終了を遅らせるか回避する

よう動機づけられ，広範囲で徹底的な情報処理を行い，さまざま代案的仮説を考慮することになる。また，終結欲求が強い被験者は，終結欲求が弱い被験者より，印象形成課題において初頭効果の影響をより強く受け，固定観念による判断を下す傾向を示すことがわかった。このような結果は，終結欲求の強い構成員は，論議の早期終了のため相対的に簡単で処理しやすいヒュリスティックな手がかりに基づいてその判断を行い，終結欲求が弱い構成員は体系的な処理方法を用いて判断するということを示唆しているといえる（Kruglanski, 1996)。そこでとりあえずのところ，認知的終結欲求が弱い集団が相対的に強い集団に比べ，証拠中心の評議をするであろうとの前提により，第三次の裁判演習を準備するにいたったのである。

（4）2004年8月20日第三次模擬裁判演習における陪審評議

　第二次裁判演習の問題点を教訓に，第三次裁判演習は午前10時に開始された。当日は同時に8月25日に予定されていた陪審選抜手続の演習も行われた。初めての陪審選抜手続において，裁判長と検事，弁護人団に多少とまどいがみられたものの（8月25日に実施された陪審選抜手続では全く問題がなかった），裁判は幾度かのリハーサルと裁判演習を経て，かなり順調に行われるようになっていた。検事，弁護人による冒頭陳述や最終弁論，証拠調べ中の異議提起なども，無理なく自然に行われ，実際の裁判を彷彿とさせる劇的な演技もみられた。
　陪審選抜手続に先立ち，認知的終結欲求を検証するための設問調査が行われた。陪審員団Aチームは終結欲求が強い被験者により，Bチームは終結欲求が弱い被験者により構成された。まず目についたことは，A，B両チーム間の年齢差であった。終結欲求が高いAチームの構成が50代以上の壮年層9名，40代以下3名であったのに対し，Bチームはその正反対で，壮年層は3名に過ぎず40代以下が9名であったのである。しかし，調査時点ではなぜこのような年齢構成の違いがみられるのかわからなかった。これについては後の分析で述べることにする。
　ところで，結果は予想した通り，認知的終結欲求の弱い集団の方が，より時間をかけて評議を行うということが確認できた。陪審員団Aチームは，評議を

始めてから約40〜50分が過ぎたところで評決にいたったが，すなわち満場一致で無罪であった。ビデオにより撮影された評議過程の質的水準は，高いものであった。1名の陪審員が有罪意見を最後まで固守していたが，他の陪審員たちの集中的な説得により，意見を変えることになった。証拠に対する検討も同様に進行した。

　対してこのとき，陪審員団Bチームはいまだに評議を継続中であったが，注目されるべきは評議時間よりもその内容であった。いわく，「私が司会を務めます。論議の迅速な進行のため，いったん有罪無罪に対する皆さんの意見をお一人ずつ順番にお話しいただくことがよいと思います」。Bチーム評議室において陪審員代表を自ら申し出た6番陪審員（40代女性）が，ぎこちない雰囲気を破り口火を切った。これに対し4番陪審員が賛成を唱えるも，瞬間向かいに座っていた12番陪審員が反論を提起した。「今のところ，あまりにもはっきりしないことがたくさんあります。有罪無罪に関する意見を言えといわれても，私は困りますね。結論から話すより，はっきりしない点についてまず議論をして，確実にしておくのがよいと思います」。モニター室で評議過程を見守っていたわれわれの間から，感嘆の声が漏れた。12名の「平凡な市民」たちは，こうして議論を始めたのであり，仕掛けられた事実認定上の地雷をすべて探し出すという作業にとりかかることになった。つまり，他の陪審員団とは異なり，第三次裁判演習Bチームは，各自の最終意見を順番に発表する方式（verdict-driven）ではなく，証拠に基づいて事案の争点をまず分析する方式（evidence-driven）を選択ということである。

　はじめ，積極的に議論参加したのは12名中6〜7名程度であったが，やがて沈黙を守っていた参加者の意見に耳が傾けられるという状況がみられた。これらの人々も，何も考えがなかったわけではなく，裁判の過程と同僚陪審員間の討論過程を注意深く見守り，細かく整理されたメモを元に自分なりの証拠分析を試みていたのである。

　議論の過程は辛く長い時間を要する作業であったが，みな真剣に最後まで取り組んでいた。討論過程とその結論は，ともに感心すべきものであった。最後まで一人の陪審員が少数派の意見に固執していたが，多数派の落ち着いた説得

により結局全員一致にいたることとなった。結局，陪審員Bチームは，1時間30分余りの評議の末，全員一致で無罪意見を表明した。

(5) 2004年8月26日，模擬裁判本番における陪審評議

　模擬裁判本番において，三つの陪審員団が構成されたことはすでに述べた通りである。この選抜過程ではまずソウル中央地方法院管内の冠岳区，瑞草区，城北区（住民合計約138万名）につき選挙人名簿から各投票区別に2名ずつを無作為抽出し，576名の候補者を確保した。この候補者に対し陪審員として参加することができるかどうかを郵便により尋ね，41名の参加申請を受けた。この41名の地域別分布，性別などは次の通りである。
　−地域別：冠岳区15名／瑞草区17名／城北区9名
　−性別：男性25名／女性16名
　−年齢：20代6名／30代9名／40代3名／50代12名／60代9名／70代2名
（平均年齢48歳）

　候補者のうち，参加申請後何らかの事情を理由に2名が不参加を通告し，また陪審員選抜手続当日に2名が事前の連絡なく欠席したので，ここで計37名の陪審員候補者が残った。さらに裁判当日には1名が欠席し，最終的に36名の陪審員によって三つの陪審員団が構成されることになったのである。

　この前日となる8月25日陪審選抜手続の際，認知的終結欲求に対する設問調査が実施された。ただし今回の3チームは8月20日の裁判演習とは異なり，認知的終結欲求の偏差のみに基づいたものではなかった。というのも，検事団と弁護人団による陪審忌避が実施されたからである。37名の候補者中21名が忌避され（そのうち10名は，検事団および弁護人団によりそれぞれ5名ずつ無理由附忌避権が行使されたものであった），残りの16名から好ましい候補者12名が正式陪審員に，2名が予備陪審員に選ばれた。偶然の一致かもしれないが，陪審忌避には主に認知的終結欲求の強い集団が対象となり，相対的に終結欲求の弱い被験者が最終陪審員団に残ることになった。

　陪審員Aチームは3時間を超える討論を行った。このチームの構成員は認知的終結欲求がもっとも弱い集団に属していたわけであるが，常軌を逸している

のではないかと思われるほど判断を後送りにする傾向にあった。当初，意見を開陳する過程では無罪8名，有罪2名，判断保留2名であったが，1人ずつ開始意見を述べる段階になると，「これは私の最終的な見解ではない。この後，判断の変わる余地がある」という点を強調し，実に判断を最後まで留保しておきたいといった考えが顕著であった。筆者は，評議開始前に評議室を整理するため入室し，その際，陪審員団と少しの間顔を合わせた。いつまでに評議を終わればよいのか，という質問を受けた筆者は，冗談まじりに，「特に期限はありません。全員一致にいたるまで討論を続けてください。今日もし遅くなった場合に備えて，ホテルも準備しました」と答えた。彼らは笑って応じていたが，3時間近くに及ぶまで有罪意見を固守していた12番陪審員が，ついに検事の有罪立証が不足であるということを認め，無罪に意見を変えた瞬間，ある陪審員は「これでホテルに泊まらなくても済んだな」と安堵の表情をみせた。もしかすると本当にホテルに泊まる覚悟であったのではないかとも思われた。

　はじめから無罪意見を主張していた陪審員には，有罪意見を主張した陪審員の意見を注意深く聞き，証拠を再度詳しく検討しながら，互いの主張を比較するといった真剣さがみられた。有罪意見にそれほど強い根拠がないことに気づいても，性急に結論を出そうとする様子はなく，問題の原点に戻り，違う観点から事案を検討しながら，反対派が意見を変えてくれることを辛抱強く待っていたのである。

　陪審員Bチームは1時間30分，Cチームは2時間20分評議を行った。Cチームは相対的に認知的終結欲求が高い集団であったが，意見が激しく対立し，速やかな合意にはいたらなかった。Bチームの場合，無罪10，有罪2が相対し，声高に応酬がなされる場面もあった。もう少し冷静に進行できればよかったとも思うが，検討すべき争点から外れることはなかった。すべての陪審員団は，こうした真剣な議論の末，みな全員一致で無罪評決を表明した。

Ⅲ 陪審員へのアンケート調査結果の分析

（1）認知的終結欲求に関する分析[6]

　陪審員について，人口統計学的特性を調査する一方，模擬裁判全般に関し評議後に設問調査を行った。分析の対象となったのは，認知的終結欲求についての調査が行われた8月20日の第三次裁判演習における二つの陪審員団と，8月26日の模擬裁判における三つの陪審員団，合計60名である。ただし結果的には1名が応じなかったため，実際に調査対象となった陪審員は59名である。これを，認知的終結欲求が低い15名，中間層29名，終結欲求が高い15名にグループ化し，各グループごと37個の評議後設問調査項目への回答分布において，どのように統計的に有意味な偏差が現れるかを調査した。有意味であるとされた項目は，年齢，学歴，弁護人の説得力，裁判の複雑性に対する認知度，評議過程および結果に対する満足度，評議過程における難易度認識（個人的判断の困難さ／裁判の記憶再現の難易度／結論導出の難易度），そして他の陪審員に対する評価などである。

　本調査においてもっとも注目すべき事項は，韓国人の場合，その認知的終結欲求と年齢との間に関連性がみられるという点であろう。すなわち，おおよそ40代を境にして，年齢の低い層は壮年層に比べて終結欲求が弱いとの結果が出たのである。

　認知的終結欲求が弱い人は不確実で曖昧な証拠に対しても，事実認定においてより分析的に接近することができるであろうし，またこのような人々によって陪審員集団を構成すれば質の高い評議ができるであろうとの仮説に立てば，この分析結果は示唆するところが大きい。教育ならびに社会与件の変化が，世代間の意思決定構造にどのような違いをもたらしたのかということについても，深く検討しなければならない。

　ともかく，こうした分析を一般化することが可能であれば，新しい世代による韓国の未来社会について，ある程度肯定的な可能性を展望することができる。実際，模擬陪審裁判の評議過程においても，証拠を詳細に分析し結論を出す，

あるいは質の高い証拠中心の意見提示をする陪審員は，主に40代以下の青・中年層であった。また20代の大学生や若者であっても，年長の陪審員の前においてためらいなく自己の意見を展開していたが，驚くべきことは，壮・老年層の陪審員もこうした若い年齢層の分析的思考を十分に尊重し，自分たちと対等な仲間として受け入れる，開かれた心をもっていたということである。すなわち，陪審員は年齢にかかわりなく，ほぼ同等な発言の機会をもっていたということなのである。むしろ，壮年層は陪審員代表を若い年齢の人に譲り，同時に分析的なアプローチを彼らに任す代わりに，総合的に合意を導く過程で調停者としての役割を円滑に遂行した。これは，評議が正しい方向へ導かれる場合，世代別分業と協業の，調和のとれた体制が維持される可能性を予測させるものであった。

　学歴と認知的終結欲求との間にも，若干弱いものの，統計的に相関があるとの結果が出ており，主に学歴が高いほど終結欲求が弱くなるという関係が確認された。しかし，標本数のバランスが大変悪かった（中卒以下：高卒以下：大学在学以下＝5：15：39）ため，本調査にあまりにも大きな意味を読み込むべきではなく，これについてはより綿密な検討が必要なところであろう。

　また，これは必ずしも高学歴であるということまでを意味するものではないが，質の高い教育は合理的判断の練習機会を与えるものといえる。よって今後の実験では，認知的終結欲求と学歴という二つの要因をそれぞれ制御し，どのような要因が集団意思決定過程においてより大きな影響力を発揮するかについて分析することになる。こうした分析はおそらく，国民参加型裁判の国民的基盤を拡充するための諸課題，すなわち，被治者としてではなく，主権者としての法教育の実施，民主的で合理的な市民意識の涵養，分析と討論能力の育成など，公教育における諸課題にとりくむための一端緒を提供するであろう。

　一方，認知的終結欲求が弱いグループほど弁護人の説得力を高く評価し，また裁判が複雑であると感じないばかりでなく，証拠調べ後の評議過程においても，依然として事件に対する判断に困難を感じない人の割合が高かった。同様に，最終的な結論の導出についても，さほど難しいとは思わなかったと答え，概してともに参加した陪審員に対する評価ならびに，評議過程および結果に対

する満足度も高いことがわかった。

（2）陪審員への設問調査に関する総合的分析[7]

　陪審評議後，陪審員に対し，今回の裁判に参加した感想をたずねる設問調査を行った。この分析にあたっては，8月10日の第二次裁判演習に参加した陪審員をも対象に加えたため，総対象者は六つの陪審員団，72名である。結果であるが，評議過程の満足度については69％が満足したと答え，高い水準を示した。認知的終結欲求分析において確認したように，一部の陪審員団は不満を感じていたが，全体的に，ともに参加した陪審員の態度が開放的であると認識しており（85％が肯定），他の陪審員も証拠をよく理解して（61％が肯定），評議過程における議論は充実していた（71％が肯定）と答えている。また自ら積極的に議論に参加し（72％が肯定），自身の意見も十分述べることができた（68％が肯定）とのことである。さらに裁判終了直後，有罪無罪の判断がはっきりとしていたかという質問に対しては，62％がはっきりしていたとした。有罪無罪に関する最初の判断については無罪52名（74％），有罪10名（14％），判断保留8名（9％）であった。

　裁判直後には有罪と判断したが陪審評議後に意見を変えた人（無罪2名，判断保留1名）は，質問調査の結果によると，陪審評議過程における合理的かつ論理的な推論に基づいて意見を変更したとみられる。もっとも興味深いのは，有罪判断を維持した人に比べ，評議後に意見を無罪に変えた人は，実は裁判直後においては有罪判断がはっきりしていたということである。他方，裁判直後には無罪と判断したが陪審評議後に意見を変えた人（有罪1名，判断保留6名）は，合理的で論理的な推論によってというよりも，陪審裁判制度自体に対する否定的態度など他の理由によって意見が変わったと考えられる。

　また，最終評決において，自身の個人的な意見は「有罪」あるいは「判断保留」であるにもかかわらず満場一致の「無罪」評決に同調したとみられる陪審員は，70名中で21名であった。これは，他の陪審員によって論理的に説得された結果，満場一致の意見を内面化して同調したというよりは，大勢に抵抗することが難しいと感じられたため，ある意味非自発的に同調したものであろう

と判断される。

　警察の捜査が公正であったと思うか，という質問に対しては，13％だけがそう思うと答え，51％は普通であったとして捜査の公正性に対する中立的な立場をとる一方で，自分が関与した本陪審裁判の公正性を問うものに対しては，およそ71％がそう思うと回答した。

　模擬裁判に参加した感想を聞く質問に対しては，63％が「とてもやりがいがあった」，34％が「やりがいがあるほうだった」としており，すなわち97％にも上る圧倒的な満足度が確認された。陪審員制導入に賛成するとの意見は79％，韓国人の陪審裁判への力量については63％が肯定したが，自らの陪審裁判に対する力量については，92％が積極的に自己評価している。今後陪審員制が導入され，召喚状が届いたら積極的に応じるのかとの質問に対しては，80％が応じるとした。終了後，合同記者会見に臨んだ男女二人の陪審員は，今回の模擬裁判への参加の感想と国民の参加する裁判に関する司法改革の将来について，大変肯定的な意見を表明した。

Ⅳ　おわりに

　裁判官は，真実と偽りを裁くことについては，社会においてもっとも熟練した専門家でなければならない。そこで現在，特に必要なことは，事実認定（Fact Finding）に関し，体系的に習得可能なものとする方法論や訓練課程を，より精巧なものとすることである。

　事実認定というイシューに関連して，アメリカにおける研究動向を一瞥してみると，その内容のすべてが人間行動科学と心理学的研究成果とを集大成したものであることがわかる。その背後には陪審裁判がある。事実認定論が体系的に精緻化可能であったのは，陪審裁判の適正性への関心を元にした，社会科学者による成果の蓄積があってからこそである。そこで筆者は，陪審裁判制度に関する実証研究の価値を強く感じるにいたったのである。こうして裁判官である筆者が陪審裁判の研究の必要性を強調する理由はまた，専門的職業裁判官による裁判の比較・評価対象として陪審裁判をみなし，そうして韓国の裁判を反

第13章　陪審員の意思決定過程に関する実証研究

省的に振り返りたいからである。よい裁判とは何かといった問いは,「ひと」とそのひとが行う「判断過程」に関する実証的な研究によって導かれるものであることを強調してやまない。市民参加による裁判制度の導入,あるいは制度の導入を前提とした研究のみでも,職業裁判官による裁判を含めた裁判システム全体を改善し,またその健全な維持に実によい影響を及ぼすと期待されるのである。

注
(1) 大法院長が司法改革委員会に付託した主要5大検討分野とは,大法院の機能と構成,法曹一元化と裁判官任用方式の改善,法曹養成および選抜,国民の司法参加,司法サービスおよび刑事司法制度である。
(2) 司法改革委員会（以下,司改委）は,2003年10月の発足から2004年9月6日にいたるまで,合計19回にわたる全体委員会を開催した。その議論の過程で同委員会は,世界各国の国民司法参加制度およびこの分野における懸案や争点に対する専門委員の報告を受けた他,委員たちの討論過程を経た上で参加委員が争点に関する概略的立場を明らかにする機会も設けた。2004年3月22日には公聴会を開催して,国民の司法参加制度に対する憲法適合性与否とその具体的実現方案などに関して各界の意見を聞く場を設定した。この公聴会は二部に分けて進行されたが,第一部は国民司法参加の憲法適合性に関するものであり,多数の発表者あるいは指定討論者が合憲論あるいは合憲的制度設計可能論の立場をとった。第二部では司法参加の形態に関する議論が行われた。大多数の発表者あるいは指定討論者が,陪審制または陪審と参審を併用する制度導入を主張した。現在司改委では,司法改革の諸課題に対し専門委員会を中心とした研究が鋭意進行中である。
(3) 2004年8月27日付『朝鮮日報』は以下のように伝えている。
　　この日の裁判の攻防は,ハリウッドの法廷映画にまさるともおとらないほど大変熾烈なものであった。証人尋問の過程においては「異議あり」と「棄却する」が繰り返されて攻防に熱気を加え,検事と弁護士は陪審員に積極的にアプローチして,互いの立場を訴える。陪審員ならびに傍聴者のため,尋問・弁論時には,ゆっくりと丁寧に話す裁判官らたちの配慮も目立った。彼らの活躍も目覚ましかったが,やはり裁判の中心は陪審・参審員であった。韓国で最初の,12名の陪審員たちは,開始から上気した表情で,裁判の合間にはあらかじめ準備した各自のノートに何かをメモしたり,うなずきながら注意深く耳を傾けていた。裁判長は裁判の合間に先入観が生じうる事案に対して陪審員に,「偏見をもたないように」という適切な説示と念押しを行う。陪審員は市民を代表して公正な判決を下す責任を負い,4時間余りにもおよぶ討論と評議の末,無罪を宣告した。無罪が宣告されると弁護人側はまるで実際の裁判に勝訴したように手を打ち万歳を叫ぶなど,実に喜んでいる姿が衆目を集めた。参審部もやはり陪審員と同様,被告の無罪を選んだ。これはまさに「国民の司法参加」であり,「市民の手により選ばれた真実」が何であるかを示す現場であった。陪審・参審裁判に対する傍聴者の反応はそのほとんどが肯定的で,特に「国民の直接的な司法参加」という点に大きな意義が見出され,それが高く評価されている。法学部

279

に通うガールフレンドに勧められて裁判に参加したというキム・ギヒョン（21・京畿道軍浦市）氏は、「熾烈な攻防戦が印象的であった。もし自分にも陪審員の機会が与えられたら、必ず参加したい」と肯定的な意見を表明した。

また2004年8月29日インターネット新聞『オーマイニュース』は、模擬裁判を次のように評している。

この日の陪審・参審模擬裁判は、強盗殺人の嫌疑で起訴された20代の被告人に対する公判を通して、現行の裁判官による裁判制度と陪審・参審という二制度の長所短所を比較することができる契機となった。韓国の司法体系に照らしてみるとき、映画やドラマでしか見ることのできないものであるということで、馴染みはないが新鮮な衝撃を感じさせてくれるものであった。一連の模擬裁判を見守ったモ・ヒョングァン（24・高麗大法学部在学中）氏は「一般市民を対象に事件を理解できるよう弁論してくれた点は『国民参加の司法改革』への期待をもたせるものであった」と話す。またキム・ソンヒュ（高麗大法学部3年）氏は、「検事や弁護士が陪審員にやさしく説明し、事実が具体的に明らかになった」、「長い時間がかかり、疲労し、大変な過程であったが、国民自身が権利と義務を求め、司法参加を促進する契機になればよいと思う」と評価した。イ・ヨンソン檀国大教授は「この日の陪審裁判に対する評価は大変肯定的」であるとし、「参審裁判より、陪審裁判に決定されることを期待する。全面的な受容というよりは、5年以上の有期刑となる刑事事件など部分的に適用することが望ましい」とした。またイ教授は、「検事－判事－弁護人が互いに連携して、不正と腐敗を生み出した既存の制度を終わらせることができる」、「国民が常識に従って結論を出すことのできる『生きた裁判』を見た」とも話す。陪審員代表を務めた会社員のキム・ドンホン氏は「慣れないことであったが色々と大変意味のある経験であった」と語り、「わが国の情緒にみあうよう制度的・法的安全装置を整備し、国民が参加できる制度として根づけばよいと思う」と所感を述べた。被告人の弁論を受け持ったチン・ソンミ弁護士は、「模擬裁判ではあるが、一般人を対象としてこちら側の主張を説得的に述べるにあたり、多くの準備と努力を注いだ」、「今回の裁判で陪審員の法的意識水準が相当に高まったことを確認できた。国民参加制度の導入時機が早まることになるであろう」と話した。

(4) 金日秀教授はある新聞への寄稿文（金日秀，2004）で、「陪審制導入の基盤となる人的資源が脆弱であるという点を冷静に考えなければならない。陪審制の成否は有能な判・検事、弁護士ではなく、公正に物事を考える陪審員の確保にかかっている。陪審員となる人的資源は、個人主義と自由主義の成熟を経た、開かれた社会であるほど豊かであり、縁故主義に深く染まり、閉じられた社会であるほど貧弱になる他ない。知人の知人を他人と扱うことのできないわが国の風土において、公正な法意識をもった陪審員を確保するのは、大変難しいであろう。学縁、血縁、地縁そして根深い情によって絡み合ったわれわれの生活風土を直視するならば、おそらく聖職者であろうと陪審員として参加するのは簡単なことではないであろう」と指摘している。

(5) 近年、最近西欧人と東洋人との間における意思決定構造の差異について、意思決定に関する心理学から実験的に分析した研究書（ニスベット，2004）が韓国語に翻訳された。陪審員としての韓国人に関する研究にも参考となるであろう。

(6) 統計処理には、法院行政処調査担当職員、ハン・ミヨン氏の援助を受けた。

(7) 分析にあたり、忠北大学校、朴光培教授の助言を得た。

参考文献

ニスベット,R. (2004)『木を見る西洋人森を見る東洋人:思考の違いはいかにして生まれるか』(村本由紀子訳) ダイヤモンド社 (韓国語訳は『思考の地図』キミョン社,2004年).

金日秀 (2004)「陪審・参審制を,導入するとすれば」『国民日報』2004年9月2日付,26面.

Kruglanski, A. W. (1989) *Lay epistemics and human knowledge : Cognitive and motivational bases*, New York : Plenum.

Kruglanski, A. W. and Freund, T. (1983)"The freezing and unfreezing of lay inferences: Effects on impressional primacy, ethnic stereoptyping, and numerical anchoring", *Journal of Experimental Social Psychology*, 19, 448-468.

Webster, D. M. (1993) "Motivated augmentation", *Journal of Personality and Social Psychology*, 65, pp. 261-271.

Peri, N., Kruglanski, A. W. and Zakai, D. (1986) *Interactive effects of initial confidence and epistemic motivations on the extent of informational search*, Unpublished manuscript, Tel-Avis University.

Kruglanski, A. W., Webster, D. M. and Klem, A. (1993)"Motivated resistance and openness to persuasion in the presence or absence of prior information", *Journal of Personality and Social Psychology*, 65, pp. 861-878.

第14章

裁判員制度の機能化
―― 市民参加のための言語分析 ――

大河原眞美

I 裁判員制度

　司法制度改革審議会意見書（2001）では，同改革が「利用者である国民の視点から抜本的に改革するもの」とある。日本の司法において国民の視点が不在であることは周知であるが，理由の一つには，明治以来の法典が日本に西洋的な地盤がないにもかかわらず，不平等条約を撤廃するという政治的目的のために西洋的な法典をお飾り的に導入したことによるものである（川島，1982，230-231頁）。この歪みを埋めるため，国民の司法参加として導入される裁判員制度は，国民にも法曹界にも建前として異論はないようである。しかしながら，自分が裁判員になった場合に課せられる時間的拘束や職業裁判官との協働作業に，戸惑いを覚える国民は6割を超えている。一方，司法界にも，「法の素人を裁判者の席に附け，『市民感覚』という名で裁判に民意を反映させ」ることにより，「法の自律性，そしてまた法律家の専門的自律性を法の支配の不可欠の前提としてきたこれまでの司法観と強く抵触する」という危惧があるのは事実である（棚瀬，2003，3頁）。司法制度改革審議会意見書に謳われている「広く一般の国民が，裁判官とともに責任を分担しつつ協働し，裁判内容の決定に主体的，実質的に関与すること」が，けっして容易なことではないことは明らかである。

　本章では，裁判官と裁判員にとってのわかりやすさについて言語の面から論じる。裁判員制度が法律家と非法律家という異質な者による協働作業であることを，法言語学の裁判言語モデルから明らかにする。両者の異質性は，表層では言語的特徴として現れ，深層では異なった論理として内在している。表層の

言語学的特徴と深層の司法の論理は無関係なものではなく深層の論理が表層の言語に反映されていることを強調したい。

II 裁判言語モデル

訴訟構造を法廷と世間の二層（layer）に分けて捉えている裁判言語モデルの原型は，Clark（1996）と Hale and Gibbons（1999）の研究に基づいている。Clark は，言語使用とその関与のあり方を「舞台」と「観客席」という二層からなる層構造（layering）で捉えている。すなわち，一層の「観客」は，二層の「舞台」の芝居を観劇するが，二層の芝居自体は，一層の観客の関与なしに演じる。ジョークも同様で，現実世界の一層にいる話し手と聞き手は，仮想世界の二層のジョークを，ジョークの内容に関与することなく楽しむことができる。Hale and Gibbons は，Clark の層構造（layering）を応用した実体（reality）という概念で，法廷場面を分析した。法廷場面は，二つの実体の交差と考え，一つ目の実体は法律家が審理している実際の法廷の場面で，二つ目の実体は事件である。二つ目の実体が証拠と証言によって一つ目の実体で再現されることにより，二つの異なった実体が法廷で交差する。

Hale and Gibbons の層が法廷と事件であるのに対し，裁判言語モデルの層は法廷と世間である。すなわち，事件は世間で発生するが，その多くは世間で解決され，解決不能なもののみが法廷の層で審理される。よって，裁判言語モデルでは，事件発生，訴訟，裁判の三段階で事件の分析を捉える。第一層の法廷，第二層の世間では規範が異なり，法廷では法が規範，世間では社会常識が規範である（図14-1）。第二層で社会常識が一方または双方に欠落すると事件が発生する。民事事件の場合は，当事者が社会常識を受け入れれば，事件は解決され消滅する。解決されないと，第一層の法廷に上る（図14-2）。一方，刑事事件の場合は，当事者ではなく検察官の判断に

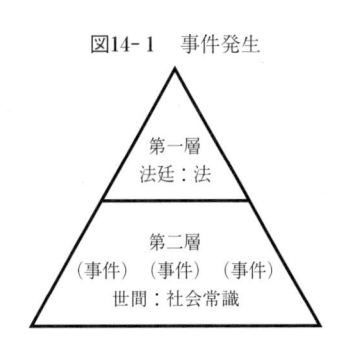

図14-1　事件発生

第一層
法廷：法

第二層
（事件）（事件）（事件）
世間：社会常識

図14-2　訴訟

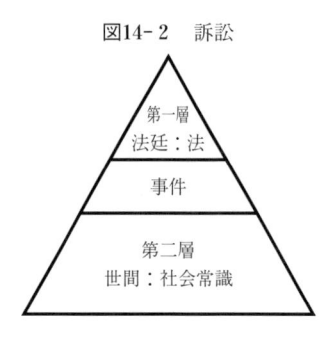

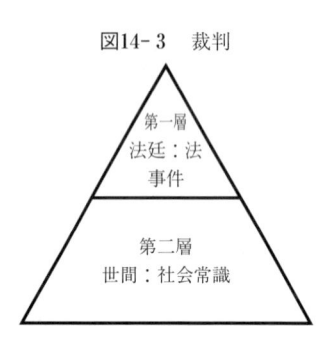

第一層　法廷：法
事件
第二層　世間：社会常識

図14-3　裁判

第一層　法廷：法
事件
第二層　世間：社会常識

よって，事件は法廷に上がる。（図14-2）。法廷では，社会常識ではなく法を規範にして事件を裁く（図14-3）。規範の法が一般的適用を主旨とするため，当該事件のみに注目する世間は，第一層の判断が理解できないことがある。

第一層の法廷では，当事者のみ知る事件の真相を，法律家が再現する。刑事事件の場合，検察官は捜査からの「真実」を，弁護人は被告人からの「真実」を法廷で構築する。裁判官は，双方の主張する「真実」から，証拠，経験則，論理を使って検証し，第二層の事件の「真実」を引き出し，その「真実」に対する判断を，法を規範にして下す。

判決は，刑事事件の場合，第二層から上がってきた被告人，第一層の検察官と弁護人に向けて出される。被告人の多くは，第一層の規範の法が欠如しているため，判決書が理解できない。このため，判決書は，実質的に法律家を対象とした第一層の内部文書になっている。確かに，これまでも判決書の文体や様式の変更がなされてきたが，法律家の便宜のための簡素化であったため，外部の者には依然わかりにくい。わかりにくいのは，判決書だけではない。法令も，一般の人は，法律家の手助けなしに理解するのは困難である。

裁判員制度では，第二層の市民代表と第一層の裁判官が第一層の法廷で協働して有罪・無罪の決定および量刑の判断を行うことになるが，異なる規範をもっている者同士の協働作業は容易ではない。

Ⅲ　表層と深層の異質性

層と規範の異なる市民の視点からは，第一層は異文化社会である。第一層の

異質性は，判決書や法令や法廷で使用される言語面で表層的特徴として現れる。本節では，英語圏と日本の表層的特徴を考察し，これらに共通性があることを明らかにし，これらの表層的特徴の引き金となっている深層部分にある司法の論理について述べる。

（1）英語圏の言語的特徴

司法領域の言語的特徴は，洋の東西を問わず，共通点が多い。英語圏の先駆的研究である弁護士の Mellinkoff（1963）の司法言語の特色研究では，action を lawsuit の意味で使用する等の日常語の非日常的意味使用，現在使用されていない古期（8～12世紀）・中期（12～16世紀）英語やラテン語や司法フランス語の使用，専門用語，法曹界特有の隠語，形式ばった言い回し，解釈に幅のある用語や意味が限定された用語の使用を挙げている。

一方，Crystal & Davy（1969）は，文の構造から司法言語の特色を言語学的に分析して，長文，従属節や同一語彙や特定の文型（if X, then Z shall be/do ……）の過度の使用を挙げている。これらの特徴は，一文にすべての情報を入れ込む司法特有の傾向のためと分析している。心理言語学からは，Charrow and Charrow（1979）の裁判官の説示分析があり，名詞化や二重否定や従属節内の受動態や関係代名詞と be 動詞の省略等を挙げている。Danet（1985）は，司法言語を語彙，文法，韻律，談話（discourse）[2]から分析し，司法領域の discourse（談話）では，代名詞を避けて語を繰り返すことや，前述の語を繰り返す時に said や such をつける前方照応，同意語や省略を避けることを挙げている。

（2）日本の言語的特徴
①語彙と長文

日本における司法言語の特徴研究の主なものとして，林・碧海の『法と日本語』や岩淵の『悪文』がある。取り上げられている用例は，日本のみならず英語圏の司法関連文書でも指摘されている用例と共通のものが多い。国語学・言語学関係者を対象としている『日本語学』でも，1993年13巻に判決文の特集

を組んでいる。

　判決書の語彙では，英語圏と同様に，法律専門用語のみならず「所論」等の漢語，「富くじ」等の古めかしい語，「善意」のような日常語の非日常語的意味使用がある。さらに，ニュアンスが異なるものもある。例えば，「独自の見解」は，第二層では，「オリジナリティに富んだ見解」という肯定的な意味であるが，第一層では，「一般的に承認されていない，突拍子もない見解」という否定的な意味になる。判決文には美辞麗句や珍奇な言葉等がないため語彙は豊かではない。それにもかかわらず，判決文が難解なのは，先例を尊重する裁判の性格上，明治期に制定された法令の言葉を使用しなければならない事情や類似語が多いことが考えられる（田尾，1993）。

　文法面では，長文である。判決文では，一文＝一段落という文や，一文が原稿用紙1頁以上という長さのものもある。この長文という特質のため，一文の中に主語と述語が数多く使われ，それらの主語と述語が数行離れて置かれることが多い。長文の理由として，英語圏と同様に，文を短くするとそれにより係る語が限定され違った法的解釈が出ることへのおそれや，安全面から語レベルでも言い換えより繰り返しを好む法的思考からだと思われる。これ以外として，「文」に対する捉え方が，法律家と市民では，本質的に異なることも考えられる。起訴状の公訴事実では，誰が，いつ，どこで，何をまたはだれに対して，どのような方法で，何をしたかの6項目を一文に盛り込む伝統がある。日時，場所，方法が詳細に記載されるため，公訴事実が500字に及ぶ一文になることも珍しくない。一文平均50字程度の新聞記事を読みなれている市民の裁判員には，読みづらい。司法領域の文書は，起訴状にしても判決文にしても，法の規範に依拠する一定の様式に基づいたものが多い。このため，法的トレーニングを受けた法律家は，すぐにその様式が特定できるため，内容を的確に整理・判断できる。さらに，「又は」や「若しくは」等の第一層特有の文法項目が，長文の整理を助けている。司法領域の文書は，法律家にとって予想できる文書であって，推理小説のようにどんでん返しを楽しむ読み物ではない。法律家からは，様式さえ踏襲されているならば，文が長かろうと短かろうとさしたる問題はなく，短くする必要性がない。このように，法律家の「文」は「文章」と

区別のつかないものである。一方，日常の書記言語は，新聞にしても個人的書簡にしても，情報自体が新規なものが多い。一定の様式に則った言葉の入れ替え的な司法文書とは異なるため，一文は50語程度，主語と述語が明確でないと情報が伝わらない。層の異なる裁判員にとって，司法文書は，けっして「予想できる」文書ではないので，短文化の検討や様式の事前教示や，後述するが，内容の時系列の配置などを対策として講じる必要がある。

　司法文書が，第二層の人間にわかりにくいのは，それが，第一層の内部文書であり，法の規範が理解できていない者を読者として想定していないことによる。例えば，河上（1993）は，判決文の理由が特に詳細で難解になるのは，法律家（裁判官）から法律家（検察官，弁護士）に対する説明があり法律用語を使用せざるをえないことと，殊に，上級審を意識して書いていることが原因だとしている。確かに，判決書は，建前として当事者に向けて書かれているが，実際は法律家に向けられており，法律家同士のコミュニケーションであることは明らかである。一審はともかくとして，二審の多くの判決書には一審の判決書の添削が多くみられる。このため，一審の判決書と照らし合わせないと，二審の判決を理解できないことが多い。二審の判決書は，二審の裁判官から一審の裁判官へのコメントと考えることができる。さらに，最高裁の判決となると，上告理由が憲法違反や憲法解釈の誤りや法令違背であるため，判決書は事件の当事者ではなく上告代理人に出される。しかしながら，国選弁護でない限り裁判にかかる経費は当事者が支払っている。このことを考えると，第二層の社会常識では，当事者不在の上告「代理人」宛ての判決書は理解に苦しむ。

　②専門用語

　専門用語というのは，法学に限られたことではない。医学にもITにも船舶関係にも専門用語がある。医学は，法学と同様に人間の歴史上古くから職業として確立してきた領域のため，英語圏では，法学のようにラテン語，特にギリシャ語を語源とした専門用語が多い。例えば，cephalalgia（頭痛）という言葉で，cephal は，ギリシャ語の「頭」を意味する kephale で，algia は同じく「痛み」を指すギリシャ語の algos からなる語である。headache という古英語 heafod + acan からの語彙があるのにもかかわらず，医学用語としては，

cephalalgia という専門用語が用いられている。このような使用例は，社会言語学の「二言語変種使い分け（diglossia）[3]」の例である。英語圏の医師は，医師同士やカルテにはギリシャ語に語源をもつ cephalalgia を用い，患者には headache を使う。同様なことが，中世の英国の司法界ではもっと顕著に行われており，法律家は，ラテン語で書かれた法令を読み，法廷では司法フランス語で審議し[4]，依頼人とは英語で話すという，「二言語変種使い分け」ではなく「三言語変種使い分け」を行っていた。なぜ，法律家や医師はあえて日常語ではない言葉を用いるかというと，もちろん「特権集団の証」といったエリート意識もあるが，単純に専門家にとって便利ということも考えられる。倉田（1993）は，「準委任」という法律用語を，法廷では準委任の内容を確認するような文を入れることによって使用しないことが可能だが，判決書に書く場合は，法律概念上，日常語の「委任」で言い換えることができないため，使用せざるをえないと述べている。すなわち，専門用語の中には，その領域の専門概念が凝縮されているわけである。

③論理の表出

医療界の言語は，単に医学専門用語の使用のみに特色づけられているわけではない。医学特有の言語の使用形態がある。その使用形態から，業界特有の論理，すなわち，医学の論理がみえる。「病気」を表す英語に，illness と disease がある。McCullough（1989, pp. 113-114）は，illness は，病気を患っているその病人特有の具体的な病の症状であるのに対し，disease は，類似している illness の共通要素でもって分類・抽象化された人間がかかる病理学上の概念であると解説している。医師が患者の illness に注目するのは診断の最初の段階のみで，あとは病理学本来の目的である disease の分析になる。このため，診断が抽象的なものになり，その結果，患者の病という認識が低くなると述べている。極論になるが，医師からみると患者は個性をもたない病理学上の症状をもった物体にすぎない。Mintz（1992, p. 226）は，"he is arthritizing" ではなく "he has arthritis" という英語の表現に注目し，disease は，has を用いることにより，患者個人の日常の病気との接触から遊離したものになっていると述べている。このように，言葉は，disease を自立した物体として描くことに

よって，disease を患者の個の部分から切り離し，患者を disease の受身的存在にする。さらに，Mintz は，医学言語の問題点としてその客観性も挙げている。それがもっとも顕著に現れるのは，症例研究会で，そこでは，情報を客観的にするばかりに，患者の名前が表示されず患者は存在していない感がある。このように disease を客観的に捉えるため，患者の痛みの部分が看過され，それが文上では，病気が主役で主語，患者が脇役で影響を被る文法的位置づけになっている。

同様のことは，司法領域でもいえる。固有名詞の代わりに「被告人」「原告」という普通名詞が使用されているのは，特定の個人の事件の審理というより法の適用に焦点がおかれているからであろう。事件の個別性に囚われている市民からみると，裁判は，「非人間的」に映る。

司法文書の特徴として，没個性化以外に，特定の文法項目の使用もある。冒頭陳述では「被告人は……」という主語で始まる文が多いが，これは，異なった主語で始まる文からなる通常の日常談話（discourse）と比較するとかなり異質な談話（discourse）である。もちろん，これは，検察官は被告人の刑の適用を求めるために検察官の考える事実を羅列するからであるが，「被告人は，××を ○○させる」という使役表現は，第二層の観点からは被告人の責任を過度に追及していることになる。例を挙げれば，「被告人は，強く一回つき，同女を路上にあお向けに転倒させる」や「被告人車は，車体下部を線路にこすらせて金属音を発生させながら……」等がある。使役表現からは「被告人が，同女をあお向けに転倒させるために強く一回ついた」という解釈が可能になるが，事実は「被告人が強く一回ついたら，同女があお向けに転倒した」である。同様に，被告人車は無生物であるため，「無生物が意志をもって線路に車体をこすらせて音まで出させた」という使役表現には無理があり，現実は「被告人の車は車体が線路にこすれ金属音が発生して」ということになる。

④司法論理

日本の国民と司法界の乖離の原因として，明確な言語意識に基づいた西洋の法を継受した日本の法と日本人の不明確で非限定的で非固定的である言語意識との間の歪が指摘されている（川島，1982，382-390頁）。しかしながら，ロー

マ法がゲルマン社会を通して継受されていった欧州大陸の法の歴史的経緯や，日本の近代法が継受されてから100年以上もたっていることを鑑みると，国民と司法の間のミゾを西洋の継受法のみで説明するには無理がある（藤川，2005）。そもそも国民と司法界の乖離は，日本固有の問題ではない。前述のように，言語意識が明確なはずの英語圏においても，司法言語の特徴は市民にわかりにくいものである。

　裁判の基礎が法であることはいうまでもない。恣意的な裁判を避けるために，法と法でないものとを区別して，法的判断が法に基づくものであることを証明しなければならない。松浦（1983，167頁）は，法律家が日常的に行っている「法的推論」は，クーンの科学者集団のメンバーが共有している教育と訓練によって体得されたパラダイムに基づいて，「模範例による法思考」という一種の類推的思考によって支えられていると論じている。法的推論の中心は，法命題の前提としている模範例と当該事件との間に類似関係を見出すことである。法律家的なものの見方は，法的専門用語の辞書的意味ではなく，法律家の専門用語の使い方を身につけることであると述べている。さらに，松浦（1983，175頁）は，法命題が日常言語で構成されているので，法命題の事件への適用には法律家の見方が特に必要でないようにみえるが，例えば，民法上の過失概念一つを例にとっても，法律家と市民の間に前提となる見方が異なると論じている。すなわち，表層に現れている言語学的特徴のみに捉われていれば，深層難解を見落としてしまうということになる。

IV　「わかりやすさ」の技法

（1）時系列

　大岡昇平の小説に『事件』という裁判手続を扱った小説がある。本書は，実務家の助言を得て書かれているので，小説の中の起訴状や冒頭陳述等も司法言語の特色を備えている。しかしながら，『事件』の起訴状と司法研修所の教材として用いられている「刑事第一審公判手続きの概要」の起訴状を比較すると，『事件』の起訴状の方が格段にわかりやすい。『事件』の起訴状の公訴事実は，

547字からなる一文であるのに，司法研修所の教材の公訴事実は，同じ一文でも302字と少ないため，本来ならば研修所教材の方が読みやすいはずである。以下「刑事第一審公判手続きの概要」を『事件』の公訴事実の犯行状況部分と比較検討して，わかりにくさの原因を特定する。

・「刑事第一審公判手続きの概要」

　　被告人は，平成13年9月18日午前11時35分ころ，東京都世田谷区本宮2丁目8番8号先路上において，通行人竹内正枝（当61年）が右手に所持していた現金在中のハンドバッグを強取しようと企て，背後から同女を追い抜きざま，左手でそのハンドバッグのひもを強く引っ張り，取られまいとして抵抗した同女の肩付近を押し，更に右手けんで強く1回突き，同女を路上にあお向けに転倒させるなどの暴行を加え，その反抗を抑圧した上，同女から同女所有の現金10万円ほか13点在中のハンドバッグ1個（時価合計4万5000円相当）を奪い取って強取し，その際，前記暴行により同女に加療約4週間を要する頭蓋骨骨折等の傷害を負わせたものである。

・『事件』

　　被告人は，（以下241字省略），

　　第一，昭和三十六年六月二十八日午後二時頃，ひそかに神奈川県高座郡長後町に赴き，同町綾野六十八番地福田屋刃物店にて，刃渡り十センチの登山ナイフを買い求めて機会を窺ううち，同日午後三時半頃かねて知り合いの同町綾野七十九番地運送業富岡秀行方店頭にて，引越荷物運搬のため，軽自動車一台の賃借を交渉中，たまたまハツ子が通りかかったので，かねての殺害の決意を実行に移すことにきめ，同女を自転車の荷台に乗せて午後四時半頃，金田町サラシ沢東方の十字路より南方約五十メートルの人気なき地点に連行した上，突如前記登山ナイフを閃かせて，同女に襲いかかり，殺意を以って同女の胸部を突き刺し，同女の第五肋骨と第六肋骨の間に，深さ六センチ心臓に達する刺傷を与えて，以って死に至らしめ，

　　第二，前記犯行を隠匿するため，同女の死体を約五メートル引きずって，同地点西方の金田町衣巻二十五番地大村吾一所有の杉林に突き落し，遺棄したものである。

『事件』では,「通りかかった」以外のすべての動詞の主語は,被告人であり,動詞は時系列に並べられている。このため,出てくる動詞が,順次,頭の中で簡単に整理される。「通りかかった」の主語は「ハツ子」であるが,「たまたまハツ子が通りかかったので,」という理由を表す副詞節にあり,しかも,語順が,「主語（ハツ子）」＋動詞（通りかかる）」という日本語の基本語順であるため,わかりやすい。

これに対して,「刑事第一審公判手続きの概要」はわかりにくい。「所持していた」「取られまいとして抵抗した」は,主語が被告人以外の動詞である。『事件』の「通りかかった」が副詞節の動詞であるのと異なって,「所持していた」「取られまいとして抵抗した」は名詞節中のため,後続の名詞を修飾するという形をとっている。このため,「××が○○した」ではなく,「○○した××」と統語的に階層化している。しかも,「被告人は, (主語)が（場所）に○○した××を, 企て……」と,名詞節内の情報が多く複雑な構造となっているため,理解がより困難になる。

Crystal and Davy (1969, p.205) も,下記の例文で,

> The payment to the owner of the total amount of any instalment then remaining unpaid of the rent hereinbefore reserved and agreed to be paid during the term and the further sum of ten shillings

the payment (to the owner) という名詞（句）に of という前置詞を要に, the total amount と the further sum が係るが, amount と sum には of でもってさらに修飾語が連なっている,きわめてわかりにくい構造となっていることを指摘して,司法言語で名詞（句）は,階層化した修飾語が後付けになっているため,難解きわまりないと述べている。これは,文言の解釈を最小限に留めるために,名詞に法的に考えうる修飾語をつけて,その名詞の解釈の幅に制限を加えようとする法律家の知恵とでもいうべき論理である。しかしながら,このような知恵をもち合わせていない市民は躓いてしまう。

（2）同音異義語

裁判員制度の導入により,裁判がこれまでのような書面中心から口頭主義に

移行していくと思われる。口頭主義では，法律用語の同音異義的なものに特に注意を要する。人間は，読み物を読むとき，schemaという自分の文化的背景に拠った知識でもって理解しようとする。ところが，この読み手のschemaと書き手のschemaは必ずしも同じではない。異なると，読み手はその読み物が理解できなくなる[5]。層が異なる裁判員と裁判官も当然のことながらschemaが異なる。このため，同音異義語が多い法律用語の場合，裁判員は別の用語を思い浮かべてしまう。例えば，「反抗の抑圧」という言葉であるが，googleで「反抗」という語を検索すると，単独で用いられることは少なく，「若者の反抗」「子どもの反抗」のように具体性を表示する名詞が修飾語として用いられることが多い。このため，法廷で「ハンコーノヨクアツ」という言葉を聞けば，市民は必死で自分なりの裁判というschemaを俄仕立てして，その結果，「当然やってよい被害者の抵抗を被告人がおさえこむこと」ではなく，「やってはいけないことの抑圧」，すなわち「犯行の抑圧」であろうと推察する[6]。刑事裁判で使用される同音異義語や同音異義語と解される語を，整理して，事前に裁判員に提示しておくべきであろう。

V 「わかりやすさ」に向けての取組み

2009年の裁判員制度の導入に向けて，法曹三者では，裁判のわかりやすさの検討が進められている。筆者が関与している「法廷用語の日常語化に関するプロジェクトチーム」と「わかりやすい司法プロジェクト」のこれまでの活動を簡単に紹介して，本章を締めくくる。

日弁連では，弁護士会委員以外に刑事法や社会心理学や法言語学や日本語学の研究者やテレビ局関係者が外部学識委員として加わった「法廷用語の日常語化に関するプロジェクトチーム」（座長酒井幸弁護士）を2004年8月に発足させた。同プロジェクトでは，市民が裁判を理解する上で，どのような用語についてのどのような言い換えや説明が必要なのかの検討を行い，最終的には，実務家の法廷技術研修への応用を念頭においている。プロジェクトチームが選んだ50語の用語を使って，既知面接法をもとにした面接手順によって調査した。

裁判員に対して重点説明が必要とされる語として,「証拠能力」「自白の任意性」「合理的疑い」「未必的故意」「公訴事実」「量刑」「教唆する」「反抗を抑圧する」「畏怖させる」「証拠の取調べ」が明らかになり, 2005年11月に中間報告を発表した。

「司法制度改革と先端テクノロジィの研究会」でも, 2004年11月に弁護士や裁判官といった実務家や, 心理・言語・メディエーション, メディア関係者から構成される「わかりやすい司法プロジェクト」(座長大河原眞美)を立ち上げて, 司法制度改革審議会意見書の「分かりやすい司法の実現」に向けて, 国民と法曹間の質の高いコミュニケーションの確保のための言語的情報のわかりやすさを保障する理論と技法の開発のための研究を行っている。2006年2月11日には「～『わかりやすさ』から見た裁判員制度」というテーマで公開セミナー同年5月13日には「専門家と非専門家のコミュニケーション」というテーマで法社会学会学術大会ミニシンポジウム, 同年6月17日には「市民にやさしい裁判員制度」というテーマで公開セミナーを行った。印刷物としては『季刊刑事弁護』第46号[7]と『自由と正義』第57巻第6号[8]がある。

裁判員制度を機能化するためには, 法律家と市民が異なった層にいることを認識する必要がある。層の異なりは, 規範の異なりでもある。法律家は司法論理, 一般市民は生活論理と異なった論理体系にある。司法文書は, 法律用語, 古めかしい語, 独自の文法など, 日常言語と隔たりがある。しかし, これらは表層的難解さであるので, これらのみを言い換えても, 深層部分は解明できない。何が特異な司法文書を生み出しているのか, 法律家はどのように物事を見るのか等, 司法論理に踏み込んだ分析が求められる。裁判員制度を形骸化しないためにも, 司法論理のわかりやすい解明が必要である。

　　[謝辞]　本章の裁判言語モデルの事件の位置づけや大岡昇平の『事件』については田中茂樹先生にご教示いただいた。さらに, 早野貴文弁護士には, 非法学系の筆者に司法論理に関しては簡明にご教示いただいた。そして, 池田修判事にも裁判言語モデルについてコメントを頂いた。各氏に深く謝意を表する。当然のことながら筆者自身が十分消化できていない点が多々あるが, 理解におけるすべての責は筆者にある。

注

(1) NHK が2005年1月8日から3日間にわたって行った1800人を対象とした世論調査で，裁判員として裁判に参加したくないと答えたものは64％であった．
(2) 法学の discourse（言説）と異なり，言語学の discourse（談話）は，二文以上の文からなるまとまった文章を指し，文章中の言語的特徴の分析を研究対象としている．
(3) Ferguson（1972）の提唱する二言語変種使い分け（diglossia）とは，一つの社会の中で同一言語の二変種の使用目的が分化した状態を指す．例えば，スイスのドイツ語圏の人は，標準ドイツ語と自分が住んでいる地域のスイス・ドイツ語方言を使っているが，書記言語全般と教会・大学・メディアでの口頭言語には標準ドイツ語，家庭や友人同士の日常会話には自分が住んでいる地域のスイス・ドイツ語方言，というように場面に応じて使い分けをしている．
(4) 1066年のノルマンディー公ウィリアムのイングランド征服によりフランス語がイングランド上流階級の言語となったが，14世紀頃には法曹界のみでしか使用されなくなっていたため司法フランス語（Law French）と呼ばれるようになったフランス語で，現代のフランス語とは異なる．詳細は，Tiersma（1999）の第二章参照．
(5) schema についての詳細は，Anderson and Pearson（1988），Kintsch（1988），Baynham（1995）を参照．
(6) 2005年2月27日の群馬県岡部温故館主催の「まそほ文化大学」講演参加の市民32名全員は，「ハンコーノヨクアツ」という用語に対し，「反抗」ではなく「犯行」を連想した．「ミヒツノコイ（未必の故意）」に至っては，「ミヒツ」という発音の語彙が，参加者のschema に存在しないため，「密室の恋」「密室の行為」を連想した．
(7) 「裁判員の思考体系」（大河原眞美），「記事制作の観点から」（山口進），「法廷用語と市民の認識」（藤田政博）．
(8) 「わかりやすさとわかりにくさの界面」（早野貴文），「裁判員裁判におけるわかりやすい司法の論理と構造」（大河原眞美），「市民にとってわかりやすい司法とは」（山口進）．

参考文献

Anderson, R. C. and Pearson, P. D. (1988) "A Schema-theoretic View of Basic Processes in Reading Comprehension", In P. Carrell, J. Devine and D. Esky (eds), *Interactive Approaches to Second-Language Reading*, Cambridge Univ. Press, pp. 37-55.
Baynham, M. (1995) *Literacy Practices: Investigating Literacy in Social Contexts*, Longman.
Clark, H. H. (1996) *Using Language*, Cambridge University Press.
Crystal, D. and Davy, D. (1969) *Investing English Style*. Longman.
Charrow, R. P. and Charrow, V. R. (1979) "Making Legal Language Understandable: A Psycholinguistic Study of Jury Instructions", *Columbia Law Review* 79: 1306-1374.
Danet, B. (1985) "Legal Discourse," In Teun A. van Dijk, (ed.), *Handbook of Discourse Analysis*, Vol. 1. Academic Press, pp. 273-289.
Ferguson, C. A. (1972) "Diglossia", In Pier Paolo Giglioli, (ed.), *Language and Social Context*, pp. 232-251.
藤川忠宏（2005）「『分かりやすい司法』序説」「分かりやすい司法プロジェクト」第3回定例

研究会発表原稿, 2005 年 1 月 31 日.
Hale, S. and Gibbons, J. (1999) "Varying Realities Patterned Changes in the Interpreter's Representation of Courtroom and External Realities", *Applied Linguistics* 20 (2) : 203-220.
林大・碧海純一編 (1981)『法と日本語』有斐閣新書.
岩淵悦太郎 (1960) [2001]『悪文』(第三版) 日本評論社.
河上和雄 (1993)「判決文の歴史――民事」『日本語学』13 巻, 47-55 頁.
川島武宜 (1982)「日本人の法意識」『川島武宜著作集第四巻』岩波書店.
Kintsch, W. (1988) "The Role of Knowledge in Discourse Comprehension : A Construction-integration Model", 95 *Psychological Review*, pp. 163-182.
倉田卓次 (1993)「判決とはどういうものか――民事判決文の構造と機能と作成」『日本語学』13 巻, 4-16 頁.
松浦好治 (1983)「5　法的推論」『現代法哲学 I　法理論』長尾龍一・田中成明編, 167-195 頁, 東京大学出版会.
McCullough, L. (1989) "The Abstract Character and Transforming Power of Medical Language", *Soundings* 72.1 : 111-125.
Mellinkoff, D. (1963) *The Language of the Law*. Little, Brown and Co.
Mintz, D. (1992) "What's in a Word : The Distancing Function of Language in Medicine", *The Journal of Medical Humanities* 13 (4) ; 223-233.
日弁連法廷用語日常語化プロジェクト　(http://www.nichibenren.or.jp/jp/katsudo/katsudo/kaikaku/hotei_yogo.html)
大岡昇平 (1980)『事件』新潮文庫.
司法研修書監修 (2001)『刑事第一審公判手続の概要――参考記録に基づいて』法曹会.
司法制度改革審議会 (2001)『司法制度改革審議会意見書――21 世紀の日本を考える司法制度』(http://www.kantei.go.jp/jp/sihouseido/report/ikensyo/).
司法制度改革と先端テクノロジィ研究会 (2004)『司法制度改革と先端テクノロジィの導入・活用に係る提言』(http://www.legaltech.jp).
棚瀬孝雄 (2003)『訴訟動員と司法参加』岩波書店.
田尾桃二 (1993)「判決文の語彙」『日本語学』13 巻, 56-70 頁.
Tiersma, P. (1999) *Legal Language*, The Chicago University Press.

索　引

あ行

アーレント，H.　*129*
アサザ基金　*93*
アジア型福祉社会　*140*
アジア的価値　*139*
アジアの奇蹟　*139*
アリエス，F.　*128*
アンガー，R.　*23*
安全神話　*183*
ＥＵ市民権　*61*
医学言語　*289*
医学用語　*287*
違憲法律審査制度　*211*
一般永住者　*55,62*
一般法院型　*215*
ヴェニス委員会　*44,45*
ウォルツァー，M.　*201*
渦巻き政治　*193*
ADR　*178*
エップ，C.　*196*
NGO　*132*
NPO　*76,80,81,95,132*
NPO政策研究所　*94*
NPO法　*11,73,76,78,79,81,85,88,89,91,95*
NPO法人　*75,76,79,83,85,88,94*
遠距離民族主義　*32*

か行

外国国籍同胞　*36,37,46*
外国人地方選挙権　*60,62*
下級裁判所裁判官指名諮問委員会　*238*
学士後法学教育（韓国）　*252*
過去国籍主義的規定　*37*
過去事の清算　*122*
過去清算関連諸法律　*123*
家族主義　*139,140,142*

家族単位モデル　*138*
家庭暴力防止法（韓国）　*145*
家父長的支配　*4*
株主代表訴訟　*1*
関係再構築　*175*
関係的資源の結節点　*176,177*
関係的市民社会　*179*
韓国司法改革委員会　*265*
韓国版ロースクール制度　*249,261*
監視カメラ　*187*
韓人　*34*
カント，I.　*126*
議員提出法案　*74*
帰化　*59,60*
帰化請求権　*58*
規制緩和　*233,235,241*
規制緩和論　*240,242*
ギデンズ，A.　*132*
金大中　*36*
金大中政府　*252*
金泳三　*34,35,251*
境界　*184*
行政指導　*18*
協働　*83*
協働事業　*83,84,92-94*
共同体　*5,184,186,187*
共同体のネットワーク　*175*
共同的システム　*174*
経総（韓国経営者総連合会）　*153*
共和主義　*8,17,24*
共和主義的立憲主義　*193*
近代化　*4,128-132,134,136,137*
近隣国居住ハンガリー人に対する法　*44*
グアダルーペ・ヒダルゴ条約　*46*
空間的分権　*192,201,204*
クルグランスキー，A.　*270*
グローバル化　*53*

297

軍事最高会議（国家再建最高会議）*114*
警察 *182*
警防団 *182*
穢れ *181,187*
血縁外国人 *48*
血縁圏 *45*
血縁少数者 *45*
血統主義 *57,58*
権威失墜 *183*
言管制度 *221*
言語（学）的特徴 *283,285*
検察審査会 *245*
限定違憲 *212,213*
限定合憲 *122,213*
厳罰化 *185*
憲法委員会制度 *215*
憲法裁判所 *208,211-213,221,236,237,245*
憲法訴願事件 *212*
憲法訴願制度 *223-225*
憲法不合致 *122,212*
権利の政治 *197*
語彙 *285,286*
公益 *74,91*
公益的活動 *168*
公益法人 *73*
公共圏 *86*
公共性 *129,130*
公共領域 *132*
公／私二分法 *148,160*
構造主義 *13,17,22,24*
公訴事実 *286,290,291*
公的領域 *129*
ゴードン，R. *22*
公論 *86,90,92,95*
国際化 *53*
国籍者の民主主義 *58*
国籍処分（日本政府の） *61*
国籍による差別 *63*
国籍法（日本の） *57*
国籍法律主義 *60*
国籍唯一の原則 *56*
国籍要件 *63*

国保委立法会議 *114*
国民国家 *53,54,56,58,59,62,63,68-70*
国民的アイデンティティ *59*
国民の司法参加 *233*
個人主義 *186*
個人単位モデル *138*
コミュニティ *11*

さ 行

在外韓人 *34*
在外国民 *36*
在外同胞 *31,33*
在外同胞委員会法案 *39*
在外同胞基本法 *35,37*
在外同胞基本法案 *35,39*
在外同胞財団法 *35,37,39*
在外同胞社会活性化支援方案 *35*
在外同胞政策 *31*
在外同胞の出入国と法的地位に関する法律 *36,37*
在外同胞法 *36-38,40,43-48*
在外同胞法施行令 *38*
再帰的近代 *130*
最高裁判官の国民審査 *245*
再統合 *184*
差異の政治 *192,197-202*
裁判員制度 *235,236,243,246*
裁判官制度改革 *231,232,236*
裁判言語モデル *282,283*
在米韓人 *34*
在野法曹 *168*
【再】領土化 *40*
参審裁判（韓国） *265*
参与連帯 *242*
死刑廃止 *180*
時系列 *290*
自然再生促進法 *93*
嫉妬の渦 *193*
私的領域 *129*
司法改革委員会（韓国） *254*
司法改革推進委員会（韓国） *254*
司法研修院（韓国） *206,250,253,254*

索　引

司法権の独立　*220*
司法参与制　*243*
司法試験（韓国）　*241, 242, 249, 250*
司法試験制度　*240*
司法集権的構造　*192, 193, 195-199, 202,*
司法消極主義　*211-214, 218, 222, 224-226*
司法制度改革審議会　*235, 240*
司法制度改革審議会意見書　*282*
司法制度改革推進委員会（韓国）　*259*
司法積極主義　*211-215, 219, 222-226*
司法の民主化　*239, 241, 243, 244*
司法の論理　*283*
司法波動　*220*
司法への市民参加　*242, 246*
司法民主化　*246*
司法論理　*289, 294*
市民活動促進法　*89*
市民社会　*55, 56, 75, 85, 88, 90, 180*
市民的公共性　*8*
市民的徳　*86, 91, 95*
市民の司法参加　*232, 234*
社会契約説　*4*
社会的弱者　*184*
社会的少数者　*218*
社会的多元主義　*198*
社会的調和　*211, 214*
衆議院定数配分規定違憲判決　*213*
自由主義　*5, 18, 19*
自由主義的法治主義　*193*
縮小均衡　*171*
種族的民族主義　*41, 43*
手段的関係資源　*176*
出生地主義　*57*
出入国管理及び難民認定法　*54*
浄化　*181*
障害者　*13*
小集団構造　*194-196*
少年犯罪　*186*
女性関連法　*145*
女性省　*145*
女性発展基本法（韓国）　*145*
自律性　*170*

自律的主体　*174*
新教育共同体委員会（韓国）　*252*
新僑胞政策　*34*
人口ボーナス　*142*
親密性　*128, 129, 132*
心理言語学　*285*
森林法共有森林分割制限規定違憲判決　*213*
schema　*293*
スクリーンクォーター　*205, 206*
正義と人権の擁護者　*169*
政治参加　*6*
政治的多元主義　*198*
政治的なるもの　*204*
性別分業　*15*
性暴力特別法（韓国）　*145*
世界化推進委員会　*34, 35, 233, 251*
世界化政策　*34*
説示分析　*285*
前科者　*184*
「千個の高原」論　*200*
専門性の過少性　*171, 173, 177*
専門性の過剰性　*172, 173, 178*
専門大学院制度（韓国）　*252*
専門用語　*287, 288, 290*
ソーシャル・キャピタル　*86, 91, 95*
訴訟リスク　*21*
尊属殺人加重処罰違憲判決　*213*

た　行

ダール，R.　*199*
体感治安　*183*
大韓民国国籍法　*37*
大地のノモス　*200*
第2の近代　*130*
多元的民主主義　*192, 198, 199, 202*
多重的関係　*32*
脱領土化　*40*
脱領土化国家　*32*
男女共同参画　*14*
男女雇用平等法（韓国）　*145, 151*
男女差別禁止および救済に関する法律（韓国）
　145

千葉衆議院定数配分規定違憲判決 213
超国家化現象 31
超国家化戦略 31
超国家性 31
超国家的国民国家 32
長文 285,286
ディアスポラ集団 33
ＤＪＰ連帯 196
デュルケーム，E. 10
同音異義語 293
討議民主主義 86
透明なルールによる社会規律 173,174
特捜部 182
特別永住者 55,61-63
匿名社会 186,187
都市化 11
特高警察 182
ドメスティック・バイオレンス禁止法（DV禁止法） 132

な 行

内閣提出法案 74
ナショナル・アイデンティティ 69
二言語変種使い分け 288
二重国籍 31,32,34,35,40,43,46,47,60-62
二重国籍許容論 40
二重役割 146-148,158,161,162
日本型福祉社会 138
日本国との平和条約に基づき日本の国籍を離脱した者等の出入国管理に関する特例法 55
日本政府の国籍処分 60
日本弁護士連合会 235
認知的終結欲求 270,271,273-277

は 行

ハーバーマス，J. 86,129
排除の政治 197
朴正熙政府 219
パットナム，R. 10,86,91
判決書 284-286
犯罪観 181
犯罪被害者 184

阪神淡路大震災 73,88
被害者 183,186
非常国務会議 114
非人 185
批判法学 22
日比谷事件 182
広島薬事法距離制限規定違憲判決 213
フェミニズム 148
フェミニズム思想 127
フェミニズム法理 161,162
複合的平等 201
福祉 12
撫民 185
ブルンナー，O. 128
プロフェッショナリズム 170
文書化された理性 100
文法 286
分離可能性 213
閉鎖的プロフェッショナリズム 170
ヘーゲル，G. 85,126
ヘンダーソン，G. 193,194
法学教育委員会（韓国） 252,253
法学教育改革共同研究会（韓国） 253
法学専門大学院（韓国） 206,207,255-258,260,261
法学専門大学院制度（韓国） 249,262
法学大学院（韓国） 252
法化社会 1,18
法科大学院 232,235,236,239-241
法環境 99,100,102
法言語学 282
包摂 16
法曹一元化 233,237,238
法曹一元論 235
法曹人口 231
法曹人口増 233,234,240,241
法治主義 191,192,200,201,204
法廷弁護士 169
法廷用語の日常語化に関するプロジェクトチーム 293
法的推論 290
法的動員の支持構造 196

法的遊牧民主義 *202*
法の浸透 *173*
方法としてのコスモポリタニズム *68*
方法としてのナショナリズム *68*
法律大学院案（韓国） *253*
ホームズ，O. *20*
保護主義 *186*
保守主義 *9*
ポストモダン *130*
母性保護関連法（韓国） *147, 151*
母性保護政策 *154, 155*
母性保護政策関連法案 *153*
ボランティア活動 *73, 88, 91*

　　　　　　　ま－わ　行

目的的関係資源 *177*
郵便法損害賠償制限規定違憲判決 *213*
欲望の体系 *85*
世論 *186*
リーガル・カウンセリング *178*
リーガル・サービス供給体制 *167*
理性 *9*
リゾーム的思考 *200*
立憲自由主義 *193, 195*
ロースクール（韓国） *233, 234, 249, 252*
「ロースクール」制度（韓国） *252, 261*
「ロースクール」論議（韓国） *250-252, 260-263*
論理の表出 *288*
わかりやすい司法プロジェクト *293*
ワンストップ・サービス *177*

執筆者一覧（所属，執筆分担，執筆順，＊は編者）

＊棚瀬孝雄（たなせたかお）（京都大学大学院法学研究科教授，はしがき，序章）
李 喆雨（イ チョルウ）（延世大学校法科大学副教授，第1章）
広渡清吾（ひろわたりせいご）（東京大学社会科学研究所教授，第2章）
阿部昌樹（あべまさき）（大阪市立大学大学院法学研究科教授，第3章）
李 相泳（イ サンヨン）（韓国放送通信大学校教授，第4章）
落合恵美子（おちあいえみこ）（京都大学大学院文学研究科教授，第5章）
梁 鉉娥（ヤン ヒョンア）（ソウル大学校法科大学助教授，第6章）
和田仁孝（わだよしたか）（早稲田大学大学院法務研究科教授，第7章）
河合幹雄（かわいみきお）（桐蔭横浜大学法学部教授，第8章）
李 国運（イ グクン）（韓東大学校国際法律大学院副教授，第9章）
崔 大権（チェ デグォン）（ソウル大学校名誉教授，韓東大学校国際法律大学院碩座教授，第10章）
馬場健一（ばばけんいち）（神戸大学大学院法学研究科教授，第11章）
金 昌禄（キム チャンロク）（慶北大学校法科大学副教授，第12章）
金 尚遵（キム サンジュン）（大田高等法院部長判事，第13章）
大河原眞美（おおかわらまみ）（高崎経済大学地域政策学部教授，第14章）

（韓国語翻訳）
久保山力也（くぼやまりきや）（早稲田大学大学院法務研究科助手）
高村竜平（たかむらりゅうへい）（神戸山手大学人文学部都市交流学科助教授）

（2007年3月現在）

《編著者紹介》
棚瀬　孝雄（たなせ・たかお）

1943年　名古屋市生まれ
1967年　東京大学法学部卒業
　　　　ハーバード大学社会学博士
　　　　ハーバード，ミシガン，カリフォルニア大学客員教授
　　　　京都大学大学院法学研究科教授を経て，
　　　　07年4月より中央大学法科大学院教授

主　著
　　『訴訟動員と司法参加──市民の法主体性と司法の正統性──』岩波書店，2003年
　　『権利の言説──共同体に生きる自由の法──』勁草書房，2002年
　　『紛争と裁判の法社会学』法律文化社，1992年
　　『法の言説分析』（編著）ミネルヴァ書房，2001年
　　『たばこ訴訟の法社会学』（編著）世界思想社，2000年
　　『契約法理と契約慣行』（編著）弘文堂，1999年
　　『紛争処理と合意』（編著）ミネルヴァ書房，1996年
　　ほか多数。

MINERVA人文・社会科学叢書⑫
市民社会と法
──変容する日本と韓国の社会──

2007年4月15日　初版第1刷発行　〈検印省略〉

定価はカバーに
表示しています

編著者　棚　瀬　孝　雄
発行者　杉　田　啓　三
印刷者　林　　初　彦

発行所　株式会社　ミネルヴァ書房
607-8494 京都市山科区日ノ岡堤谷町1
電話　代表　(075)581-5191
振替口座　01020-0-8076

©棚瀬孝雄，2007　　太洋社・オービービー

ISBN978-4-623-04665-2
Printed in Japan

紛争処理と合意	棚瀬孝雄 編著	A5・328頁 本体3500円
法の言説分析	棚瀬孝雄 編著	A5・356頁 本体5500円
法の社会学的観察	N・ルーマン著／土方透訳	四六・176頁 本体2600円
法と社会	広岡隆 著	A5・224頁 本体2500円
法と経済［第2版］	J.L.ハリソン著／上田純子訳	A5・256頁 本体3500円
現代法理論論争	深田三徳 著	A5・296頁 本体4200円

―― ミネルヴァ書房 ――

http://www.minervashobo.co.jp/